国学新读本

# 贞观政要

苏士梅 注说

河南大学出版社

# 国学新读本编辑委员会

总策划　马小泉

主　编　李振宏

编　委　(以姓氏笔画为序)

　　　　马小泉　王　健　朱绍侯　刘小敏
　　　　李中华　李振宏　苏凤捷　何晓明
　　　　张云鹏　张富祥　宋会群　杨天宇
　　　　杨寄林　杨朝明　赵国华　郑慧生
　　　　姜建设　袁喜生　曹　峰　曹础基
　　　　曾振宇　戚良德　龚留柱　熊铁基

# 目 录

序 …………………………………… 李振宏（1）
《贞观政要》通说 ………………………………（1）
 一 吴兢和《贞观政要》…………………………（1）
 二 《贞观政要》的史学思想……………………（32）
 三 《贞观政要》的思想价值和史料价值…………（41）
 四 《贞观政要》的历史影响……………………（60）
 五 《贞观政要》及相关文献的阅读………………（65）
 六 校注说明………………………………………（79）
《贞观政要》简注 ………………………………（80）
 上贞观政要表……………………………………（80）
 序…………………………………………………（82）
 卷一………………………………………………（83）
  君道第一………………………………………（83）
  政体第二………………………………………（90）
 卷二……………………………………………（105）
  任贤第三……………………………………（105）
  求谏第四……………………………………（118）

纳谏第五……………………………………………(123)
　　直言谏争(附)………………………………………(132)
卷三……………………………………………………(146)
　　君臣鉴戒第六………………………………………(146)
　　论择官第七…………………………………………(150)
　　论封建第八…………………………………………(159)
卷四……………………………………………………(169)
　　论太子诸王定分第九………………………………(169)
　　论尊师傅第十………………………………………(172)
　　教戒太子诸王第十一………………………………(177)
　　规谏太子第十二……………………………………(182)
卷五……………………………………………………(195)
　　论仁义第十三………………………………………(195)
　　论忠义第十四………………………………………(197)
　　论孝友第十五………………………………………(205)
　　论公平第十六………………………………………(206)
　　论诚信第十七………………………………………(211)
卷六……………………………………………………(225)
　　论俭约第十八………………………………………(225)
　　论谦让第十九………………………………………(227)
　　论仁恻第二十………………………………………(229)
　　慎所好第二十一……………………………………(230)
　　慎言语第二十二……………………………………(232)
　　杜谗佞第二十三……………………………………(234)
　　论悔过第二十四……………………………………(238)
　　论奢纵第二十五……………………………………(240)

论贪鄙第二十六……………………………………(245)

卷七 ……………………………………………………(250)
 崇儒学第二十七……………………………………(250)
 论文史第二十八……………………………………(254)
 论礼乐第二十九……………………………………(257)

卷八 ……………………………………………………(270)
 务农第三十…………………………………………(270)
 论刑法第三十一……………………………………(272)
 论赦令第三十二……………………………………(280)
 论贡献第三十三……………………………………(284)
 禁末作(附)…………………………………………(286)
 辩兴亡第三十四……………………………………(287)

卷九 ……………………………………………………(290)
 议征伐第三十五……………………………………(290)
 议安边第三十六……………………………………(301)

卷十 ……………………………………………………(308)
 论行幸第三十七……………………………………(308)
 论畋猎第三十八……………………………………(309)
 论灾祥第三十九……………………………………(312)
 论慎终第四十………………………………………(316)

参考书目 ………………………………………………(325)

# 序

最近一些年来，一股"国学热"的思潮强劲涌动，在文化学界以至于整个社会上，引起了强烈反响。为什么在这样一个社会的大变革时代，在从传统社会向现代社会的转型期，最为传统的国学，却能引起国人的极大兴趣，这的确是一个值得思考和研究的问题。

"国学"作为一个学术文化概念，产生于近代。从渊源上讲，"国学"概念的产生，与"国粹"有些关联，并且是从对抗西学侵入的角度提出来的。今天，中华民族早已是一个独立于世界民族之林的自立自强的民族，全球经济一体化所带来的世界文化的汇合与交融，也早已是历史发展的必然趋势，而在这样的历史大势中，却会有"国学热"的产生，乍一看来，确有不可思议之处。但实际上，国学的当代走红，则与我们今天所处的历史时代有着一定的关系。

随着改革开放的迅速推进，随着市场经济的强劲发展，传统道德受到了强烈冲击，传统文化与现代文化观念的碰撞也日益强烈。于是，如何看待传统文化的问题，就严峻地摆到了国人的面前。传统文化的出路何在，它从何而来，要走向何方，如何对之进行价值重估，一切关心文化问题、有强烈历史责任感的人们，无不把关注的目光投向中国的传统学术。当然，也不排除一些对改革开放和市场经济所带来的冲击无法理解和接受，对现代经济发展对传统道德的亵渎强烈抗议的人们，自然而然地发出向传统文化复归而倡导国学的呼声。总之，不论是出于积极的思考，还是抱着一种向后看的心态，对国学的重视则成了最近十多年来一种普遍的文化选择。

于是，对待"国学热"就需要有一个分析的态度。对于任何一个民族的发展来说，传统文化都是其牢固的根基，是其一切历史的出发点，摒弃传统、甚至全盘否定传统文化，都是幼稚可笑的，不可取的。但一遇到问题就求助于传统，甚至一味狂热地提倡向传统复归，也是走不通的，过去那句常说的"倒退是没有出路的"话，虽说不是什么至理名言，却也还是有些道理的。这些年来，一些地方出现的中小学生、甚至幼儿园小朋友的读经热，就是一种值得注意的倾向。国学，毕竟是一种学术，需要有一定的文化基础，有一定的分析批判能力，才能对之进行识读、鉴别而决定其取舍。所以，严格地说，对于国学，尤其是经学，在当代中国，需要的是研究以及在此基础上的批判继承，而不是再像传统社会中那样采取唱诗班的方式，对青少年一代进行无分析地灌输。因此，如何弘扬传统文化，就是一个需要思考的问题。

正是基于以上考虑，为了满足弘扬优秀传统文化的需要，也为了对社会上盲目崇尚读经的风气有所引导，我们组织了这套"国学新读本"丛书，选择一些在中国传统文化中影响较大的国学典籍，对之简明扼要地进行注释，然后在读本前边，用较大篇幅解读该典籍的基本思想文化内涵，评述其在中国文化史上的地位和影响，并对如何阅读该典籍做出读书方法上的引导。通过这样一个较为翔实的导读内容，以批判分析的态度，给青年人的国学典籍阅读提供一个健康的思想导向。根据这样的宗旨，这套丛书，在大的结构上，每本都分为"通说"和"简注"两个部分，"通说"是导读的性质，"简注"在于疏通文字，希望这样的安排，能够为青年朋友和一般社会读者提供一个国学入门的向导。果能如此,也就实现了撰著者和出版者的愿望。

国学所以是国学,就在于它是我们祖国优秀民族文化和民族精神的载体。这些国学典籍包含着民族文化的基因,蕴藏着民族精神的范型。衷心期待这套丛书能够成为广大读者学习国学精华、体认民族精神、继承祖国优秀文化遗产的良师益友。

李振宏

# 《贞观政要》通说

## 一 吴兢和《贞观政要》

### （一）吴兢的史官经历

吴兢是我国唐代与刘知幾齐名的伟大历史学家，其著史以"叙事简核""秉笔直书"见称，世称"良史"，号"当今董狐"。吴兢从武则天长安年间(701～704 年)起任史职，前后近 30 年，参与皇家史馆多种撰述。开元十七年(729 年)以后，虽不再任史职，但仍致力于史书撰述，直至辞世为止。吴兢倾毕生精力于史书的修撰，著述颇丰，但让后人了解其学问、品行、事迹的史料记载却寥寥无几，仅可从《旧唐书·经籍志》《旧唐书·吴兢传》《新唐书·吴兢传》《新唐书·艺文志》《贞观政要·序》《上贞观政要表》《唐会要》《宋史·艺文志》等著述中窥探其大概。

**1. 励志勤学，博通经史**

吴兢生于唐高宗总章三年(670 年)①，卒于唐玄宗天宝八年

---

① 一曰总章二年(669 年)。

(749年),汴州浚仪(今河南开封)人。一生经历了高宗、武则天、中宗、睿宗、玄宗五朝。他因"励志勤学,博通经史"而受到器重。据《旧唐书·吴兢传》记载,吴兢"励志勤学,博通经史。宋州人魏元忠、亳州人朱敬则深器重之,及居相辅,荐兢有史才,堪居近侍,因令直史馆,修国史"①。《新唐书·吴兢传》记载:吴兢"少厉志,贯知经史,方直寡谐比,惟与魏元忠、朱敬则游。二人者当路,荐兢才堪论撰,诏直史馆,修国史"②。

关于吴兢的幼年生活,史料记载不详,但两唐书本传给我们透露了一些关键的信息,那就是青年时代的吴兢"励志勤学,博通经史"、"少厉志,贯知经史"、"有史才"。这些说明,吴兢从小就立志于钻研史书,又非常勤奋好学。而且从本传记载看,吴兢是因深得魏元忠和朱敬则的赞赏而荐入史馆的,没有获取过科举功名,这至少也说明,吴兢的学识与其家学渊源有重要的直接的关系。考诸史料可知,吴兢乃吴氏始祖周代泰伯之后,是季札第47代孙。泰伯、季札皆为历史上至德贤能之人。吴兢的汉代先祖吴恢、吴祐③也都是正史上有记载的人物。《后汉书·吴祐传》及《通志》记载:吴祐字季英,陈留长垣人也。父恢,为南海太守。吴祐年二十,常牧豕于长垣泽中,行吟经书。祐以光禄四行迁胶东侯相,政唯仁简,以身率物。祐在胶东九年,迁齐相,大将军梁冀表为长史。《后汉书·循吏传·序》盛赞曰:"自章、和以后,其有善绩者,往往不

---

① 〔后晋〕刘昫等:《旧唐书》卷102《吴兢传》,中华书局,1975年版,第3182页。(本书中下文所引《旧唐书》,均为此版本)
② 〔宋〕欧阳修等:《新唐书》卷132《吴兢传》,中华书局,1975年版,第4525页。(本书中下文所引《新唐书》,均为此版本)
③ 根据唐代林宝所著《元和姓纂》一书记载。

绝。如鲁恭、吴祐、刘宽及颍川四长①。并以仁信笃诚，使人不欺。"②祐长子凤，官至乐浪太守。少子恺，新息令。凤子冯，鲖阳侯相(鲖阳，属汝南郡)。皆有名于世。吴兢的父亲也曾在唐朝任职。可见，吴兢有着良好的家学渊源并受勤勉为学、政唯仁简的世风熏陶，这为吴兢的为学和从政打下了良好的基础。吴兢自父亲退休之后，才顿感经济困窘，不得不提出了加俸的请求，"又，兢父致士(仕)已来，俸料斯绝，所冀禄秩稍厚，甘脆有资，乌鸟之诚，幸垂矜察"③。可见，吴兢的家学渊源与其"励志勤学、博通经史"是密不可分的。现实的环境，家庭的条件，社会的影响，所有这些，对于吴兢后来能够成为一个著名的史学家来说，都是有密切关系的。

**2. 仕途顺畅，久居史官**

《旧唐书·吴兢传》曰："吴兢，汴州浚仪人也。励志勤学，博通经史。宋州人魏元忠、亳州人朱敬则深器重之，及居相辅，荐兢有史才，堪居近侍，因令直史馆，修国史。累月，拜右拾遗内供奉。神龙中，迁右补阙，与韦承庆、崔融、刘子玄撰《则天实录》成，转起居郎。俄迁水部郎中，丁忧还乡里。开元三年服阕，抗疏言曰：'臣修史已成数十卷，自停职还家，匪忘纸札，乞终余功。'乃拜谏议大夫，依前修史。俄兼修文馆学士，历卫尉少卿、左庶子。居职殆三十年。"④《新唐书·吴兢传》也记载曰："吴兢，汴州浚仪人。少厉志，贯知经史，方直寡谐比，惟与魏元忠、朱敬则游。二人者当路，荐兢才堪论撰，诏直史馆，修国史。迁右拾遗内供奉。神龙中，改右补

---

① 颍川四长：荀淑为当涂长，韩韶为嬴长，陈寔为太丘长，钟皓为林虑长。荀淑等皆颍川人。

② 〔南朝宋〕范晔：《后汉书》卷76《循吏传·序》，中华书局，1965年版，第2457页。

③ 〔唐〕吴兢撰，谢保成集校：《贞观政要集校·叙录》，中华书局，2009年版，第6页。(本书中下文所引《贞观政要集校》均为此版本)

④ 《旧唐书》卷102《吴兢传》，第3182页。

阙。……累迁起居郎,与刘子玄、徐坚等并职。……寻以母丧去官。服除,自陈修史有绪,家贫不能具纸笔,愿得少禄以终余功。有诏拜谏议大夫,复修史。睿宗崩,实录留东都,诏兢驰驿取进梓官。以父丧解,宰相张说用赵冬曦代之。终丧,为太子左庶子。……累迁洪州刺史,坐累下除舒州。天宝初,入为恒王傅。虽年老衰偻甚,意犹愿还史职。李林甫嫌其衰,不用。卒,年八十。"①

以上史料大致记述了吴兢一生的仕宦经历:吴兢于武周时入史馆,修国史,迁右拾遗内供奉。唐中宗时,改右补阙,累迁起居郎,水部郎中。唐玄宗时,为谏议大夫,修文馆学士,卫尉少卿兼修国史,太子左庶子。历经武周、中宗、睿宗、玄宗等时期,一直从事史书的修撰工作,居史馆任职近30年,可谓"久居史官"。其间虽然因遭遇父母丧辞官居家以及出为台(今浙江临海)、洪(今江西南昌)、饶(今江西鄱阳)、蕲(今安徽蕲春)等州的刺史,基本上没有大起大落,与同时代其他官员相比,吴兢的仕途还是较为顺畅的。

吴兢一生仕途虽然顺畅,并久居史官,但修史并不顺利,史料记载,他有几次请求调离史职的表奏。吴兢在辞职表中曰:"臣自掌史东观,十有七年,岁序徒淹,勤劳莫著,不能勒成大典……乞罢今职,别就他官。"②吴兢这一次请辞是在任史官十七年时提出的,时间是开元初年,没有被批准。后吴兢又以居丧为由,上三次表文(《让夺礼表》《第二表》《第三表》)坚拒起复史职。唐代另一位伟大的史学家、吴兢的好友刘知几也曾多次请辞史官,并在阐述辞职理由时也说过:"三为史臣,再入东观,竟不能勒成国典。"③刘知几、吴兢都是嗜史如命之人,为什么会出现请辞史职这一状况?考诸

---

① 《新唐书》卷132《吴兢传》,第4525~4529页。
② 〔清〕董诰等:《全唐文》卷298《乞典郡表》,中华书局,1983年版,第3020页。(本书中下文所引《全唐文》均为此版本)
③ 《旧唐书》卷102《刘子玄传》,第3168页。

史料，不难发现个中缘由，刘知几和吴兢所在的史馆，已与唐太宗贞观年间（627～649年）的史馆大不相同。贞观时史官位尊权重，甄选严格，通籍禁门，优礼有加，"得厕其流者，实一时之美事"①。正如高宗时侍中韦安石阅时任正谏大夫的朱敬则撰修的国史时所叹曰："董狐何以加？世人不知史官权重宰相，宰相但能制生人，史官兼制生死，古之圣君贤臣所以畏惧者也。"②让"古之圣君贤臣所以畏惧者"的史官，在高宗时其权重已不为世人知之，而刘知几、吴兢时期的修史环境则更加糟糕，史馆庸才充斥、监修弄权，史馆不能发挥其应有的作用。"始，兢在长安、景龙间任史事，时武三思、张易之等监领，阿贵朋佞，酿泽浮辞，事多不实"③。从吴兢的第一份上奏表看，从"掌史东观，十有七年"推算，以其长安三年（703年）任职直史馆算起，至开元七年（719年）恰恰十七年，正是张说以并州长史兼修国史之际。吴兢所说"久妨贤路"，欲辞史职，与张说兼修国史不无关系。吴兢请求辞职并不能说明他不重视或不热爱史官工作。仅从他三次所上的表文中我们就能清楚地看到，他对史官一职的宗旨及职能有相当透彻的认识和高度推崇之情。他说："史官之任，为代准的……树终古之风声"④，"定一代之是非，为百王之准"⑤。这可以看作对史官修史根本宗旨的认识。正由于吴兢对于史官一职寄托厚望，所以也就愈加不能容忍妨碍史馆正常运作的种种不端现象。作为一种抗议，他才愤然提出辞去无比热爱的史职。吴兢的另一种抗议手段是别撰本朝国史，以申

---

① 〔唐〕刘知几著，〔清〕浦起龙释：《史通通释》卷11《史官建置》，上海古籍出版社，1978年版，第318页。（本书下文所引《史通通释》均为此版本）
② 《新唐书》卷115《朱敬则传》，第4217页。
③ 《新唐书》卷132《吴兢传》，第4528页。
④ 《全唐文》卷298《第二表》，第3021页。
⑤ 《全唐文》卷298《让夺礼表》，第3021页。

明自己的史学主张。他在开元十四年(726年)上奏唐玄宗,透露了自己从武后末期及唐中宗时开始私撰国史的经过。从奏表中可知,二十多年间,吴兢个人撰修国史两种,已成128卷。其中《唐书》为纪传体,《唐春秋》为编年体。吴兢对自撰国史的质量也非常自信,正如他在唐玄宗开元十四年(726年)以太子左庶子的身份所进的上疏所言:"皇家一代之典,尽在于斯矣。"①此亦可佐证他辞史职时自述个人能力不足,是故意自贬。吴兢在处处受牵制的史馆,无法正常行使史官的责任,也只有辞职、私撰国史才能保持自己的史学特色,维护史学的优良传统。

**3. 卸任史官后,仍修史不辍**

吴兢在卸任史官、服丧居家以及外任期间,从未间断过修史活动。神龙年间(705~707年)吴兢"以母丧去官","停职还家",但在此期间,吴兢一直没有停止修史,正如其在开元三年(715年)服阕后的抗疏中所言:"臣修史已成数十卷,自停职还家,匪忘纸札,乞终余功。"②开元十年(722年),吴兢因父丧而再次解职,服丧结束后,未重任史职,而是任命为太子左庶子。这一变动使吴兢深感不安,盖与其在长安、景龙年间撰写的《唐书》《唐春秋》还没有完成有关。这从他于唐玄宗开元十四年(726年)以太子左庶子的身份所上的疏中可知,他说:"微臣私门凶衅,顷岁以丁忧去官,自此便停知史事。窃惟帝载王言,所书至重,倘有废绝,实深忧惧,于是弥纶旧纪,重加删缉,虽文则不工,而事皆从实。断自大隋十三年,迄于开元十四年春三月,即皇家一代之典,尽在于斯矣。既将撰成此书于私家,不敢不奏;又卷轴稍广,缮写甚难,特望给臣楷书手三数

---

① 〔宋〕王溥:《唐会要》卷63《在外修史》,中华书局,1995年版,第1099页。(本书下文中所引《唐会要》均为此版本)

② 《旧唐书》卷102《吴兢传》,第3182页。

人,并纸墨等。至绝笔之日,当送上史馆。"①这一段文字表明:吴兢在第二次居丧期间,以及在他停止史事、任太子左庶子期间,始终没有放下手中的笔,总是孜孜不倦地从事史书的著述工作。

在吴兢一生的仕途中,他还有任台州(今浙江临海)、洪州(今江西南昌)、饶州(今江西鄱阳)、蕲州(今安徽蕲春)等州刺史的经历,在卸任史官、外任刺史期间,吴兢也一直没有间断修史。《旧唐书·吴兢传》:"(开元)十七年,出为荆州司马,制许以史稿自随。中书令萧嵩监修国史,奏取兢所撰《国史》,得六十五卷。累迁台、洪、饶、蕲四州刺史,加银青光禄大夫,迁相州长史,封襄垣县子。天宝初改官名。为邺郡太守,入为恒王傅。兢尝以梁、陈、齐、周、隋五代史繁杂,乃别撰《梁》《齐》《周史》各十卷,《陈史》五卷,《隋史》二十卷,又伤疏略。"②司马、长史,唐时为州刺史佐官,刺史为地方一级行政主管,公务应该比较繁忙,但吴兢一直不忘修史工作,自开元十七年(729年)出为荆州司马,玄宗皇帝特许其以史稿自随,后又任台、洪、饶、蕲四州刺史和相州长史,这期间史稿应该是一直跟随着他,直到撰成为止。也就是说,在此期间吴兢的著作主要有:开元二十一年(733年)前,萧嵩奏取所撰《国史》,得六十五卷;开元二十九年(741年)前,累迁台、洪、饶、蕲四州刺史,续修《国史》,修订《唐春秋》三十卷;天宝七年(748年)前,入为恒王傅。别撰《梁》《齐》《周史》各十卷,《陈史》五卷,《隋史》二十卷。

由此可知,吴兢的诸多史学著作,多是在外任期间完成的。从"加银青光禄大夫,迁相州长史,封襄垣县子"也可看出端倪,通常,"加银青光禄大夫"总是与其人在某方面有功劳相关。此时则应当是吴兢续修国史有功,才得以嘉奖。也就是说,吴兢在卸任史官之

---

① 《唐会要》卷63,《在外修史》,第1099页。
② 《旧唐书》卷102《吴兢传》,第3182页。

后,仍修史不辍。

**4. 著述颇丰,唯《贞观政要》传世**

关于吴兢的著述,《旧唐书·吴兢传》《新唐书·吴兢传》《新唐书·艺文志》《宋史·艺文志》等有记载。

《旧唐书·吴兢传》记载,吴兢入史职之初即修国史:"因令直史馆,修国史","神龙中,迁右补阙,与韦承庆、崔融、刘子玄撰《则天实录》成,转起居郎",开元三年服阕,"乃拜谏议大夫,依前修史";"《国史》未成,十七年,出为荆州司马,制许以史稿自随。中书令萧嵩监修国史,奏取兢所撰《国史》,得六十五卷";"兢尝以梁、陈、齐、周、隋五代史繁杂,乃别撰《梁》《齐》《周史》各十卷、《陈史》五卷、《隋史》二十卷"。①

《旧唐书·柳冲传》:"至先天初,冲始与侍中魏知古、中书侍郎陆象先及徐坚、刘子玄、吴兢等撰成《姓族系录》二百卷奏上。"②

《新唐书·艺文志》记载:吴兢《乐府古题要解》1卷,《齐史》10卷,《唐春秋》30卷,《唐书备阙记》10卷,《太宗勋史》1卷,《中宗实录》20卷,《睿宗实录》5卷,《唐书》100卷,《贞观政要》10卷,《吴氏西斋书目》1卷,《兵家正史》9卷,《五藏论应象》1卷,吴兢《唐名臣奏》10卷。他还参与《则天实录》20卷的修订和集体撰述的《唐书》130卷的工作。③

《宋史·艺文志》记载:吴兢著有《开元名臣录》3卷、《贞观政要》10卷、《保圣长生纂要坐隅障》2卷、《五藏论应象》1卷。④

---

① 《旧唐书》卷102《吴兢传》,第3182页。
② 《旧唐书》卷189《柳冲传》,第4972页。
③ 《新唐书》卷57《艺文志》,第1433、1455、1458、1464、1467、1468、1468、1548、1568、1621页。
④ 〔元〕脱脱等:《宋史》卷202《艺文志》,中华书局,1977年版,第5095、5101、5192、5304页。(本书下文所引《宋史》均为此版本)

由以上记载可知,吴兢一生著述颇丰,涉猎范围较广,有史书、目录学、兵书、医书等,可谓才华横溢,兴趣广泛。但由于年代久远、战乱等原因,吴兢的著述在传承过程中大多遗失,至今仅剩《贞观政要》了。只这一部《贞观政要》就已让后人领略到了史学大家吴兢的风范。

(二)《贞观政要》的写作

**1.《贞观政要》的写作缘起**

正如前文所述,作为史学家的吴兢著述颇丰,尤其国史著述,是其主要职责所在,那他为何还要在国史之外别撰《贞观政要》呢?关于这一点,我们可以在他的《上贞观政要表》和《贞观政要·序》中窥见端倪。

吴兢一生经历高宗、武周、中宗、睿宗、玄宗几代,去唐太宗"贞观治世"不远,又正逢玄宗朝政教日趋懈怠之时,希望为玄宗治国提供借鉴,这是他撰写《贞观政要》的初衷。据《上贞观政要表》记载,吴兢曰:"臣愚,比尝见朝野士庶有论及国家政教者,咸云:'若以陛下之圣明,克遵太宗之故事,则不假远求上古之术,必致太宗之业。'故知天下苍生所望于陛下者,诚亦厚矣。《易》曰:'圣人感人心,天下和平。'今圣德所感,可谓深矣。……谨随表奉进。望纡天鉴,择善而行,引而申之,触类而长。《易》不云乎,'圣人久于其道,而天下化成'。伏愿行之而有恒,思之而无倦,则贞观巍巍之化,可得而致矣。昔殷汤不如尧、舜,伊尹耻之。陛下倘不修祖业,微臣亦耻之。《诗》曰:'念我皇祖,陟降廷止。'又云:'无念尔祖,聿修厥德。'此诚钦奉祖先之义也。伏惟陛下念之哉,则万方幸甚,不胜诚恳之至,谨诣明福门奉表以问。谨言。"[①]《贞观政要·序》也

---

① 《贞观政要集校》,第3~4页。

记载："庶乎有国有家者克遵前轨,择善而从,则可久之业益彰矣,可大之功尤著矣,岂假祖述尧、舜,宪章文、武而已哉！其篇目次第,列之于左。"①由此可知,"垂世立教""义在惩劝"是吴兢撰述《贞观政要》的目的。具体而言,主要源于以下几个方面的因素：

首先,吴兢撰写《贞观政要》主要源于其对贞观政局的高度认可和推崇,这是其编撰的基本立场。《上贞观政要表》曰："窃惟太宗文武皇帝之政化,自旷古而来,未有如此之盛者也。虽唐尧、虞舜、夏禹、殷汤、周之文武、汉之文景,皆所不逮也。至于用贤纳谏之美,垂代立教之规,可以弘阐大猷、增崇至道者,并焕乎国籍,作鉴来叶。"②贞观是唐太宗李世民在位期间的年号,即公元627～649年,共计23年。李世民是唐朝开国皇帝李渊第二子,也是唐朝第二位皇帝,历史上称其为具有雄才大略的皇帝,其当政时期,用人得当,从谏如流,政治清明,经济繁荣,民族关系融洽,社会安定,史称"贞观之治"。《旧唐书》认为,唐太宗"拔人物则不私于党,负志业则咸尽其才","听断不惑,从善如流,千载可称,一人而已",③给予了很高的评价。吴兢在这里也高度认可,"窃惟太宗文武皇帝之政化,自旷古而来,未有如此之盛者也。虽唐尧、虞舜、夏禹、殷汤、周之文武、汉之文景,皆所不逮也"。正是吴兢对"贞观之治"的高度认可和推崇,促成了其撰写《贞观政要》的初衷。

其次,吴兢之所以要编撰《贞观政要》这样的史学著作,主要和他的史馆工作经历有关。吴兢在以往长期的阅史经历中积累了大量的前朝史料,形成了独特的史学思想,这为其编撰《贞观政要》奠定了基础。"微臣以早居史职,莫不成诵在心,其有委质策名、立功

---

① 《贞观政要集校》,第8页。
② 《贞观政要集校》,第3页。
③ 《旧唐书》卷3《太宗下》,第63页。

树德、正词鲠议、志在匡君者,并随事载录,用备劝戒,撰成一帙十卷,合四十篇,仍以《贞观政要》为目"①。

再次,吴兢编撰《贞观政要》也是受当朝宰辅源乾曜和张嘉贞的授意和委托。在《贞观政要·序》中,吴兢还谈到此书是在侍中安阳公、中书令河东公这些唐朝良相的授意下编撰的,为的是继承祖宗的优良传统和致治方略。《贞观政要·序》曰:"有唐良相曰侍中安阳公、中书令河东公,以时逢圣明,位居宰辅,寅亮帝道,弼谐王政,恐一物之乖所,虑四维之不张,每克己励精,缅怀故实,未尝有乏。太宗时,政化良足可观,振古而来,未之有也。至于垂世立教之美,典谟谏奏之词,可以弘阐大猷,增崇至道者,爰命下才,备加甄录,体制大略,咸发成规。於是缀集所闻,参详旧史,撮其指要,举其宏纲,词兼质文,义在惩劝,人伦之纪备矣,军国之政存焉。凡一帙十卷,合四十篇,名曰《贞观政要》。"②封建社会到唐代已进入繁盛期,统治阶级有了全面总结施政经验的自觉意识,并在实际上也完全有可能对统治制度、方针和政策进行系统反思了。

**2.《贞观政要》的编撰**

《贞观政要》是一部政论性史书,亦可谓专题性史书。该书的体例和方法与《尚书》《国语》同,以记言为主,记载了唐贞观年间唐太宗李世民与臣下魏征、王珪、房玄龄、杜如晦等人有关施政问题的对话以及一些大臣的谏议和劝谏奏疏,此外也记载了一些政治、经济上的重大措施。

《贞观政要》共10卷,分为40篇,分门别类编排,每篇的篇名反映该篇的基本内容,内容相近的若干篇合为一卷,每卷大体反映一类问题。从内容看,有唐太宗和大臣的对话(类似记言之书);有

---

① 《贞观政要集校》,第3~4页。
② 《贞观政要集校》,第7~8页。

诏书和奏表的原文或节录（类似文集）；有某件史实的经过（类似纪事本末体）；有人物的传记（类似纪传体）；有在同一篇中所记内容基本依发生时间的先后顺序排列的（类似编年体）。尽管所记内容丰富，事项繁杂，所运用的体裁也相当灵活，但不变的目的只有一个，即宣传唐太宗的德政与治术，总结能够使封建王朝长治久安的经验和教训。

第一卷有《君道》《政体》2篇，反映的是封建"大统"问题，事涉要害，所以居全书之首。《君道》是全书的纲。吴兢记载了唐太宗与诸臣论为君之道，诸如"必须先存百姓""必须先正其身""兼听""慎守成"等原则。《政体》则对朝廷机构（如中书、门下等机要之司）的运转程序和政坛规范进行载录。

第二卷有《任贤》《求谏》《纳谏》3篇，反映的是君王对臣下应有的态度。论证了君臣"共相切磋，以成治道"的观点。对于共同促成贞观之治的主要大臣，如房玄龄、杜如晦、魏征等人均立个人小传，揭示出君臣契合才能致治的道理，揭示出"人君须得匡谏之臣举其过"的客观必然性。

第三卷有《君臣鉴戒》《论择官》《论封建》3篇，反映的是君王与臣下的相辅相成、荣辱与共的依存关系。指出了君与臣各自应有的责任与义务，指出了"君为元首，臣作股肱……君虽明哲，必借股肱以致治""任官惟贤才""致安之本，惟在得人"的道理。

第四卷有《论太子诸王定分》《论尊师傅》《教戒太子诸王》《规谏太子》4篇，从不同侧面细致地论证接班人问题。强调对太子、诸王要"早有定分，绝觊觎之心"，"尊嫡卑庶"，"陈君臣父子之道"，"授以良书，娱以嘉客。朝披经史，观成败于前踪；晚接宾游，访得失于当代"，"勿纵欲肆情，自陷刑戮"，等等。

第五卷有《论仁义》《论忠义》《论孝友》《论公平》《论诚信》5篇，论证了伦理道德在求治中的重要作用，记录了太宗非常重视仁义忠孝观念的事实。

第六卷有《论俭约》《论谦让》《论仁恻》《慎所好》《慎言语》《杜谗佞》《论悔过》《论奢纵》《论贪鄙》9篇，揭示统治者的个性修养对于致治的影响。对于贞观年间"风俗简朴"予以称颂，对于唐太宗改变厚葬陋俗的诏书予以载录、赞赏，提出"奢侈者可以为戒，节俭者可以为师"，指责厚葬陋俗使"富者越法度以相尚，贫者破资产而不逮，徒伤教义"的现象，要求"宜为惩革"。

第七卷有《崇儒学》《论文史》《论礼乐》3篇，讲的是文化建设及礼乐教化问题。贞观君臣关于此方面的议论，如选拔人才"必须以德行、学识为本"，"人臣若无学业，不能识前言往行，岂堪大任"等内容在此备录。

第八卷有《务农》《论刑法》《论赦令》《论贡献》《辩兴亡》5篇，反映的是治国的几条大政方针。"凡事皆须务本。国以人为本，人以衣食为本。凡营衣食，以不失时为本"的太宗朝重农的基本国策，"用法务在宽简"的刑法思想，以及对于死刑判决要建立"覆奏"制度的主张，等等，都在这些篇章中得以体现。

第九卷有《议征伐》《议安边》2篇，关注的是军事问题及如何处理朝廷与周边少数民族政权的关系问题。吴兢记录了唐太宗认真总结、借鉴前代对外用兵之经验的言论："自古以来穷兵极武，未有不亡者也"；"前代帝王，大有务广土地，以求身后之虚名，无益于身，其民甚困。假令于身有益，于百姓有损，朕必不为，况求虚名而损百姓乎！"

第十卷有《论行幸》《论畋猎》《论灾祥》《论慎终》4篇。反映的是正确对待君王通常进行的行幸、畋猎两项活动并需要正确看待灾祥和晚年问题。

全书40篇，以《论慎终》居末，与开篇《君道》呼应，颇具匠心，饶有深意。篇中录魏征谏唐太宗《十渐疏》，语重心长，掷地有声。

指出唐太宗"顷年已来,稍乖曩志,敦朴之理,渐不克终"。故强调"战胜易,守胜难""居安思危,孜孜不怠"之理。《贞观政要》之成书时间,由开元初而至开元末,其时也正是唐玄宗由励精图治渐趋安逸奢侈之时。因而《论慎终》篇又格外具有现实意义。

**3. 《贞观政要》的成书和进献问题**

《贞观政要》这样一部重要的政治典籍,长期以来一直存在着成书和进奏时间不详的问题。

《旧唐书·吴兢传》未记载其编录《贞观政要》之事,整部《旧唐书》也没有一处正式提到编撰该书,只在《文宗纪》下的"史臣曰"中有"帝在藩时,喜读《贞观政要》"一句。北宋时,《新唐书》《资治通鉴·唐纪》中虽多次提及此书,但《新唐书·吴兢传》仍然未载其编录《贞观政要》,只在《艺文志二·杂史类》中提及吴兢《贞观政要》十卷。南宋时,两大藏书家、目录学家都著录了该书,但晁公武《郡斋读书志·杂史类》仅择吴兢书序的只言片语,陈振孙《直斋书目解题·典故类》的著录集中反映了当时对该书的了解情况,认为该书是卫尉少卿监修唐国史吴兢撰,但未记载成书的年月,只在其首称"良相侍中安阳公、中书令河东公",亦未详其为何人。《馆阁书目》云"神龙中所进",当考。这些说明,南宋时关于吴兢与《贞观政要》的成书已经出现诸多疑问。元代刻印的王应麟《玉海》,其《艺文·政要实训类》著录《贞观政要》,引《邯郸书目》的考证,《序》云"有唐良相曰侍中安阳公源乾曜、中书令河东公张嘉贞,爰命下才,备加甄录"。乾曜、嘉贞开元八年(720年)始拜是官,十一年(723年)嘉贞贬,十五年(727年)乾曜罢,由二人并相之时可知,此书成于开元八年(720年)至十年(722年)。这一说法,为多数学者沿用,直至清修《四库全书总目》。四库馆臣却是另一种说法:其书在当时曾经表进,而不著年月,惟兢《自序》所称侍中安阳公者乃源乾曜,中书令河东公者乃张嘉贞。考《玄宗本纪》,乾曜为侍中、嘉贞为中书令，皆在开元八年，则兢成此书，又在八年以后矣。书中所记太宗事迹，以《唐书》《通鉴》参考，亦颇见抵牾。……史称"兢叙事简核，号'良史'，而晚节稍疏牾"。此书盖出其耄年之笔，故不能尽免渗漏。这又给人以《贞观政要》乃吴兢"耄年之笔"的说法。因此宋元之际，关于《贞观政要》成书的情况各种传本颇多，由于"传写谬误"，元代戈直本也必须"荟萃众本，参互考订"。

可见，《贞观政要》的成书时间有三种说法，即《直斋书目解题》《玉海》《四库全书总目》的著录所载的三种说法：一是《直斋书目解题》记载的《馆阁书目》云"神龙中所进"，即中宗之时所进，但陈振孙对此提出质疑，认为"当考"；二是王应麟《玉海》引用北宋李淑在《邯郸书目》中的考证，认为是开元八年（720年）至十年（722年）进书之说；三是四库馆臣所言《贞观政要》乃吴兢"耄年之笔"，即约在开元、天宝之际进书之说。

据谢保成的研究和考证，上述几种说法都有问题。他考诸武则天退位后八年间吴兢的政治经历和修史经历，认为"依贞观故事"成为开元初的历史趋势。大约自开元五年（717年）始，吴兢着手编录贞观故事。开元八年（720年）至十年（722年），张嘉贞、源乾曜二公并相时，"命吴兢'备加撰录'"，方才正式编撰《贞观政要》。开元十七年（729年）六月，源乾曜罢侍中，退为太子太傅、封安阳郡公，张说进为左丞相。其间，又逢张嘉贞去世。先前"命"吴兢编录《贞观政要》的二位"良相"，一个罢职，一个去世，而玄宗在张说的"粉饰盛时"之下，"骄心浸生，德消政易"。面对这种情况，监修国史换成新任中书令的萧嵩，吴兢抓住这一机会写了《上贞观政要表》，连同已经编定的十卷《贞观政要》一并呈上，希望玄宗"克遵太宗之故事"，"愿行之而有恒，思之而不倦"，以使"贞观巍巍之化，可得而致矣"。由此推知，《贞观政要》的进献时间应在开元十七年（729年）。开元十七年（729年）也是吴兢人生历程的一次重要转折,将《贞观政要》置于此年,是想以此书作为其人生历程转折的标识。通常遇到时间不能确定的史事,知道年不知道月份的,放在年末,连年份也不知道的,放在最可能的某一时段之末。因此,谢宝成先生把此书的进献时间推证为这一年。但中国社会科学院李万生不同意谢宝成的这个意见,他认为《贞观政要》成书时间在开元九年(721年)九月至十年(722年)十月之间,着手编辑的时间的上限可以定在长安元年(公元701年),正式的编辑时间可以定在开元八年(720年)五月至十年(722年)十月之间。

关于《贞观政要》的成书和进献时间,至今没有一个定论,还有待于新的史料发现和更加缜密的推证,才能解开这一谜团。

### 4. 贞观政要的流传与版本

关于《贞观政要》的版本和流传有多种说法,鉴于该书成书和进献时间还没有完全确切的结论,学者们推测认为,在玄宗朝有三个本子同时并存:一是正式进本,没有被朝廷认可,留在集贤院或史馆而未经著录;二是正式进本的底本;三是底本之前的稿本。后两个在吴兢家中。

唐代官方关于《贞观政要》的流传情况,自玄宗至顺宗五帝,均不见记载。《玉海》卷四九所引《会要》的"元和二年十二月(宪宗)谓宰臣曰:近读《贞观政要》……六年三月帝曰:常读《贞观政要》……",是迄今所见最早关于《贞观政要》的记载。

宪宗读《贞观政要》,跟"每有大政事、大议论",必召蒋乂"咨访",蒋乂"征引典故",乘机推荐《贞观政要》相关。蒋乂为吴兢外孙,也是唐代著名的史学家,幼时便"从外家学,得其书,博览强记"[①]。其父蒋明为集贤院学士,安史之乱后,图籍淆乱,奏引蒋乂入院助其整理。蒋乂仅一年多时间,便于乱中列成部帙,得二万

---

① 《新唐书》卷132《蒋乂传》,第4531页。

余卷。宪宗所读《贞观政要》,当是留在集贤院或史馆的经过蒋乂整理的吴兢正式进本,而蒋乂整理《贞观政要》又不能不参考家中所存《贞观政要》的底本和稿本。经过蒋乂整理后,唐文宗、唐宣宗,直到宋仁宗所读、所见的,均属这一系统。宋刊本《贞观政要》,无疑亦属这一版本系统。《玉海》引《邯郸书目》著录的《贞观政要》,也是这个版本系统。

蒋乂四子中,係、伸、偕三人皆有史才,自文宗至懿宗相继为史官。史称蒋氏"父子相继修国史、实录,时推良史,京师云《蒋氏日历》,士族靡不家藏焉"①。蒋氏家藏《贞观政要》的底本和稿本,随之而流向社会,各本杂相抄录,所以出现淆乱。

吴兢的底本和稿本,蒋乂的整理本,经两宋、辽、金数百年辗转抄录,出现"传写谬误"的情况。戈直在整理"传写谬误"的同时,又注重采辑唐宋诸儒之论,间以己意,对唐太宗君臣的"嘉言善行、良法美政"做出新的诠释,戈直集论本便被视为一部诠释"贞观之治"的论著而受到推崇。由于诠释的需要,其"移易篇章""刊刻衍脱",均被忽略不提。元顺帝至元四年(1338年)刊行后,明洪武三年(1370年)又经宋濂以"中秘本"重校、重刻,成化元年(1465年)宪宗"御制序",再刻。一枝独秀,取代了其他传本。

国内现存刊本,目前见于著录和通行者两种:一为国家图书馆所藏洪武三年(1370年)王氏勤有堂刊本(简称"明本"),一为成化元年(1465年)戈直集论本(简称"戈本")。《四库全书》所收内府本、嘉庆戊午(1798年)扫叶山房重镌本,均为戈直集论本的翻刻本。

国外现存刊本四种,即元刻、明初重刻、成化再刻和韩版注解本。国外抄本,目前所见基本都在日本。清河贞观年间(859~876

---

① 《旧唐书》卷149《蒋乂传附子伸传》,第4029页。

年），冷泉书院失火，图书尽毁。在随后的十多年间，藤原佐世奉敕将重新搜集到的图书编定《日本国见在书目录》。其中，"卅杂家"著录有《贞观政要》，表明《贞观政要》一书在此之前已经传入日本。日本现存《贞观政要》抄本书目虽多，约二十余种，但完整的抄本基本上分为三大系统：一为南家本系统，一为菅家本系统，另一个为"异本"系统。南家本系统的源流，最早可以追溯到安元三年（1177年），由正三位行宫内卿兼式部大辅播磨权守藤原永范"奉授主上既讫"，此即"安元本"，今仅见于小田原本考异中。其后，经建久五年（1194年）、建保四年（1216年）、嘉禄三年（1227年）、建长三年（1251年）、建长六年（1254年）传写讲授，到建治元年（1275年）抄写的一部，为建治本，是日本现存《贞观政要》最古写本中最完整的一部。菅家本系统的源流，最早可以追溯到建保四年（1216）之前，中经建保四年（1216年）、嘉禄元年（1225年）、贞应三年（1224年）、安贞二年（1228年）、嘉祯四年（1238年）、仁治三年（1242年）、弘长二年（1262年）传写讲授。永仁四年（1296年）抄写的一部为永仁本，今仅见于小田原本考异中。永禄三年（1560年），李部大卿菅长雅抄录一部，为内藤湖南氏藏，故称内藤本，是现存菅家本系统最古写本。据传菅家本《贞观政要》是菅原清公为遣唐判官时从唐朝带入日本的，约恒武延历二十三年（804年）至延历二十四年（805年）带入日本。在南家本和菅家本两个系统之外，还有一个被称为"异本"的系统，卷四与南家本、菅家本、各刊本完全不同。"异本"系统与菅家本系同时传入日本。

比较上述三大系统抄本与元、明刊本，发现其间有诸多差异。主要是篇目有无的不同、篇章有无的不同。

（三）吴兢的个性

吴兢是个很有个性、主体意识很强的人。从现有的文献材料看，吴兢的个性主要体现在两个方面：一是为人耿直，有骨鲠之气。忠于史职，发扬直笔无讳的良史作风，以史喻今。二是为官不避身危，敢谏诤。身为谏官，针对朝廷弊政敢直谏，《上谏畋猎表》《谏十铨试人表》等谏疏无不议论深刻，体现了他敏锐的政治眼光。在吴兢身上，谏官和史官合二为一，互相影响，互相作用。

**1. 为人耿直，有骨鲠之气**

《新唐书·吴兢传》记载：吴兢，"方直寡谐比，惟与魏元忠、朱敬则游。二人者当路，荐兢才堪论撰，诏直史馆，修国史"①。这里讲到吴兢"方直寡谐比"。方直，指人品端方正直；谐比，和谐亲近。指吴兢性直鲠，不圆滑，很少与人亲近。惟与魏元忠、朱敬则交好。魏元忠，唐朝重臣，历仕高宗、武后、中宗三朝，两次出任宰相，还颇有军事才能，《旧唐书·魏元忠传》载："左仆射、齐国公魏元忠，代洽人望，时称国良。"②朱敬则也是唐朝著名的宰相、史学家、诤臣，性情直爽，为官清廉。《旧唐书·朱敬则传》谓："敬则倜傥重节义，早以辞学知名。与三从兄同居，财产无异。又与左史江融、左仆射魏元忠特相友善。……敬则重然诺，善与人交，每拯人急难，不求其报。……雅有知人之鉴，凡在品论者，后皆如其言。……敬则知政事时，每以用人为先。桂州蛮叛，荐裴怀古。凤阁舍人缺，荐魏知古。右史缺，荐张思敬。则天以为知人。"③睿宗朝吏部尚书刘幽求评价其曰："故郑州刺史朱敬则，往在则天朝任正谏大夫、知政事，忠贞义烈，为天下所推。"④吴兢只与正直、有原则、敢谏诤的魏元忠、朱敬则交好，可以说既是志趣相投，惺惺相惜，又是吴兢耿直、坦诚个性的佐证。

---

① 《新唐书》卷132《吴兢传》，第4525页。
② 《旧唐书》卷92《魏元忠传》，第2955页。
③ 《旧唐书》卷90《朱敬则传》，第2912～2917页。
④ 《旧唐书》卷90《朱敬则传》，第2917～2918页。

吴兢的这一个性在修史中多有体现。《新唐书·吴兢传》记载："始，兢在长安、景龙间任史事，时武三思、张易之等监领，阿贵朋佞，酿泽浮辞，事多不实。兢不得志，私撰《唐书》《唐春秋》。"①吴兢著史不阿谀奉承、不哗众取宠，秉承"直笔不隐"的优良传统，吴兢撰《则天实录》就坚持了这一原则。据史载，神龙二年（706年），吴兢与刘知几等预修《则天实录》。在《则天实录》中，吴兢如实记录了张昌宗为打击皇太子李显，以高官诱凤阁舍人张说作伪证，诬证御史大夫知政事魏元忠与司礼丞高戬勾结密谋之事。后张说升为宰相，监修国史，当看到《则天实录》有关自己的这段记载，如鲠在喉，十分不快。张说想以嫁祸于刘知几的办法，期望吴兢能通融修改，吴兢却以"子玄已亡，不可受诬地下。兢实书之，其草故在"②予以断然拒绝。后张说多次请求修改，都被他拒绝，并曰："徇公之情，何名实录？"③由此可知，吴兢是一个有个性、有原则、坚持自己信仰和追求的人。

吴兢的这种骨鲠之气对其家人、后代都产生了重要影响。蒋乂是吴兢的外孙、唐朝史学家。他与外祖父吴兢有着同样耿直的个性，并敢于直言正谏。"乂性朴直，不能事人，或遇权臣专政，辄数岁不迁官"④。蒋乂子係也敢冒死谏诤，《旧唐书·蒋乂传附子係传》记载："宰相宋申锡为北军罗织，罪在不测，係与谏官崔玄亮泣谏于玉阶之下，申锡亦减死，时论称之。"⑤

**2. 为官不避身危，敢谏诤**

吴兢不仅是一位伟大的史学家，还是诤臣。史书中记载了他

---

① 《新唐书》卷132《吴兢传》，第4528～4529页。
② 《新唐书》卷132《吴兢传》，第4529页。
③ 《新唐书》卷132《吴兢传》，第4529页。
④ 《旧唐书》卷149《蒋乂传》，第4028页。
⑤ 《旧唐书》卷149《蒋乂传附子係传》，第4029页。

多次不避身危、敢于犯颜直谏的事迹。

据《新唐书·吴兢传》记载,神龙中(705~707年),吴兢为右补阙。节闵太子难,奸臣诬构安国相王与谋,朝廷大恐。兢上言:

> 文明后,皇运不殊如带。陛下龙兴,恩被骨肉,相王与陛下同气,亲莫加焉。今贼臣日夜阴谋,必欲置之极法。相王仁孝,遭荼苦哀毁,以陛下为命,而自托于手足。若信邪佞,委之于法,伤陛下之恩,失天下望。芟刈股肱,独任胸臆,可为寒心。自昔翦伐宗支,委任异姓,未有不亡者。秦任赵高,汉任王莽,晋家自相鱼肉,隋室猜忌子弟,海内麋沸,验之覆车,安可重迹?且根朽者叶枯,源涸者流竭。子弟,国之根源,可使枯竭哉?皇家枝干,夷芟略尽。陛下即位四年,一子弄兵被诛,一子以罪谪去,惟相王朝夕左右。"斗粟"之刺,《苍蝇》之诗,不可不察。伏愿陛下全常棣之恩,慰周极之心,天下幸甚。①

中宗神龙年间(705~707年),武三思、韦后实力膨胀,在武、韦势力的挟持下,中宗动摇了"依贞观故事"的初衷。武、韦又得寸进尺,欲除掉李唐继承人,"日夜谋潜相王",指使侍御史冉祖雍诬奏相王等与太子李重俊"通谋"举兵造反。在当时极其恶劣的这种政治斗争中,身为谏官的吴兢不计个人安危,毅然上表中宗,痛斥冉祖雍等人把相王李旦说成太子李重俊的同谋是一场阴谋。正是吴兢的这次上书保住了相王(也就是后来的唐睿宗)的性命,避免了又一场宫廷杀戮。吴兢的这次进谏对当时的政治局势影响较大。

开元四年(716年),吴兢进奏《上谏畋猎表》:

> 臣兢言:伏见明制,来年五月五日幸东都。道路皆以陛下

---

① 《新唐书》卷132《吴兢传》,第4525~4526页。

至长春宫及沙苑,当有畋猎之事。今东土耆艾,关河士女,莫不欣跃舞忭,翘望帝车,延颈企踵,所思者德。伏愿陛下举无失礼,动则有章。《诗》云:"敬慎威仪,惟人之则。"愚臣以山陵始毕,甫及逾年,陛下缞服虽除,心丧未已,四海之内,八音尚遏,岂可遽将犬马为娱,鹰隼是务?必或如此,则恐伤人子之道,亏天地之经,欲令万方何所取则?况《礼经》云:"三年之丧,自天子达之。"陛下既俯顺当时之请,唯行易月之制,奈何更盘于游畋,以徇从禽之乐?岂可谓明王之孝理天下乎?而望德教加于百姓,必不可得也。昔鲁侯观鱼于棠,《春秋》尚列其戒,陛下若既葬而猎,后代岂不为刺?且驰骛山泽之间,经过林薄之下,水谷之危未远,衔策之变不恒。伏愿陛下重慎防微,须为社稷自爱。老子曰:"我无为而人自化,我无欲而人自朴。"《诗》云:"尔之教矣,人胥效矣。"由是观之,居上者必慎所好。愚臣职居待问,兼掌史笔,窃以君举必书,位在无隐,既闻众所流议,实恐有玷圣猷。区区之诚,唯在于此,辄敢冒死上陈,伏愿留神省察,恕此狂斐之罪。①

唐朝皇帝喜爱狩猎,玄宗尤甚。其父睿宗刚去世一年多他就下诏来年五月东幸洛阳,据传途中当有畋猎之事,于是吴兢上表谏阻。

开元五年(717年),吴兢进呈《上玄宗皇帝纳谏疏》。玄宗初立,收回权纲,锐于决事,群臣畏伏。兢虑帝果而不及精,乃上疏曰:

自古人臣不谏则国危,谏则身危。臣愚食陛下禄,不敢避身危之祸。比见上封事者,言有可采,但赐束帛而已,未尝蒙召见,被拔擢。其忤旨,则朝堂决杖,传送本州,或死于流贬。

---

① 《全唐文》卷298《上谏畋猎表》,第3022页。

由是臣下不敢进谏。古者设诽谤木,欲闻己过。今封事,谤木比也。使所言是,有益于国。使所言非,无累于朝。陛下何遽加斥逐,以杜塞直言?道路流传,相视怪愕。夫汉高帝赦周昌桀纣之对,晋武帝受刘毅桓灵之讥,况陛下豁达大度,不能容此狂直耶?夫人主居尊极之位,颛生杀之权,其为威严峻矣。开情抱,纳谏诤,下犹惧不敢尽,奈何以为罪?且上有所失,下必知之。故郑人欲毁乡校,而子产不听也。陛下初即位,犹有褚无量、张廷珪、韩思复、辛替否、柳泽、袁楚客数上疏争时政得失。自顷上封事,往往得罪,谏者顿少。是鹊巢覆而凤不至,理之然也。臣诚恐天下骨鲠士,以谠言为戒,桡直就曲,鉏方为刓,偷合苟容,不复能尽节忘身,纳君于道矣。

夫帝王之德,莫盛于纳谏。故曰:"木从绳则正,后从谏则圣。"又曰:"朝有讽谏,犹发之有梳。猛虎在山林,藜藿为之不采。"忠谏之有益如此。自古上圣之君,恐不闻己过,故尧设谏鼓,禹拜昌言。不肖之主,自谓圣智,拒谏害忠,桀杀关龙逢而灭于汤,纣杀王子比干而灭于周,此其验也。夫与理同道罔不兴,与乱同道罔不亡。人将疾,必先不甘鱼肉之味。国将亡,必先不甘忠谏之说。呜呼,惟陛下深鉴于兹哉?隋炀帝骄矜自负,以为尧舜莫己若,而讳亡憎谏,乃曰:"有谏我者,当时不杀,后必杀之。"大臣苏威欲开一言,不敢发,因五月五日献《古文尚书》,帝以为讪己,即除名。萧瑀谏无伐辽,出为河池郡守。董纯谏无幸江都,就狱赐死。自是謇谔之士,去而不顾,外虽有变,朝臣钳口,帝不知也。身死人手,子孙剿绝,为天下笑。太宗皇帝好悦至言,时有魏征、王珪、虞世南、李大亮、岑文本、刘洎、马周、诸遂良、杜正伦、高季辅,咸以切谏引居要职。尝谓宰相曰:"自知者为难。如文人巧工,自谓己长,若使达者大匠,诋诃商略,则芜辞拙迹见矣。天下万机,一人听断,虽甚忧劳，不能尽善。今魏征随事谏正，多中朕失，如明鉴照形，美恶毕见。"当是时，有上书益于政者，皆黏寝殿之壁，坐望卧观，虽狂瞽逆意，终不以为忤。故外事必闻，刑戮几措，礼义大行。陛下何不遵此道，与圣祖继美乎？夫以一人之意，综万方之政，明有所不烛，智有所不周，上心未谕于下，下情未达于上。伏惟以虚受人，博览兼听，使深者不隐，远者不塞，所谓"辟四门、明四目"也。其能直言正谏，不避死亡之诛者，特加宠荣，待以不次，则失之东隅，冀得之桑榆矣。①

吴兢上疏劝玄宗对进谏者要有所区别，改变薄赏重罚的做法。在奏章中举出了前朝皇帝虚心纳谏制胜和骄横拒谏而败的实例，还特别赞扬了唐太宗虚怀若谷、导人使谏的故事。

开元十三年（725年），玄宗东封泰山，道中"数驰射为乐"。职为太子左庶子的吴兢上《请东封不宜射猎疏》，谏曰："方登岱告成，不当逐狡兽，使有垂堂之危、朽株之殆。"②这次上书被玄宗采纳。同年，又上《谏十铨试人表》。据《新唐书·选举志下》记载，玄宗即位，励精为治。……下诏择京官有善政者补刺史，岁十月，按察使校殿最，自第一至第五，校考使及户部长官总核之，以为升降。凡官，不历州县不拟台省。已而悉集新除县令宣政殿，亲临问以治人之策，而擢其高第者。又诏员外郎、御史诸供奉官，皆进名敕授，而兵、吏部各以员外郎一人判南曹，由是铨司之任轻矣。其后户部侍郎宇文融又建议置十铨，乃以礼部尚书苏颋等分主之。太子左庶子吴兢谏曰：

臣闻《易》称"君子思不出其位"，言各止其所，不侵官也，此实百王准的。伏见敕旨，令韦抗等十人分掌吏部铨选，及试

---

① 《全唐文》卷298《上玄宗皇帝纳谏疏》，第3025～3026页。
② 《新唐书》卷132《吴兢传》第4528页。

判将毕,递召入禁中决定,虽有吏部尚书及侍郎,皆不得参其事。议者皆以陛下曲受谗言,不信于有司也,然则居上临人之道,经邦纬俗之规,必在推诚,方能感物。抑又闻用天下之智力者,莫若使天下信之,故汉光武置赤心于人腹,良有旨哉。昔魏明帝尝卒至尚书省,尚书令陈矫跪问曰:"陛下欲何之?"帝曰:"欲按行省司文簿。"矫曰:"此是臣之职分,陛下非所宜临。若臣不称职,则就黜退。陛下宜即还宫。"帝惭而返。又陈平、丙吉者,汉家之宰相也,尚不对钱谷之数,不问路死之人。故上自天子,至于卿士,守其职分,而不可辄有侵越也。况我大唐万乘之君,卓绝千古之上,岂得下行选事,顿取怪于朝野乎?凡是选人书判,并请委之有司,仍停此十铨分选,复以三铨还有司。①

时权势炙手的户部侍郎宇文融建议改革官员铨选制度,分置十铨,以分吏部选官事,最后由君主亲自拍板。唐玄宗答应照办。吴兢的这次上书进谏遂使"帝悟,遂复以三铨还有司"。

开元十四年(726年)吴兢上《大风陈得失书》。是年六月,大风,玄宗诏群臣陈得失。兢上疏曰:

自春以来,亢阳不雨,六月戊午,大风拔树,坏居人庐舍。传曰:"欲德不用,厥灾旱。上下蔽隔,庶位逾节,阴侵于阳,则旱灾应。"又曰:"政悖德隐,厥风发屋坏木。"阴类大臣之象,恐陛下左右,有奸臣擅权,怀谋上之心。臣闻百王之失,皆由权移于下,故曰人主与人权,犹倒持太阿,授之以柄。夫天降灾异,欲人主感悟,愿深察天变,杜绝其萌。且陛下承天后和帝之乱,府库未充,冗员尚繁,户口流散,法出多门,赇谒大行,趋竞弥广;此弊未革,实陛下庶政之阙也。臣不胜惓惓,愿斥屏

---

① 《全唐文》卷298《谏十铨试人表》,第3023页。

群小,不为慢游,出不御之女,减不急之马,明选举,慎刑罚,杜侥幸,存至公,虽有旱风之变,不足累圣德矣。"①

吴兢的这几次进谏都关乎国家政治大事。说明其处处以国事为重,不惧自身安危,不记自身名利得失,敢直言正谏。也正因为如此,开元十七年(729年)每事切谏的吴兢,不为玄宗所容,"出为荆州司马"。

耿直,有骨鲠之气,敢于犯颜直谏,使吴兢的个性异常鲜明,并具有独立性特征。这正是成就其成为一个伟大史学家的基本条件和必要素质,也是流传千古的政论性巨著《贞观政要》得以完成的先决条件。

## (四)吴兢的朋友

吴兢的耿直个性,使其交往的朋友圈子较小。不过,这个小小的朋友圈可以使我们对吴兢的为人和学识有更进一步的认识。史籍中有几处谈到了这一问题。

《新唐书·吴兢传》云:吴兢,"少厉志,贯知经史,方直寡谐比,惟与魏元忠、朱敬则游"②。

《新唐书·刘子玄传》云:"子玄与徐坚、元行冲、吴兢等善,尝曰:'海内知我者数子耳。'"③

这里提到魏元忠、朱敬则、刘知几等人都是吴兢的朋友,下面就将吴兢的这些朋友的学行和事迹做一简要介绍。

魏元忠、朱敬则是吴兢一生中所交往的最重要的知己,二人也是吴兢的伯乐,这两位朋友对青年时期的吴兢影响很大。根据现

---

① 《全唐文》卷298《大风陈得失疏》,第3026页。
② 《新唐书》卷132《吴兢传》,第4525页。
③ 《新唐书》卷132《刘子玄传》,第4520页。

有资料看,吴兢与二人相交甚早,也是在二人的大力推荐和提携下进入史馆,开始一生的修史和仕途生涯的。据《旧唐书·吴兢传》记载:吴兢,"励志勤学,博通经史。宋州人魏元忠、亳州人朱敬则深器重之,及居相辅,荐兢有史才,堪居近侍,因令直史馆,修国史"①。

我们先了解一下魏元忠其人。据《旧唐书·魏元忠传》记载:

> 魏元忠,宋州宋城人也。本名真宰,以避则天母号改焉。初,为太学生,志气倜傥,不以举荐为意,累年不调。时有左史盩厔人江融,撰《九州设险图》,备载古今用兵成败之事,元忠就传其术。……明年,迁殿中侍御史。其年,徐敬业据扬州作乱,左玉钤卫大将军李孝逸督军讨之,则天诏元忠监其军事。……圣历二年,擢拜凤阁侍郎、同凤阁鸾台平章事,检校并州长史。未几,加银青光禄大夫,迁左肃政台御史大夫,兼检校洛州长史,政号清严。长安中,相王为并州元帅,元忠为副。时奉宸令张易之尝纵其家奴凌暴百姓,元忠笞杀之,权豪莫不敬惮。时突厥与吐蕃数犯塞,元忠皆为大总管拒之。元忠在军,唯持重自守,竟无所克获,然亦未尝败失。……中宗即位,其日驿召元忠,授卫尉卿、同中书门下三品。旬日,又迁兵部尚书,知政事如故。寻进拜侍中,兼检校兵部尚书。时则天崩,中宗居谅暗,多不视事,军国大政,独委元忠者数日。未几,迁中书令,加授光禄大夫,累封齐国公,监修国史。②

从这些文字看,魏元忠深沉有谋略,不轻易动容。他两度出任宰相,尤其是他当武氏之世,折酷吏之威,斥宣淫之魂,制凶竖之顽,怀兴复之志,张挞伐之功,为天下所属望。正是这位重臣发现

---

① 《旧唐书》卷102《吴兢传》,第3182页。
② 《旧唐书》卷92《魏元忠传》,第2945~2953页。

了吴兢的史学才能,知人善任,吴兢才与修史结下了不解之缘。

相比于魏元忠,朱敬则不仅是吴兢的贵人,而且是与吴兢性格相投并有相同学术主张的朋友。《旧唐书·朱敬则传》载其行事曰:

> 朱敬则,字少连,亳州永城人也。代以孝义称,自周至唐,三代旌表,门标六阙,州党美之。敬则倜傥重节义,早以辞学知名。……长寿中,累除右补阙。敬则以则天初临朝称制,天下颇多流言异议,至是既渐宁晏,宜绝告密罗织之徒,上疏曰:……长安三年,累迁正谏大夫,寻同凤阁鸾台平章事。时御史大夫魏元忠、凤阁舍人张说为张易之兄弟所诬构,将陷重辟,诸宰相无敢言者,敬则独抗疏申理曰:"元忠、张说素称忠正,而所坐无名。若令得罪,岂不失天下之望也。"乃得减死。四年,以老疾请罢知政事,许之,累转冬官侍郎,仍依旧兼修国史。张易之、昌宗尝命画工图写武三思及纳言李峤、凤阁侍郎苏味道、夏官侍郎李迥秀、麟台少监王绍宗等十八人形像,号为《高士图》,每引敬则预其事,固辞不就,其高洁守正如此。……敬则重然诺,善与人交,每拯人急难,不求其报。又尝与三从兄同居四十余年,财产无异。雅有知人之鉴,凡在品论者,后皆如其言。①

《新唐书·朱敬则传》也云:

> 朱敬则,字少连,亳州永城人。以孝义世被旌显,一门六阙相望。敬则志尚恢博,好学,重节义然诺,善与人交,振其急难,不责报于人。与左史江融、左仆射魏元忠善。咸亨中,高宗闻其名,召见,异之,为中书令李敬玄所毁,故授洹水尉。久之,除右补阙。……迁正谏大夫,兼修国史。乃请高史官选,

---

① 《旧唐书》卷90《朱敬则传》,第2912~2915页。

以求名才。侍中韦安石尝阅其稿史,叹曰:"董狐何以加?世人不知史官权重宰相,宰相但能制生人,史官兼制生死,古之圣君贤臣所以畏惧者也。"……刘幽求曰:"朱敬则忠正义烈,天下所推。"①

从以上史料记载看,朱敬则"倜傥重节义,早以辞学知名","重节义然诺,善与人交",尤其是他"雅有知人之鉴,凡在品论者,后皆如其言",武则天时居相辅之位,每以用人为先,则天以为知人。朱敬则还敢于谏诤,对于武则天重赏告密、法网严酷的极权专制,他敢于上疏谏止;对于魏元忠、张说被张易之、张昌宗等武后幸臣的陷害,他敢于仗义执言,"诸宰相无敢言者,敬则独抗疏申理";对于张易之、张昌宗之流以《高士图》相诱的无耻勾当,他固辞不就,保持了高风亮节。吴兢也同样有这样的性格和人品。

由以上分析可知,吴兢与魏元忠、朱敬则成为好朋友的原因主要有二:一是魏元忠、朱敬则这两位重臣对吴兢的器重、爱慕及对其才能的赏识;二是三人性格相投,耿直、不避身危,有相同的政治理念和精神追求。

刘知几也是吴兢最好的朋友之一。据《旧唐书·刘子玄传》记载:

> 刘子玄,本名知几,楚州刺史胤之族孙也。少与兄知柔俱以词学知名,弱冠举进士,授获嘉主簿。证圣年,有制文武九品已上各言时政得失,知几上表陈四事,词甚切直。是时官爵僭滥而法纲严密,士类竞为趋进而多陷刑戮,知几乃著《思慎赋》以刺时,且以见意。……知几长安中累迁左史,兼修国史。擢拜凤阁舍人,修史如故。景龙初,再转太子中允,依旧修国史。时侍中韦巨源纪处讷、中书令杨再思、兵部尚书宗楚客、

---

① 《新唐书》卷115《朱敬则传》,第4218~4221页。

中书侍郎萧至忠并监修国史,知几以监修者多,甚为国史之弊。萧至忠又尝责知几著述无课,知几于是求罢史任……时知几又著《史通子》二十卷,备论史策之体。太子右庶子徐坚深重其书,尝云:"居史职者,宜置此书于座右。"知几自负史才,常慨时无知己,乃委国史于著作郎吴兢,别撰《刘氏家史》十五卷、《谱考》三卷。……景云中,累迁太子左庶子,兼崇文馆学士,仍依旧修国史,加银青光禄大夫。……开元初,迁左散骑常侍,修史如故。……子玄掌知国史,首尾二十余年,多所撰述,甚为当时所称。礼部尚书郑惟忠尝问子玄曰:"自古已来,文士多而故史才少,何也?"对曰:"史才须有三长,世无其人,故才少也。三长:谓才也,学也,识也。夫有学而无才,亦犹有良田百顷,黄金满籯,而使愚者营生,终不能致于货殖者矣。如有才而无学,亦犹思兼匠石,巧若公输,而家无楩柟斧斤,终不果成其宫室者矣。犹须好是正直,善恶必书,使骄主贼臣,所以知惧,此则为虎傅翼,善无可加,所向无敌者矣。脱苟非其才,不可叨居史任。自敻古已来,能应斯目者,罕见其人。"时人以为知言。①

刘知几是唐代著名史学家,吴兢与其不仅性格相似,两人学术上还是知音。二人同为史官,并一起受命修《唐史》。《唐会要》卷六三《史馆上》"国史"条记载此事:长安三年正月一日敕,宜令特进梁王武三思,纳言李峤,正谏大夫朱敬则,司农少卿徐彦伯,凤阁舍人魏知古、崔融,司封郎中徐坚,左史刘知几,直史馆吴兢等修《唐史》,采四方之志,成一家之言。二人著史皆主张"直笔",史学思想相同,互认为是知己。《旧唐书·刘子玄传》云:"知几自负史才,常慨时无知己,乃委国史于著作郎吴兢,别撰《刘氏家史》十五卷、《谱

---

① 《旧唐书》卷102《刘子玄传》,第3168~3173页。

考》三卷。"①可见,吴兢与刘知几是性格相投并有相同学术主张的朋友。

与吴兢有共同个性和史学思想的朋友还有刘允济、薛谦光、元行冲、裴怀古等,他们与朱敬则、刘知几等共同形成了一个独具风格的史学流派,白寿彝先生称之为"刘知几学派"②。这一学派是以刘知几、吴兢为代表的史官在修史过程中经过激烈的斗争形成的,最能说明这一斗争的内容和过程的,是刘知几修《史通》和吴兢修《唐书》《唐春秋》。武则天长安年间(701～704年),刘知几和吴兢等都是以史官的身份奉诏修国史《唐书》的,但在修史过程中两人都深感不能表达本意,以曲笔为憾,因此,不得不在外修史,借以表达他们的史学思想。《史通》中充分表述了这一基本思想:"凡所著述,常欲行其旧议,而当时同作诸士及监修贵臣,每与其(言)凿枘相违,龃龉难入。故其所载削,皆与俗浮沉,虽自谓依违苟从,然犹大为史官所嫉。嗟乎!虽任当其职,而吾道不行;见用于时,而美志不遂,郁怏孤愤,无以寄怀。必寝而不言,嘿而无述,又恐没世之后,谁知予者?故退而私撰《史通》,以见其志。"③而《唐会要》所载吴兢给玄宗的奏疏中同样表述了这一意思:"臣往者长安、景龙之岁,以左拾遗、起居郎兼修国史,时有武三思、张易之、昌宗、纪处讷、宗楚客、韦温等相次兼领其职。三思等立性邪佞,不循宪章,苟饰虚词,殊非直笔。臣愚以为国史之作,在乎善恶必书,遂潜心积思,别撰《唐书》九十八卷,《唐春秋》三十卷,用藏于私室。"④这绝不是偶然的巧合,以刘知几、吴兢为代表主张"直笔"的史学流派正

---

① 《旧唐书》卷102《刘子玄传》,第3171页。
② 刘知几学派:白寿彝先生在《刘知己的史学》一文中将刘知己及其友人称为"刘知己学派"。
③ 《史通通释》卷10《自叙》,第290页。
④ 《唐会要》卷63《在外修史》,第1098～1099页。

在向以武三思等为代表的"曲笔阿时、谀言媚主"的腐朽势力展开激烈斗争,而这绝不是只代表个人的一种抗争,是许多不顾身危"彰善瘅恶、不避强御"的史家群体的抗争。

他们与吴兢有同样的史学主张,或者有共同的政治立场,或者有极为相似的思想作风和性格特征。他们的交往形成了一个志同道合的学术群体。这一群体的治史思想对吴兢产生了深刻影响,因此《贞观政要》体现出高水平史学著作所共有的直笔、精练等优点。了解吴兢的这个朋友圈子,对于我们全面认识吴兢及其思想有重要的启发意义。

## 二 《贞观政要》的史学思想

吴兢著史,以叙事简核、秉笔直书见称。因其叙事简核,世称"良史";因秉笔直书,号"当今董狐"。这正好体现了吴兢史学思想的两个方面。

### (一)国史之作,在乎善恶必书

直书、实录是吴兢史学思想的核心内容。

中国自先秦起就有"书法不隐"的"直书"的史学传统。刘勰的《文心雕龙》说得好:"史肇轩黄,体备周孔。世历斯编,善恶偕总。腾褒裁贬,万古魂动。辞宗丘明,直归南董。"①春秋时期齐国南史氏、晋国董狐,是"直书"的开山,其后,历代史家追随、模仿,蔚然成风,成了一种优良的史学传统。但在史学发展过程中也一直存在"曲笔"的现象,即治史态度轻浮,作风奸诈,阿时取容,屈从权贵。

---

① 〔梁〕刘勰撰,〔清〕黄叔琳注:《文心雕龙》卷4《史传第十六》,商务印书馆,1936年版,第51页。

"直书"与"曲笔",这两种中国史学史上不同的传统和学风的对立,既体现了修史者不同的治史方法,又反映了他们不同的历史观和政治观。在唐代史学中,同样也存在这两种价值取向,一种是如许敬宗等之流。唐太宗、唐高宗时期,许敬宗为史官,"身为国史,窜改不平,专出己私"①。武则天、唐中宗时监领史事的武三思、张易之等,也是"阿贵朋佞,酿泽浮辞,事多不实"②。这些都是唐代史学中典型的曲笔。另一种是与此相对立的,即一批正直的追求信史、坚持直书的史官和史家。如褚遂良、杜正伦、刘允济、朱敬则、刘知几、吴兢等,都是主张"善恶必书",直书无讳的。唐代著名史学家褚遂良,贞观十五年(641年)兼起居事,太宗曾问其曰:"卿知起居,记录何事,大抵人君得观之否?"遂良对曰:"今之起居,古左右史,书人君言事,且记善恶,以为鉴戒,庶几人主不为非法。不闻帝王躬自观史。"太宗曰:"朕有不善,卿必记之耶?"遂良曰:"守道不如守官,臣职当载笔,君举必记。"③褚遂良之言,道出了史官的职责,即据事直书,记真实以为鉴戒。史官杜正伦还对唐太宗这样说:"君举必书,言存左史。臣职修起居注,不敢不尽愚直。"④史官刘允济也认为:"史官善恶必书,言成轨范,使骄主、贼臣有所知惧,此亦权重,理合贫而乐道也。昔班生受金,陈寿求米,仆视之如浮云耳。但百僚善恶必书,足为千载不朽之美谈,岂不胜哉!"⑤刘知几的直书思想体现在他所著《史通》中有关《直书》与《曲笔》两篇的议论中。刘知几认为,一部良好的史书"以实录为贵",记史应"善恶必书","不掩恶,不虚美",不"饰非文过",不"曲笔诬书",他

---

① 《新唐书》卷223《许敬宗传》,第6338页。
② 《新唐书》卷132《吴兢传》,第4528页。
③ 《旧唐书》卷80《褚遂良传》,第2730页。
④ 《旧唐书》卷70《杜正伦传》,第2542页。
⑤ 《唐会要》卷63《修史官》,第1100页。

对于"直书"精神给予了极高赞赏:"盖烈士徇名,壮夫重气,宁为兰摧玉折,不作瓦砾长存。若南、董之仗气直书,不避强御;韦、崔之肆情奋笔,无所阿容,虽周身之防有所不足,而遗芳余烈,人到于今称之。"①读之令人荡气回肠。刘知几还明确提出了"史才三长"理论,要求史学家须有史才、史学、史识,尤以史识最为重要。他在《史通》中对"抗词正笔,务存直道"的宋孝王的《关东风俗传》和王劭的《齐志》屡予表彰,倍加赞誉,体现了他不同于流俗的"史识",也体现了其求真务实的学术品质。

在史学上的这种直书与曲笔的对立中,吴兢是一面坚持直书的旗帜。吴兢的直书精神体现在他一生的史学著述之中。吴兢提倡直书,反对曲笔,这可从开元十四年(726年)他给唐玄宗的奏疏中窥知,《唐会要》卷六三《在外修史》记载曰:"臣往者在长安、景龙之岁,以左拾遗起居郎兼修国史。时有武三思、张易之、张昌宗、纪处讷、宗楚客、韦温等相次监领其职。三思等立性邪佞,不循宪章,苟饰虚词,殊非直笔。臣愚以为,国史之作,在乎善恶必书,遂潜心积思,别传《唐书》九十八卷,《唐春秋》三十卷,用藏于私室。"②初入史馆的吴兢不仅公开表达了对权贵武三思等人"不循宪章,苟饰虚词"的鄙视,也明确提出了"国史之作,在乎善恶必书"的观点,更难能可贵的是,他以实录的精神,"潜心积思",撰《唐书》和《唐春秋》。尽管我们现在已看不到这两部书,却能深刻感知吴兢那不徇私情、秉笔直书的良史形象。可见,吴兢最为关注、突出强调的史学特质就是"直书"二字。

吴兢的"直书"还体现在《则天实录》的撰写上。据《新唐书·吴兢传》记载,武则天时,张易之、张昌宗欲陷害御史大夫、知政事

---

① 《史通通释》卷7《直书》,第193～194页。
② 《唐会要》卷63《在外修史》,第1098～1099页。

魏元忠，以此打击皇太子李显，乃以高官为诱饵，唆使张说诬证魏元忠有谋反之举。张说一度有所动摇，后经宋璟等人开导，才不曾作诬证。神龙二年（706年），吴兢与刘知几等预修《则天实录》，玄宗时又重修。吴兢在《则天实录》中直书其事，以揭露张易之、张昌宗的劣迹。但记事涉及张说，而张说此时已任宰相，并监修国史，当看到《则天实录》关于自己的这段记载时很不高兴，明知是吴兢所为，却故意嫁祸于刘知几，以期能得以通融修改。吴兢却从容答道："子玄已亡，不可受诬地下。兢实书之，其草故在。"后张说多次请求修改，都被他拒绝："徇公之情，何名实录？"①吴兢硬是顶住了压力，坚持"实录"的直书精神。

"书法无隐""直书其事"的原则，"不取人情""刚直不阿"的精神，正是史家坚持直书的重要条件。敢于坚持"善恶必书"的褚遂良、不与世浮沉的刘知几、藐视权贵的吴兢等唐代史学家无不具有严谨的作风和正直的品格。也正是这些史家不虚美、不隐恶的史笔，不畏权势秉笔直书，才为后人留下了皇皇巨著。当今，历史著作可谓汗牛充栋，但多不能卒读，曲学阿世的禄蠹书太多，其作者多缺乏"独立之精神""自由之学术"。但正直的史官从来都是命运多蹇，就像刘知几所说，他们或"身膏斧钺"，或"取笑当时"，或"书填坑窖"，或遭秘密杀害而"无闻后代"。② 吴兢虽没因著史被杀，但也没有因此而荣华富贵。正如韩愈在《答刘秀才论史书》中所言："足下所称吴兢，亦不闻身贵而令其后有闻也。"③吴兢为了这份坚守，也只能退而私撰《唐书》《唐春秋》，以示对曲笔的抗议，对直书精神的坚持。开元十七年（729年），吴兢也终因著史遭遇"坐

---

① 《新唐书》卷132《吴兢传》，第4526页。
② 《史通通释》卷7《直书》，第193页。
③ 〔唐〕韩愈：《答刘秀才论史书》，见《韩昌黎集·外集》卷2，商务印书馆，1958年版，第70页。

书事不当,贬荆州司马"的待遇。

(二)叙事简核

吴兢著史的另一大特点是"叙事简核"。

史的繁简之争,是中国传统史学一个独特的论题。"繁",指史学著述芜杂、繁复;"简",指文约而事丰。"简"在古人观念中有优先地位。古人"尚简",与尊经崇古之心理有关,古书多言简辞约。我国传统哲学、文学也"崇简",老庄哲学中"大音希声,大象无形""道不可言"的观念,中国知识阶层中形成的对语言工具较为通达的态度,使古人行文叙事总体上倾向于含蓄精练的表现手法,追求意味悠远的境界。这一观念和手法也影响到史学领域,"作史与他文不同。宁失之质,不可至于华靡而无实;宁失之繁,不可至于疏略而不尽"①。史实须借文而存,传统史学讲究"作史贵知其意"。杜预《左传正义序》云"辞约则义微",《孔子世家》曰"《春秋》约其文辞而指博"。《史记·太史公自序》云"夫诗书隐约者,欲遂其志之思也",司马贞《史记索隐》注云"谓其意隐微而言约也"。正如胡应麟《史书占毕》中所谓"史恶繁而尚简,素矣"。"尚简"为知识群体的先入之见。刘知几《史通·叙事》一篇为经典表述:"叙事之工者,以简要为主。简之时义大矣哉!……文约而事丰,此述作之尤美者也"。"能损之又损,而玄之又玄"。"晦也者,省字约文,事溢于句外"。"夫能略小存大,举重明轻,一言而巨细咸该,片语而洪纤靡漏,此皆用晦之道也"。"言近而旨远,辞浅而义深;虽发语已殚,而含意未尽……晦之时义,不亦大哉!"②刘知几提出史家叙事

---

① 〔金〕王若虚:《滹南遗老集》卷22《新唐书辨》(上),商务印书馆,1935年版,第131页。

② 《史通通释》卷6《叙事》,第168、171、173~174页。

的方法,即尚简、隐晦、言近旨远。他特别强调尚简笔法的重要作用,在叙事中要"文约而事丰",要简而能要,以一字定褒贬,以微言见大义,使文章言辞简练而意思完备、深刻。

吴兢撰史即继承了这一"尚简"传统,简明扼要。《旧唐书·吴兢传》记载:"兢尝以梁、陈、齐、周、隋五代史繁杂,乃别撰《梁》《齐》《周史》各十卷、《陈史》五卷、《隋史》二十卷。"①吴兢所撰的史书今日所能见到的只有一部《贞观政要》。这部书分专题记述贞观年间(627～649年)的政治、经济、军事、文化、制度、礼仪、教育等方面的状况,有对话、诏诰、奏表,有事件描写,有经验总结,较系统地反映了贞观年间的施政方针和实践效果,是历史上对贞观之治记载最为周详而扼要的著作。然而,这样一部书仅八万字左右。可见,《贞观政要》的撰写也秉承了这一"尚简"之风。清代目录学家周中孚在他的《郑堂读书记》中称《贞观政要》"文亦质朴,该赡,足追古之作者"②。叙事简要明了,是吴兢作史一贯的追求,也是《贞观政要》一书的重要特点。《旧唐书·吴兢传》称他著史"叙事简要,人用称之"③。《新唐书·吴兢传》称其"叙事简核,号良史"④。可见,吴兢史笔简核这个特点,是为当时人们所公认和赞赏的。

但著史一味"简"也有得有失。其"失"大抵有四:一是一味硬删,易成语病,造成文句不通或指称不明;二是用笔太吝,文无生气;三是叙事不明,辞不达义;四是事有阙载,史有亡佚。这是"尚简"留给后人的最大负面影响。中国史学如果没有"尚简"意识的影响,不知可多留下多少史料。吴兢"尚简"的著史风格虽赢得了

---

① 《旧唐书》卷102《吴兢传》,第3182页。
② 〔清〕周中孚:《郑堂读书记》卷19《史部五·杂史类》,商务印书馆,1937年版,第409页。
③ 《旧唐书》卷102《吴兢传》,第3182页。
④ 《新唐书》卷132《吴兢传》,第4528页。

赞誉,也给他带来了一些负面影响,据史书载,吴兢尝以梁、陈、齐、周、隋五代史繁杂,乃别撰《梁》《齐》《周史》各十卷、《陈史》五卷、《隋史》二十卷。但后人评价其"又伤疏略"①。吴兢若不秉承"尚简"之风,其所著《贞观政要》为我们保存下来的贞观时期的史料远不止区区八万言。

(三) 吴兢史学的忧患意识

中国古代史学家历来有一种深沉的忧患意识,这种忧患意识是中国史学家的一个优良传统。中国古代史学家的忧患意识主要表现为对于朝代、国家的兴亡盛衰以及社会治乱、人民生活的关注。史学家忧患意识有深沉的历史感和强烈的时代感,这种忧患意识又被称为"良史之忧"。吴兢作为史学家、良史自然也不例外。

"良史之忧"是史学精神遗产的一个重要方面。著名的史论家、政论家和诗人龚自珍有"出乎史,入乎道""欲知大道,必先为史"②的宏论。认为:"智者受三千年史氏之书,则能以良史之忧忧天下。"③孟子曾曰:"入则无法家拂士,出则无敌国外患者,国恒亡。然后知生于忧患而死于安乐也。"④这句名言所包含的辩证思想和自警精神,经过长期的积淀,成为中国人忧患意识的一个突出方面。史学,从史学家对于历史和现实的认识来看,常常反映出他们对于社会的前途、命运的忧患意识,这在很大程度上成为他们决心致力于历史著作撰述的一个思想基础。孟子说:"世衰道微,邪

---

① 《旧唐书》卷102《吴兢传》,第3182页。
② 〔清〕龚自珍:《龚定庵全集类编》卷上《尊史》,世界书局,1935年版,第28页。(本书中下文所引《龚定庵全集》均为此版本)
③ 《龚定庵全集类编》卷上《乙丙之际箸议第九》,第14页。
④ 〔战国〕孟子著,〔汉〕赵岐注,〔宋〕孙奭疏:《孟子注疏》卷12下《告子章句下》,北京大学出版社,1999年版,第347页。(本书中下文所引《孟子注疏》均为此版本)

说暴行有作,臣弑其君者有之,子弑其父者有之。孔子惧,作《春秋》。"①这其实就反映了孔子作《春秋》时的一种忧患意识。司马迁父子撰述《史记》,起初是出于对史职的忠诚和执着。司马谈曾对司马迁说:"今汉兴,海内一统,明主贤君、忠臣死义之士,余为太史而弗论载,废天下之史文,余甚惧焉,汝其念哉!"②司马谈之所惧,是"废天下之史文"的问题;司马迁的思想已不只是集中在"史文"问题上了,他对汉武帝统治下的社会前途表现出深深的忧虑:"宗室有土,公卿大夫以下,争于奢侈,室庐舆服僭于上,无限度。"③司马迁处在西汉由鼎盛开始走向衰落的时期,深邃的历史眼光使他看到了这一变化,故而发出了"物盛而衰,固其变也"的感叹。

唐代史学家吴兢与司马迁一样,有大致相仿的经历。吴兢生活在唐代武则天至唐玄宗时期,他目睹了唐代盛世,即"开元盛世",同时也敏感地觉察到唐玄宗开元后期产生的政治上的颓势,并从玄宗时大臣源乾曜、张嘉贞任相职时"虑四维之不张,每克己励精,缅怀故实,未尝有乏"的做法中得到启发,认为唐太宗时期的政化"良足可观,振古而来,未之有也",所以决心写一部反映唐太宗贞观年间政治统治面貌的专书。这就是吴兢著《贞观政要》的初衷。吴兢认为,此书"人伦之纪备矣,军国之政存焉",其义在于"惩劝"。吴兢对于此书在政治上的作用有充分的信心,他认为:"庶乎有国有家者克遵前轨,择善而从,则可久之业益彰矣,可大之功尤著矣,岂假祖述尧、舜,宪章文、武而已哉!"(《贞观政要·序》)可见,史学家吴兢有忧患意识和现实的态度,这既是对唐太宗时政化

---

① 《孟子注疏》卷 6 下《滕文公章句下》,第 178 页。
② 〔汉〕司马迁:《史记》卷 30《太史公自序》,中华书局,1959 年版,第 3295 页。(本书中下文所引《史记》均为此版本)
③ 《史记》卷 30《平准书》,第 1420 页。

的仰慕,又是出于对唐玄宗开元后期李林甫、杨国忠辈当政的忧虑。此书以《君道》开篇,以《论慎终》结束,也反映出这位被当时人誉为董狐式的史学家的忧患意识。他在《上贞观政要表》中把这种忧患意识表述得更加明显了,他说:"望纡天鉴,择善而行,引而伸之,触类而长之。……伏愿行之而有恒,思之而无倦,则贞观巍巍之化可得而致矣。"

　　唐以后的史学家同样也有深沉的忧患意识。宋代司马光撰《资治通鉴》、范祖禹著《唐鉴》、李焘撰《续资治通鉴长编》、徐梦莘撰《三朝北盟会编》、李心传撰《建炎以来系年要录》以及袁枢把编年体的《资治通鉴》创造性地改撰成纪事本末体的《通鉴纪事本末》,这些寄寓了他们的"爱君忧国之心,愤世疾邪之志"。明清之际的著名史学家黄宗羲、王夫之、顾炎武等,也都具有鲜明的历史批判精神和经世致用的史学思想,而忧患意识也是他们共同的特点。史学家的这种忧患意识,不是一时的激情迸发和慷慨陈词,而是建立在对史实的严肃审视与深沉思考基础上为现实和未来提供的种种借鉴,是历史认识和现实判断的思想结晶。这种忧患意识深深地寓于对历史的描述和评论之中,是历史感与时代感的统一。史学家的忧患意识在历史著作的撰述和社会影响上都有重要的意义。从历史著作的撰述上看,史学家的忧患意识往往同他们的历史思想变化结合在一起,因而能够深刻地揭示历史发展和现实社会中一些带有普遍性的重大问题。"从社会影响上看,优秀史实因有上述思想为指导,其历史撰述则必然贯穿着历史感与时代感相结合的旨趣,使后世读史之人亦能产生共鸣。从这个意义上讲,史学的社会功用总是伴随着人们的忧患意识而表现出来的"①。

------

① 瞿林东:《两宋史家的忧患意识》,见《学习与探索》,1999年第3期,第135页。

## 三 《贞观政要》的思想价值和史料价值

### (一)《贞观政要》的思想价值

中国古代史学家思想的一个重要方面是关注治国安邦的社会思想，即十分注重从历史进程、朝代更迭中总结经验教训，为后人提供借鉴，为现实的政治统治提供参考。唐代史学家吴兢就拥有这样的使命感和历史情怀，集中体现在其所撰的《贞观政要》一书中。吴兢撰写此书的目的在于总结唐太宗君臣探索的治国安邦之道，向唐玄宗提供政治上的参考。他在《贞观政要》序文中写道："太宗时，政化良足可观，振古而来，未之有也。至于垂世立教之美，典谟谏奏之词，可以弘阐大猷，增崇至道者，爰命不才，备加甄录，体制大略，咸发成规。於是缀集所闻，参详旧史，撮其指要，举其宏纲，词兼质文，义在惩劝，人伦之纪备矣，军国之政存焉。"所谓"人伦之纪""军国之政"，都是治国安邦的大事。因此，《贞观政要》集中反映了贞观年间（627～649年）的政治伦理思想、君臣治国思想、民本思想、法律思想、吏治思想、用人思想，等等，对于研究初唐时期的政治和"贞观之治"提供了重要的思想价值。

**1.《贞观政要》的治国指导思想**

贞观年间（627～649年），在治国问题上唐代君臣形成了以仁义诚信治国的指导思想，《贞观政要》详细记录了唐代君臣对于治国指导思想的追寻和探索过程。贞观元年（627年），唐太宗曰："朕看古来帝王，以仁义为治者，国祚延长，任法御人者，虽救弊于一时，败亡亦促。既见前王成事，足为元龟。今欲专以仁义、诚信为治。望革近代之浇薄也。"（《贞观政要·论仁义》）这说明，在即位之初，唐太宗就已经意识到"仁义、诚信"对于国家治理的重要意义。贞观二年(628年),唐太宗谓侍臣曰:"朕谓乱离之后,风俗难移。比观百姓渐知廉耻,官人奉法,盗贼日稀,故知人无常俗,但政有治乱耳。是以为国之道,必须抚之以仁义,示之以威信。因人之心,去其苛刻,不作异端,自然安静。公等宜共行斯事也!"(《贞观政要·论仁义》)贞观十七年(643年),太宗谓侍臣曰:"《传》称'去食存信',孔子曰'人无信不立'。昔项羽既入咸阳,已制天下,向能力行仁信,谁夺耶?"(《贞观政要·论诚信》)可见,唐太宗是深深懂得"民无信不立"的道理的。在具体的执政实践中唐太宗也多能遵循这一治国原则,他多次强调:治理国家,关键是要诚实守信,如果"号令不信,则民不知所从,天下何由而治乎!"表示要"以诚信御天下,欲使臣民皆无欺诈"①。由此可以看出,诚信是唐太宗治国的重要指导思想。唐代重臣魏征、房玄龄、褚遂良等,对此也多有阐述。贞观十一年(637年),魏征上疏唐太宗曰:"臣闻为国之基,必资于德礼;君之所保,惟在于诚信。诚信立则下无二心;德礼行则远人斯格。然则德礼诚信,国之大纲,在于父子君臣,不可斯须而废也。"(《旧唐书·魏征传》)他把"德礼""诚信"看作治理国家的大纲,失掉大纲,就难保政权的巩固。宰相褚遂良同样也重视"诚信"对国家的治理,认为:"信为国本,百姓所归",一个国家,一个政权,只要守信,就会产生巨大的向心力和凝聚力。并认为处理民族关系也必须以"信义"为上,提出"以信义而抚戎夷"的观点。贞观重臣房玄龄对仁义、诚信也较为重视,认为:"仁、义、礼、智、信,谓之五常,废一不可。能勤行之,甚有裨益。"(《贞观政要·论诚信》)

**2.《贞观政要》的吏治思想**

吏治问题是历朝历代非常重要的政治课题。虽然古今吏治的

---

① 〔宋〕司马光编著,〔元〕胡三省音注:《资治通鉴》卷192《唐纪八·高祖武德九年》,中华书局,1956年版,第6027页。(本书中下文所引《资治通鉴》均为此版本)

出发点和目的有所不同,但中国的文化是一脉相承的,其中的吏治思想和实践也是相通的,传统的吏治思想的合理部分具有普遍性和借鉴意义,是现代吏治的基础,对现代吏治实践和理论建设有重要价值和社会意义。《贞观政要》作为贞观盛世的翔实记录,是研究以唐太宗为首的贞观统治集团吏治思想的重要典籍。

《贞观政要》中的吏治思想是历史的传承和积淀,也是唐太宗君臣治国实践共同作用的产物。其吏治思想在选官、用官、做官和治官四个方面较为突出,并贯穿于唐太宗与魏征、房玄龄、杜如晦等四十五位大臣的政治问答及大臣的谏诤和奏疏之中。具体思想体现如下:

(1) 选官注重德才兼备。唐太宗的吏治思想首先表现在重视选官上。贞观年间(627～649年),唐太宗非常重视选官用官,实行了开明灵活的人才政策,使其能尽揽天下贤能,形成了以魏征、杜如晦、房玄龄、尉迟敬德等为代表的贞观统治集团,为政治清明、经济发展、社会稳定、人民安居的"贞观之治"奠定了良好的基础。《贞观政要·崇儒学》《贞观政要·论择官》等详细记载了唐太宗君臣尊贤重才的思想。贞观二年(628年),太宗谓侍臣曰:"为政之要,惟在得人。用非其才,必难致理。"(《贞观政要·崇儒学》)贞观二年(628年),太宗谓右仆射封德彝曰:"致安之本,惟在得人。"(《贞观政要·论择官》)贞观十三年(639年),太宗谓侍臣曰:"能安天下者,惟在用得贤才。"(《贞观政要·论择官》)唐太宗认为审察选用官吏是治理国家和使国家安定的根本。在具体的政治实践中,唐太宗还把举荐人才作为官吏的一项重要职责。贞观二年(628年),太宗谓尚书右仆射封德彝曰:"比来命卿举贤,未尝有所推荐。天下事重,卿宜分朕忧劳,卿既不言,朕将安寄?"(《贞观政要·论择官》)贞观二年(628年),太宗谓房玄龄、杜如晦曰:"公为仆射,当助朕忧劳,广闻耳目,求访贤哲。比闻公等听受辞讼,日有数百。此则读符牒不暇,安能助朕求贤哉?"(《贞观政要·论择官》)贞观十一年(637年),太宗因谓侍臣曰:"刺史,朕当自简择;县令,诏京官五品已上,各举一人。"(《贞观政要·论择官》)以唐太宗为首的贞观统治集团在选官实践中还确立、完善和坚持了德才兼备的基本原则。贞观之初,唐太宗就提出:"今所任用,必须以德行、学识为本"(《贞观政要·崇儒学》);"用得好人,为善者皆劝;误用恶人,不善者竞进"(《贞观政要·论择官》)。对于吏部选拔官吏只考察言词刀笔、忽略了对于德行考察的做法给予了尖锐的批评,太宗谓吏部尚书杜如晦曰:"比见吏部择人,惟取其言词刀笔,不悉其景行。数年之后,恶迹始彰,虽加刑戮,而百姓已受其弊。"(《贞观政要·论择官》)魏征对选用人才中"德与才"的关系也有深刻的见解,他提出:"今欲求人,必须审访其行。若知其善,然后用之,设令此人不能济事,只是才力不及,不为大害。误用恶人,假令强干,为患极多。但乱代惟求其才,不顾其行。太平之时,必须才行俱兼,始可任用。"(《贞观政要·论择官》)让忠臣贤臣有用武之地,奸猾之辈没有生存的土壤。因此,魏征也曾上疏太宗:"臣闻为人君者,在乎善善而恶恶,近君子而远小人。善善明,则君子进矣,恶恶著,则小人退矣。近君子,则朝无秕政,远小人,则听不私邪。……既识玉石之分,又辨篙兰之臭,善善而不能进,恶恶而不能去,此郭氏所以为墟,史鱼所以遗恨也。"(《贞观政要·论诚信》)对此,太宗深以为然,唐太宗曾对杜谗佞、远小人与身边大臣有一次专门的谈话,太宗曰:"朕观前代谗佞之徒,皆国之蟊贼也。或巧言令色,朋党比周。若暗主庸君,莫不以之迷惑,忠臣孝子所以泣血衔冤。"(《贞观政要·杜谗佞》)在用人上,唐太宗不拘一格,不计前嫌。抛开出身、门第、资历、社会经历等因素招揽房玄龄、魏征、杜如晦等杰出人才,大大扩展了选官的视野,也形成了鼓励人才辈出的氛围。用人上还能任人唯贤,用人所长。太宗上任伊始,就把任人唯贤作为选官的首要原则，一大批出身卑微、没有背景，却拥有杰出才能的官吏得以为国效力，如魏征、戴胄、刘泊、马周、岑文本等都被委以重任，形成了有才、有胆、有识、有为的贞观智囊团。太宗刚即位不久，中书令房玄龄上奏说，原来在秦王府供职的旧部中没有被封官的，都抱怨说前宫和齐王府的部下比自己先获得官职。太宗曰："用人但问堪否，岂以新故异情？……才若不堪，亦岂以旧人而先用？"（《贞观政要·论公平》）贞观初，太宗谓侍臣曰："朕今孜孜求士，欲专心政道，闻有好人，则抽擢驱使。……古人'内举不避亲，外举不避仇'，而为举得其真贤故也。但能举用得才，虽是子弟及有仇嫌，不得不举。"（《贞观政要·论公平》）为官择人，慎重选官。贞观六年（632年），太宗谓魏征曰："古人云，王者须为官择人，不可造次即用。……故知赏罚不可轻行，用人弥须慎择。"（《贞观政要·论择官》）尤其重视地方官吏的选择任用。贞观二年（628年），太宗谓侍臣曰："朕每夜恒思百姓间事，或至夜半不寐，惟恐都督、刺史堪养百姓以否。故于屏风上录其姓名，坐卧恒看。在官如有善事，亦具列于名下。朕居深宫之中，视听不能及远，所委者惟都督、刺史，此辈实理乱所系，尤须得人。"（《贞观政要·论择官》）贞观十一年（637年），侍御史马周上疏曰："理天下者，以人为本。欲令百姓安乐，惟在刺史、县令。县令既众，不可皆贤，若每州得良刺史，则合境苏息。天下刺史悉称圣意，则陛下可端拱岩廊之上，百姓不虑不安。自古郡守、县令，皆妙选贤德，欲有迁擢为宰相，必先试以临人，或从二千石入为丞相及司徒、太尉者。朝廷必不可独重内官，外刺史、县令，遂轻其选。所以百姓未安，殆由于此。"（《贞观政要·论择官》）

（2）"用人不疑，人尽其才"的用官原则。唐太宗是历代帝王中最能知人善任，以礼相待，与臣下和谐相处的。这主要得益于他用人不疑，充分激发人才的积极性、主动性和创造性，使人尽其才，君臣唇齿相依。太宗谓房玄龄、杜如晦曰："朕闻自古帝王上合天心，以致太平者，皆股肱之力。……而无识之人，务行谗毁，交乱君臣，殊非益国。自今已后，有上书讦人小恶者，朕当以谗人之罪罪之。"(《贞观政要·杜谗佞》)对于小人离间君臣关系的行为，太宗深以为恶，鲜明地表达了自己用人不疑的坚定立场。在坚持灵活选官原则的基础上，太宗对人才的优长把握准确，用其所长，避其所短，给官吏提供充分展示其才能的平台。比如，他深知房玄龄善于计谋策划，称赞其有"筹谋帷幄、定社稷之功"，杜如晦善决断，而二人皆不善处理杂务；马周"见事敏速，性甚慎至。至于论量人物，直道而言"；刘洎重谊守信，却难免偏私；高士廉明理旷达，但不能直言劝谏。这些评价都言词中肯、切中要害。"君子用人如器，取其所长"，"舍短取长，然后为美"是太宗的用人理念。太宗善于量才授职，他深知杜如晦长于决断，房玄龄善于谋划，令其共掌朝政，典章制度皆由二人所定，后世论唐代良相，首推房、杜，称赞二人"房谋杜断"；唐太宗欣赏魏征刚正不阿、敢于犯颜直谏的性格，任命其为谏议大夫，使其成为中国史上最负盛名的谏臣；唐太宗看中戴胄明习律令、执法严明之特长，拜其为大理少卿。正是由于太宗合理配置人才资源，使官吏各尽其才，优势互补，才形成了强大高效、分工明确的贞观统治集团。唐太宗还能以人为镜，诚心纳谏。贞观八年(634年)，太宗谓侍臣曰："但思正人匡谏，欲令耳目外通，下无怨滞。……所以每有谏者，纵不合朕心，朕亦不以为忤。若即嗔责，深恐人怀战惧，岂肯更言！"(《贞观政要·求谏》)广任贤良，各负其责。

(3) 做官强调贤良，励精为政。唐太宗及身边重臣对于为官之道提出了许多要求并进行行为规范。《贞观政要》在为官方面特别强调四个方面。一是强调"忠"。贞观六年(632年)，太宗谓侍臣曰："古人云：'危而不持，颠而不扶，焉用彼相？'君臣之义，得不尽忠匡救乎?"(《贞观政要·政体》)二是强调"直",鼓励犯颜直谏,坚守直道。太宗把直言进谏作为为官的重要职责,多个场合对官吏进谏言提出要求。贞观元年(627年),太宗谓黄门侍郎王珪曰:"卿等特须灭私徇公,坚守直道,庶事相启沃,勿上下雷同也。"(《贞观政要·政体》)贞观三年(629年),太宗谓侍臣曰:"自今诏敕疑有不稳便,必须执言,无得妄有畏惧,知而寝默。"(《贞观政要·政体》)贞观五年(631年),太宗谓侍臣曰:"然耳目股肱,寄于卿辈,既义均一体,宜协力同心,事有不安,可极言无隐。倘君臣相疑,不能备尽肝膈,实为治国之大害也。"(《贞观政要·政体》)强调君臣一体,应当同心协力。三是强调"良",做良臣胜于忠臣。唐太宗和魏征曾有一段关于良臣和忠臣的讨论,魏征认为:"良臣使身获美名,君受显号,子孙传世,福禄无疆。忠臣身受诛夷,君陷大恶,家国并丧,独有其名。以此而言,相去远矣。"(《贞观政要·直言谏争(附)》)太宗和魏征对做官的要求是做良臣而不是仅仅做忠臣。四是强调励精为政,善始善终。贞观十二年(638年),太宗问身边的大臣,为什么他身体力行、不知厌倦地处理朝政,而治理国家的成绩还是比不上三皇五帝时代。魏征给出了很好的答案:"然自古帝王初即位者,皆欲励精为政,比迹于尧、舜;及其安乐也,则骄奢放逸,莫能终其善。人臣初见任用者,皆欲匡主济时,追踪于稷、契;及其富贵也,则思苟全官爵,莫能尽其忠节。若使君臣常无懈怠,各保其终,则天下无忧不理,自可超迈前古也。"(《贞观政要·论慎终》)

(4)治官赏罚分明,使其高效廉洁。太宗把赏罚作为治官的基本策略,辅之以情治官、尊儒重教等开明政策,打造了一支廉洁、高效、忠君的智囊团队。唐太宗即位不久就明确提出"官在得人,不在员多"(《资治通鉴·唐纪八》)。贞观元年(627年),太宗谓房玄龄等曰:"致理之本,惟在于审。量才授职,务省官员。……又孔子曰：'官事不摄，焉得俭？'且'千羊之皮，不如一狐之腋'。"(《贞观政要·论择官》)强调治理国家的根本在于审慎。要根据一个人能力的大小授予官职，务必精减官员人数。唐太宗还推崇儒学，注重育官。他尝谓中书令岑文本曰："夫人虽禀定性，必须博学以成其道……不勤道艺，则其名不立。"(《贞观政要·崇儒学》)太宗一方面组织人员修订儒学典籍，另一方面设立弘文馆，作为官吏研习儒学治国思想的基地。贞观四年（630年），还诏前中书侍郎颜师古于秘书省考定"五经"。诏颜师古与国子祭酒孔颖达等大儒，撰定"五经"疏义，把统一的儒学经典书籍颁行全国。唐太宗还注重惩教结合，重视反腐。一方面，太宗"深恶官吏贪浊，有枉法受财者，必无赦免。在京流外有犯赃者，皆遣执奏，随其所犯，置以重法。由是官吏多自清谨"(《贞观政要·政体》)。贞观二年（628年），太宗谓侍臣曰："朕尝谓贪人不解爱财也，至如内外官五品以上，禄秩优厚，一年所得，其数自多。若受人财贿，不过数万，一朝彰露，禄秩削夺，此岂是解爱财物？规小得而大失者也。……且为主贪，必丧其国；为臣贪，必亡其身。"(《贞观政要·论贪鄙》)贞观十六年（642年），太宗谓侍臣曰："今人臣受任，居高位，食厚禄，当须履忠正，蹈公清，则无灾害，长守富贵矣。"(《贞观政要·论贪鄙》)太宗还特别强调君臣情谊，其曰："君臣之义，同于父子。"(《贞观政要·论仁恻》)贞观年间，太宗与群臣形成了一种坦诚相待的和谐君臣关系。唐朝贞观重臣能够做到恪尽职守、兢兢业业是非常难能可贵的。可以说贞观年间形成了一种追求德性、文才、政能合一的政治风气。赏罚分明是太宗治官的又一大特色，太宗曰："国家大事，惟赏与罚。赏当其劳，无功者自退。罚当其罪，为恶者戒惧。则知赏罚不可轻行也。"(《贞观政要·论封建》)唐高祖根据宗室名籍将自己的兄弟、侄子及三从亲属的子侄孩童以上几十人都封了王，而太宗认为，这样不论是否立功，将皇帝的一切亲属都封王，必然会增加百姓负担，于是将先前没有功劳而被封为郡王的都降为了郡公。同时，太宗还坚持功过分明、功不抵过的原则。盐泽道行军总管、岷州都督高甑生曾是秦王府的旧功臣，贞观九年（635年），因触犯法律被流放，有大臣上书请求从宽处罚他，太宗曰："虽是藩邸旧劳，诚不可忘，然理国守法，事须画一，今若赦之，使开侥幸之路。……我所以必不赦者，正为此也。"（《贞观政要·论刑法》）即使是以前立有功劳的老部下，太宗也没有偏袒，而是一视同仁地以律治罪，营造了浓厚的法治而不是人治的氛围。

从上述分析可知，《贞观政要》的吏治思想非常丰富，并从选官、用官、做官、治官等方面对吏治做了系统设计。唐初之所以能出现"贞观之治"的盛世局面，与唐太宗君臣系统的、完备的、有创见的吏治思想是有直接关系的，甚至可以说有决定性作用。《贞观政要》鲜明的吏治思想、丰富的吏治经验和吏治智慧，对后世产生了重要的历史影响，主要表现在对后世统治者的治国思想影响、对后世吏治制度的设计和对后世君臣的思维方式和行为方式的影响等方面。后世虽然现实情况不同，在制度设计上都做了创新，但是都没能脱离《贞观政要》吏治思想的窠臼。科举和铨选在唐代已经制度化，从标准到程序的一系列制度设计成为后世选拔和任用官吏的主要制度蓝本。官员谏诤制度是贞观吏治思想的重要组成部分，是君臣互动的制度设计，成为后世君臣治国的重要榜样，后世帝王为了听取大臣意见，鼓励官吏进谏，都十分重视这一重要的制度模式。用官上选贤任能、知人善任成为其后历代吏治制度设计的重要标准。在官员的考核治理方面，《贞观政要》吏治思想注重赏罚分明，讲究清正廉洁，为后世建立官员的监察制度提供了有益的制度借鉴。《贞观政要》的行政伦理思想和贞观时期行政伦理建设的成功实践对于我国现阶段行政伦理构建有重要的借鉴意义。当前我国正处于社会转型时期，构建和谐社会离不开行政人员道德素质的提高、政府公信力的提升、行政作风的转变,《贞观政要》的行政伦理思想,为我国现阶段制度伦理建设、美德伦理养成、政府公信力提升、伦理关系构建、择官标准完善等方面提供了有益的借鉴。

### 3.《贞观政要》的法律思想

《贞观政要》一书还翔实、具体地记述了唐初君臣就治国、立法、司法等大事的讨论,材料丰富,信而有征。为今人研究唐初的政治法律思想提供了很好的材料,与后晋时期刘昫等编撰的《旧唐书》、北宋时期范祖禹编撰的《唐鉴》、欧阳修等编撰的《新唐书》、司马光撰写的《资治通鉴》、唐代刘肃撰写的《大唐新语》、刘𫗧撰写的《隋唐嘉话》等一样,为研究唐初统治集团的法律思想提供了丰富的史料,是研究唐初法律的重要历史文献。

贞观法律的德性被集中概括为"诚信"。唐太宗君臣视法之本质为国之大信,法律失信,社会秩序的根基就会动摇和毁坏,法律诚信是政治诚信的基础,甚至高于皇帝个人的信用。将法视为"大信"是中国政治治理的历史传统,中国古代的思想家和政治家多将信区分为"大信"和"小信",而且古人多轻"小信",重"大信"。春秋时期,曹刿认为"断狱以情"是大信。韩非在这个问题上也认为:"小信成则大信立,故明主积于信。赏罚不信,则禁令不行。"①晋代的太尉陶侃也认为:"夫赏罚黜陟,国之大信。"②隋代的赵绰也强调曰:"律者天下之大信,其可失乎。"③可见,"刑赏为大信"已成

---

① 〔战国〕韩非著,陈奇猷校注:《韩非子集释》,上海人民出版社,1974年版,第621页。
② 〔唐〕房玄龄等:《晋书》卷73《庾亮传》,中华书局,1974年版,第1921页。
③ 〔唐〕魏征等:《隋书》卷62《赵绰传》,中华书局,1973年版,第1485页。

为古人的共识。唐太宗君臣继承并发展了前人的这一思想,唐太宗在继承皇位后,就励精图治,"欲使大信行于天下"(《贞观政要·论诚信》),大臣魏征、戴胄、岑文本等人对"法为大信"的认识也非常深刻,这有助于实现唐太宗"大信行于天下"的政治愿景。据《旧唐书》卷70《戴胄传》记载:

> 于时朝廷盛开选举,或有诈伪资荫者,帝令其自首,不首者罪至于死。俄有诈伪者事泄,胄据法断流以奏之。帝曰:"朕下敕不首者死,今断从流,是示天下以不信。卿欲卖狱乎?"胄曰:"陛下当即杀之,非臣所及。既付所司,臣不敢亏法。"帝曰:"卿自守法,而令我失信邪?"胄曰:"法者,国家所以布大信于天下,言者,当时喜怒之所发耳。陛下发一朝之忿而许杀之,既知不可而置之于法,此乃忍小忿而存大信也。若顺忿违信,臣窃为陛下惜之。"帝曰:"法有所失,公能正之,朕何忧也。"①

戴胄以实际行动劝诫太宗行大信。宰相岑文本也不时地告诫唐太宗要法令必信,《旧唐书》卷70《岑文本传》言:

> 伏惟陛下览古今之事,察安危之机,上以社稷为重,下以亿兆为念。明选举,慎赏罚,进贤才,退不肖。闻过既改,从谏如流,为善在于不疑,出令期于必信……凡此数者,虽为国之常道,陛下之所常行,臣之愚心,唯愿陛下思之而不倦,行之而不怠。②

唐太宗对死刑的执行特别谨慎。贞观五年(631年)十二月,太宗谓侍臣曰:"朕以死刑至重,故令三覆奏,盖欲思之详熟故也。而有司须臾之间,三覆已讫。又,古刑人,君为之彻乐减膳。朕庭

---

① 《旧唐书》卷70《戴胄传》,第2532页。
② 《旧唐书》卷70《岑文本传》,第2537页。

无常设之乐,然常为之不啖酒肉,但未有著令。又,百司断狱,唯据律文,虽情在可矜,而不敢违法,其间岂能尽无冤乎!"丁亥,制:"决死囚者,二日中五覆奏,下诸州者三覆奏;行刑之日,尚食勿进酒肉,内教坊及太常不举乐。皆令门下覆视。有据法当死而情可矜者,录状以闻。"①由是全活甚众。唐朝法律的相对完善和君臣对法令作用认识的深刻和认真执行,是唐朝吏治清明的主要因素。这也使唐太宗时期社会法制诚信度高,冤假错案少,每年受刑之人逐渐减少。据《新唐书》卷56《刑法志》记载:

> 初,太宗以古者断狱,讯于三槐、九棘,乃诏:"死罪,中书、门下五品以上及尚书等平议之;三品以上犯公罪流,私罪徒,皆不追身。"凡所以纤悉条目,必本于仁恕。然自张蕴古之死也,法官以失出为诫。有失入者,又不加罪,自是吏法稍密。帝以问大理卿刘德威,对曰:"律,失入减三等,失出减五等。今失入无辜,而失出为大罪,故吏皆深文。"帝矍然,遂命失出入者皆如律,自此吏亦持平。②

由于法制清明,唐朝贞观年间(627~649年)形成一种良好的诚实守信的社会风气。有一则故事也说明了这一点。白居易曾写过《七德舞》颂扬唐太宗,其中后面有"死囚四百来归狱"③一句,说的是贞观六年(632年)冬,唐太宗放三百九十名死囚回家过年,而死囚们又遵守约定按时归狱服刑之事。《新唐书》也记载了这一事件:"六年,亲录囚徒,闵死罪者三百九十人,纵之还家,期以明年秋即刑;及期,囚皆诣朝堂,无后者,太宗嘉其诚信,悉原之。"④因无

---

① 《资治通鉴》卷193《唐纪九·太宗贞观五年》,第6090页。
② 《新唐书》卷56《刑法志》,第1411~1412页。
③ 〔唐〕白居易:《白居易集》卷3《七德舞》,中华书局,1979年版,第55页。
④ 《新唐书》卷56《刑法志》,第1412页。

一人逃匿,唐太宗将他们全部赦免。犯人甘心伏法,一个不跑,这说明当时的法制和执法官员有公信力,没什么冤案,法官有人性,犯人也讲诚信。执法公正,帝王与执法官皆有诚信,吏治就好,以身试法者就少。《新唐书》卷56《刑法志》记载了这一情况:

> 太宗以英武定天下,然其天姿仁恕。初即位,有劝以威刑肃天下者,魏征以为不可,因为上言王政本于仁恩,所以爱民厚俗之意。太宗欣然纳之,遂以宽仁治天下,而于刑法尤慎。四年,天下断死罪二十九人……自房玄龄等更定律、令、格、式,讫太宗世,用之无所变改。①

唐太宗统治时期,政治清明,死刑差不多废弃了。人们生活在相对安全、公平、宽松的社会环境之中,"商旅野次,无复盗贼,囹圄常空,马牛布野,外不闭户。又频致丰稔,米斗三四钱,行旅自京师至于岭表,自山东至于沧海,皆不赍粮,取给于路"。(《贞观政要·政体》)这就是历来人们称道不已的"贞观之治"的大治景象。

### 4.《贞观政要》的民本思想

《贞观政要》把民众视为邦国之本,希望民众能够安居乐业,国家能够长治久安。《贞观政要》民本思想的产生有深刻的历史渊源,也有丰富的政治实践,但不可避免地带有其历史的局限性。我国民本思想源远流长,在古代社会政治传统中占有极其重要的位置。民本思想作为贞观年间(627～649年)治国方略的基本理念,在《贞观政要》中得到了充分体现。有关唐太宗君臣的"民本"思想,比较全面地记载在《贞观政要》之《君道》《务农》等篇中。贞观二年(628年),太宗谓侍臣曰:"凡事皆须务本,国以人为本"(《贞观政要·务农》);"为君之道,必须先存百姓"(《贞观政要·君道》);"怨不在大,可畏惟人"(《贞观政要·君道》)。

---

① 《新唐书》卷56《刑法志》,第1412～1413页。

在君民关系上，唐初统治者多认同君民舟水关系。太宗君臣对战国时荀况"载舟覆舟"的比喻十分重视，屡屡称引。《贞观政要》中关于君民舟水关系的表述共有四处：《君道》曰："怨不在大，可畏惟人，载舟覆舟，所宜深慎。"《政体》曰："君，舟也；人，水也。水能载舟，亦能覆舟。"此外，《教戒太子诸王》篇记载唐太宗劝诫太子李治曰："舟所以比人君，水所以比黎庶，水能载舟，亦能覆舟。尔方为人主，可不畏惧！"《论灾祥》篇中亦有"君犹舟也，人犹水也。水所以载舟，亦所以覆舟"的劝诫。唐太宗君臣能够明智地看待民众的力量，将君民关系比作舟水关系，反映了中国封建社会的一些有识之士朴素的民本思想。另外，还认同君民一体关系。贞观初，唐太宗对大臣们说："为君之道，必须先存百姓。若损百姓以奉其身，犹割胫以啖腹，腹饱而身毙"（《贞观政要·君道》）；"天子者，有道则人推而为主，无道则人弃而不用，诚可畏也"（《贞观政要·政体》）。在具体实践上，唐太宗也能劝课农桑，勿夺农时；清静安民，不竭民力；体恤民苦，节己顺民："于百姓有损，朕必不为"（《贞观政要·议征伐》）；"每夜恒思百姓间事，或至夜半不寐。惟恐都督、刺史堪养百姓以否。故于屏风上录其姓名，坐卧恒看，在官如有善事，亦具列于名下"（《贞观政要·论择官》）。

唐太宗君臣的民本思想不仅是促成"贞观之治"盛世局面的重要因素，而且直接成为贞观时期治国安邦的文化总纲，并对后世产生了深远的影响。但唐代民本思想也有其历史的局限性，与传统的民本思想一样，是从统治阶级的立场出发，并以君主统治的长治久安为旨归。在专制主义政治体制下，重民的主体是君主，民只是被君主重视的对象。强调"民本"并不是对专制君主的否定，其核心是实现对"民"的统治，本质是"为民做主"，而非"由民做主"，"民本"丝毫也改变不了"民"的被统治地位。

**5.《贞观政要》的廉政思想**

唐太宗君臣亲睹隋朝的灭亡,深刻感受到民众力量的可畏,以史为鉴,戒骄戒逸。贞观初期,国家刚安定,长期战乱使人口锐减,社会经济凋敝,急需休养生息。太宗克己自律,一批直谏之臣大力辅佐,形成了清廉俭约的政治氛围。主要体现在以下几个方面:(1)修身内省,克己自律;(2)廉由君始,众臣克遵;(3)用人重德,尤要廉直;(4)以民为本,使民休养;(5)从谏如流,规避奢纵;(6)精简机构,裁减冗员。贞观廉政思想是促成贞观之治的重要原因,深刻地影响了后世的治朝理政,对当今中国的廉政建设也有非常重要的借鉴意义。

《贞观政要》体现了吴兢的经世致用思想。《贞观政要》虽然是一部集封建统治者"治国安邦"之术大成的书,但书中所反映出来的某些思想,如对人才的重视,对好的意见采取"从善如流"的态度,以及希望国家大治、民族兴旺的高尚理想,在今天看来,也是难能可贵的,具有进步性和现实意义。《贞观政要》对有关贞观政事的记载,比《旧唐书》《新唐书》《资治通鉴》《唐会要》等更为详尽,为我们研究唐太宗其人和唐代初期的历史提供了重要的史料。

**(二)《贞观政要》的史料学价值**

《贞观政要》较为完整、详细地记载了贞观君臣论治的事迹,是觅寻"贞观之治"的难得历史文献,所体现的思想内涵具有永久的思想魅力。《贞观政要》在史料学方面具有重要价值,它凝集了唐朝初年君臣的政治智慧,是传统的政治文化、思想文化、历史文化和唐初现实相结合的产物。对当前我们党的执政能力建设仍有一定的指导和借鉴意义。

关于《贞观政要》的材料来源,陈寅恪先生在《元白诗笺证稿》第五章《新乐府·七德舞》中两处说《贞观政要》的材料来源于《太宗实录》:其一,"唐代祖宗功德之盛,莫过于太宗,而《太宗实录》四十卷,部帙繁重,且系编年之体,故事迹不易检查。斯《太宗实录》之分类节要本,即吴兢《贞观政要》一书所以成为古今之要籍也"①。其二,"惟(太宗)实录一书,部帙繁重,且系编年之体,若依之以构思而欲求得条理,洵属非易。此又(白)乐天曾用《贞观政要》,即(太宗)实录之分类节要本以供参考之故也"②。李万生认为《贞观政要》一书,是直接改编李延寿《太宗政典》而来。吴兢编《贞观政要》当然可能参考《太宗实录》,但应是在改编了李书之后,为了不遗漏太宗朝史实的重要材料,才参考《太宗实录》的。

《贞观政要》在史料学方面也具有相当重要的价值。这是因为:第一,唐代起居注、实录、国史,多已不存,《贞观政要》所引《太宗实录》文字,保存了部分实录内容,且又多引当时资料,《贞观政要》是现存记载唐太宗贞观年间(627～649年)历史较早的一部史书。第二,吴兢长期担任史官职务,有条件接触到实录、国史和其他重要文献,《四库全书总目》据前人研究成果说:"宋《中兴书目》称:(吴)兢于《太宗实录》外,采其与群臣问答之语作为此书。"③他的《贞观政要》也因此保存了较多的贞观年间(627～649年)的重要史实。第三,比《贞观政要》晚出的《旧唐书》《新唐书》《资治通鉴》等书所记贞观年间(627～649年)史实,有许多方面也都不如《贞观政要》详尽。第四,吴兢确实不愧"当今董狐"的赞誉。对唐太宗晚年骄满奢纵之行,他亦能通过魏征诸臣的谏疏据实而书,如《贞观政要·论慎终》记载了魏征谏疏所列十端"渐不克终",揭露

---

① 陈寅恪:《元白诗笺证稿》,上海古籍出版社,1978年版,第132页。(本书下文所引《元白诗笺证稿》均为此版本)
② 《元白诗笺证稿》,第141页。
③ 〔清〕永瑢等:《四库全书总目提要》卷51《史部七·杂史类》,商务印书馆,1937年版,第1129页。

了唐太宗"意在奢纵,忽忘卑俭""昵近小人""好尚奇异难得之货""微有矜放"等不良倾向。这些都有利于今人全面认识唐太宗及贞观之化的各个侧面。鉴于上述原因,《贞观政要》就成了反映我国唐代贞观年间政治历史的一部极其重要的文献。

《贞观政要》全书十卷四十篇,正文约八万字,是一部政论性的历史文献,有丰富的思想内容和卓越识见。吴兢的高明之处,在于他准确地把握住了贞观之治历史的基本经验,准确地把握住了太宗时代人伦之纪、军国之政的基本问题,因而他在书中所提出的问题具有现实针对性。全书八万余言,凡分十卷,写了《君道》《政体》《任贤》《求谏》等四十篇,包括居安思危的治国方略、君臣关系、用人政策、政风、礼乐教化、君民关系、君臣修养、子女教育等方面。它既谈了治国的指导思想,也谈了国家对内对外的大政方针,既谈了思想、政治路线,也谈了组织路线。正是这些行之有效的路线、政策,创造了贞观时代辉煌的文治武功,缔造了中国封建社会历史上少有的开明盛世。无疑,这些带有普遍意义的历史经验是唐太宗统治集团的宝贵遗产。

《贞观政要》分类编撰贞观年间(627～649年)唐太宗与魏征、房玄龄、杜如晦等大臣的问答,大臣的谏诤和奏疏,以及政治上的措施,等等,都是关系国家政事的内容,这是本书的主题。贞观统治集团的主要成员,熟悉治国安邦之道,有卓越的政治识见和历史见识,而且也有丰富的阅历、实践,这样一个有志向、有斗争精神、有识见的统治集团,在中国历史上确实是少有的。这个集团确立了一系列正确的治国方针和任官政策,居安思危,以德治国,选贤任能,君臣和谐,各尽其能,并且建立了廉洁俭约的政风,领导集团带头垂范,抑情损欲,严格教育子女。所有这些都是贞观盛世局面出现的原因,具有长远的历史借鉴作用。吴兢抓住了这些根本,正是他高度历史识见的具体表现。

《贞观政要》虽记载史实,但并不按照时间先后组织全书,而是从总结唐太宗治国施政经验,以劝诫当今皇上的意图出发,将上述问答、奏疏、措施,按照为君之道、任贤纳谏、君臣鉴戒、固本宽刑、善始慎终等内容归类排列,这就使这部著述既是史实,又透露出政论色彩。既是唐太宗贞观之治的历史记载,又蕴含了吴兢本人治国安民的政治观点和理想。

吴兢直笔无讳的良史之风,保证了历史文献资料的可靠性。《贞观政要》一书直书其事,信而有征,客观真实地记载了"贞观之治"的情况,涵括内容相当广泛,对我国封建社会政治史、经济史、思想史的研究,都有重要的参考价值。作者在收录唐太宗君臣嘉言懿行、德治仁政的过程中,也如实地记录了唐太宗晚年一些任情放纵的劣迹。例如,到贞观后期,唐太宗好大喜功之性萌发,遂至征伐高丽,几蹈隋炀帝覆辙。吴兢如实载录臣下的劝谏:"贞观十九年,太宗亲征高丽。开府仪同三司尉迟敬德奏言:'车驾若自往辽左,皇太子又监国定州,东西二京,府库所在,虽有镇守,终是空虚。辽东路遥,恐有玄感之变。且边隅小国,不足亲劳万乘。若克胜,不足为武;倘不胜,翻为所笑。伏请委之良将,自可应时摧灭。'"(《贞观政要·议征伐》)并加之以"太宗虽不从其谏,而识者是之"的评语,隐含了自己的倾向,表现出作者高尚的道德品质和严肃的著作态度。

《贞观政要》开创性的体例编排显现出作者的匠心独具。唐朝以前汇编的体例基本上以时间为序进行排列,不分类,以编年体例为主。吴兢不因循守旧,不袭用起居注和实录的编纂体例,大胆地运用按问题、按专题编纂文献的新方法,把太宗时政事分门别类进行编排,使人一目了然,减轻了后学者翻检之劳苦。吴兢开创性的体例编排法,为后世学者进行文献汇编指出了一条新路。

洗练生动的文笔表现出作者扎实的文学功底。《贞观政要》承袭吴兢著史"叙事简核"的传统,编排得法,文笔洗练,情趣盎然。吴兢把史实分类排列,标以醒目而又概括的题目,围绕中心,紧扣主题,选择若干典型的史实,一一列出,眉目清晰,内容井井有条,主旨鲜明突出。再加上文笔洗练,生动传神,材料多具故事性,同时又处处紧扣主题。因此,读起来情趣盎然,言近旨远。虽然是千余年前的人和事,当今具备一般文化水平的读者也容易读懂,反映出作者扎实的文学功底和深厚的文学素养。

从《贞观政要》还可以了解吴兢的民族观。从《议征伐》《议安边》等篇对唐朝的对外政策及对少数民族问题的记载,以及其他篇目里唐太宗与名臣问答的有关民族问题的言论中,可以清晰地看出吴兢在民族撰述观、一统观、管理观上表现出的进步倾向:一是体现在撰述上的平等直书。吴兢在《贞观政要》中,将少数民族将士的一些忠义、孝悌等事迹,客观真实地记载在《论忠义》《论孝友》《论仁恻》等篇中,反映了吴兢平等直书的民族撰述观,说明吴兢在《贞观政要》的选材和编排上,是将少数民族与汉族同等看待的。这种修史的态度,一方面对于保存史料及历史研究具有重要的意义,另一方面也充分地反映出吴兢平等直书的民族撰述观,而这种民族撰述观无疑是值得肯定的。二是视华夏民族为一统。在《政体》《论慎终》《崇儒学》等篇中对天下归一、四夷咸服的一统形势的歌颂,字里行间蕴含了吴兢本人的民族一统观。对贞观年间(627~649年)民族间友好关系得到较好发展的客观记载,对"四夷来服""四夷宾服"的自豪和认同,均反映出了吴兢四夷宾服的民族一统观。三是注重慎战安边的思想。吴兢《贞观政要》所载唐太宗与大臣们的关于安边之策的讨论,主要在《议征伐》《议安边》等篇中,对慎用武力方针的歌颂,体现出他的"以仁义为治""怀之以德"的慎战安边的民族观。吴兢通过对太宗君臣之于突厥、岭南各族、林邑国、康国、高昌、高丽等的征伐及安置的记载,体现出了他的慎战安边的民族思想。

总之,吴兢编撰《贞观政要》有这样几条成功的经验:其一,对国家治乱兴衰给以极大关注,表现出饱满而深沉的政治情怀。其二,对历史和现实有卓越的洞察力,能够把握人伦之纪、军国之政的根本和历史发展趋势。其三,尊重历史,直笔无讳,贯通经史,有丰富的史学素养。其四,叙事简核,文笔洗练。作者对材料取舍、问题分类乃至编排顺序方面都做出了周详的考虑,所用专题记事、按类排纂的史书写作方法也独具特色,因此《贞观政要》一书不愧为我国古代史学上的一朵奇葩,是研究贞观时期历史的重要文献之一。

## 四 《贞观政要》的历史影响

《贞观政要》是吴兢所有著述中唯一流传下来,又备受后世君臣和当今中国人喜爱的政论性著述,其历经千百年岁月的砥砺,仍经久不衰,诚如元代儒臣戈直所言:《贞观政要》自唐世子孙既已书之屏帷,铭之几案,祖述而宪章之矣。至于后世之君,亦莫不列之讲读,形之论议,景仰而效法焉。考诸唐、宋、辽、金、元、明、清等朝的历史典籍,不仅印证了戈直所言属实,而且我们还可从中窥知《贞观政要》至今仍散发着迷人魅力的缘由。

《贞观政要》在唐后期即被最高统治者所重视,其治世思想被借鉴并运用于现实的政治治理之中。唐文宗、唐宪宗、唐宣宗就是晚唐时期深受《贞观政要》影响并较有作为的皇帝,史书中对此有简要的记述

《旧唐书·文宗下》云:"史臣曰:昭献皇帝恭俭儒雅,出于自然,承父兄奢弊之余,当阉寺挠权之际,而能以治易乱,化危为安。大和之初,可谓明矣。初,帝在藩时,喜读《贞观政要》,每见太宗孜

孜政道，有意于兹。"①

《新唐书·魏征传附餙传》也记载了文宗喜读《贞观政要》的事情："餙字申之。擢进士第，同州刺史杨汝士辟为长春宫巡官。文宗读《贞观政要》，思征贤，诏访其后，汝士荐为右拾遗。餙姿宇魁秀，帝异之。"②

《宋史·刘挚传》记载了宪宗喜爱《贞观政要》的事迹："唐自中叶以后，河湟陷于吐蕃，宪宗每读《贞观政要》，慨然有收复意。至宣宗时，乃以三关、七州归于有司。由此观之，外国之叛服不常，不系中国之盛衰也。"③

唐宣宗李忱也是唐代后期政绩比较突出的一位君主。《旧唐书·宣宗》后论评价其统治时期曰："刑政不滥，贤能效用，百撰四岳，穆若清风，十余年间，颂声载路。"④这与唐宣宗在位时期十分重视《贞观政要》，并有意仿效、精心治理有关。宋人司马光所撰《资治通鉴》的《唐纪六四·宣宗大中二年》就注意到最高统治者重视《贞观政要》一事："书《贞观政要》于屏风，每正色拱手而读之。"⑤

可见《贞观政要》一书在晚唐封建统治集团政治生活中已显示出重要地位。

《贞观政要》在辽、西夏、金、元四朝分别被翻译成契丹文、西夏文、女真文和八思巴蒙古文，并得到了统治者的重视，无不将其视为统治的龟鉴，积极学习与借鉴。

辽朝最繁盛时期的圣宗（983～1031年）耶律隆绪对唐朝的统

---

① 《旧唐书》卷17《文宗下》，第579～580页。
② 《新唐书》卷97《魏征传附餙传》，第3879页。
③ 《宋史》卷340《刘挚传》，第10863～10864页。
④ 《旧唐书》卷18《宣宗》，第645页。
⑤ 《资治通鉴》卷248《唐纪六四·宣宗大中二年》，第8032页。

治经验十分重视，他曾翻阅唐高祖、太宗及玄宗的本纪，并对《贞观政要》情有独钟，经常翻阅，对唐太宗有很高的评价："（圣宗）好读唐《贞观事要》，至太宗、明皇实录则钦伏，故御名连明皇讳上一字；又亲以契丹字译白居易讽谏集，召番臣等读之。尝云：'五百年来中国之英主，远则唐太宗，次则后唐明宗，近则今宋太祖、太宗也。'"①此处的《贞观事要》是《贞观政要》的异写。

辽兴宗耶律宗真也非常重视历史的借鉴作用，诏命臣下译书，辽代的著名契丹文人萧韩家奴"欲帝知古今成败，译《通历》《贞观政要》《五代史》"②。

尽管辽代的末代皇帝天祚帝耶律延禧荒淫无道，但其第二子耶律雅里却宽宏大量，"每取唐《贞观政要》及林牙资忠所作《治国诗》，令侍从读之"③。

《贞观政要》为金朝皇帝所借鉴，始见于第三个皇帝金熙宗完颜亶，他经常翻阅《贞观政要》，并曾就其内容与大臣进行探讨。天眷二年（1139年）六月，"己未，上从容谓侍臣曰：'朕每阅《贞观政要》，见其君臣议论，大可规法。'翰林学士韩昉对曰：'皆由太宗温颜访问，房、杜辈竭忠尽诚。其书虽简，足以为法'"。④可见，熙宗与韩昉君臣都认为《贞观政要》是一部足资借鉴的好书，并对唐朝的成败有自己深刻的认识。作为"金士巨擘"之一的赵秉文，还对《贞观政要》作了节要和评论，撰成《贞观政要申鉴》一书献给皇帝。其序文强调"特于鉴戒申重而已"。

---

① 〔宋〕叶隆礼：《契丹国志》卷7《圣宗文武大孝宣皇帝》，上海古籍出版社，1985年版，第71页。

② 〔元〕脱脱等：《辽史》卷103《萧韩家奴传》，中华书局，1974年版，第1450页。（本书下文所引《辽史》均为此版本）

③ 《辽史》卷30《天祚帝四》，第354页。

④ 〔元〕脱脱等：《金史》卷4《熙宗纪》，中华书局，1975年，第74页。（本书下文所引《金史》均为此版本）

金世宗时期是金朝的鼎盛时期，他一方面力图保存女真族的传统，另一方面对汉族的优秀典籍也积极汲取。大定四年（1164年），"诏以女真字译书籍。五年，翰林侍讲学士徒单子温进所译《贞观政要》《白氏策林》等书"①。金世宗也曾因读《贞观政要》有所感而与时为国史院编修官兼笔砚直长的移剌履有过一番探讨："一日，世宗召问曰：'朕比读《贞观政要》，见魏征嘉谋忠节，良可称叹。近世何故无如征者？'"②

金朝末代皇帝哀宗为了振兴颓败的政局，特地设置了益政院。益政院的主要职能是为皇帝讲解《贞观政要》《资治通鉴》《尚书》等，以便皇帝汲取从政经验。《金史·百官志二》"益政院"条："益政院。正大三年置于内庭，以学问赅博、议论宏远者数人兼之。日以二人上直，备顾问，讲《尚书》《通鉴》《贞观政要》。名则经筵，实内相也。"③

元朝君臣重视《贞观政要》更超过辽、金二朝。元朝皇帝中最早接触《贞观政要》的是元世祖忽必烈。"世祖尝欲观国子所书字，不忽木年十六，独书《贞观政要》数十事以进，帝知其寓规谏意，嘉叹久之"④。受王恂、许衡等身边著名汉族文人的影响，太子真金对《资治通鉴》《贞观政要》等汉族传统的参政必读之书也是汲汲研读："每与诸王近臣习射之暇，辄讲论经典，若《资治通鉴》《贞观政要》，王恂、许衡所述辽、金帝王行事要略，下至《武经》等书，从容片言之间，苟有允惬，未尝不为之洒然改容。"⑤

---

① 《金史》卷99《徒单镒传》，第2185页。
② 《金史》卷95《移剌履传》，第2099页。
③ 《金史》卷56《百官志二》，第1280页。
④ 〔明〕宋濂等：《元史》卷130《不忽木传》，中华书局，1976年版，第3164页。（本书下文所引《元史》均为此版本）
⑤ 《元史》卷115《裕宗传》，第2889页。

元仁宗孛儿只斤·爱育黎拔力八达是元朝受《贞观政要》影响最深的一位皇帝，他经常翻阅《贞观政要》："帝览《贞观政要》，谕翰林侍讲阿林铁木儿曰：'此书有益于国家，其译以国语刊行，俾蒙古、色目人诵之。'"①中书参知政事博闻强识的察罕，"尝译《贞观政要》以献。帝大悦，诏缮写遍赐左右"②。元仁宗不但经常阅览《贞观政要》，而且也能够向唐太宗学习，采纳大臣的谏言。御史纳璘因言事惹怒了仁宗，御史中丞杨朵儿只努力营救，乃至一天之内八九次上奏。"后数日，帝读《贞观政要》，朵儿只侍侧，帝顾谓曰：'魏征古之遗直也，朕安得而用之？'对曰：'直由太宗，太宗不听，征虽直，将焉用之！'帝笑曰：'卿意在纳璘耶？当赦之，以成尔直名也'"。③ 由此可看出当时《贞观政要》的流布之广、对当时政治影响之深以及少数民族积极汲取汉族传统文化的态度。

元文宗时期，《贞观政要》也颇受重视，广为流传："戊午，命奎章阁学士院以国字译《贞观政要》，锓板模印，以赐百官。"④

元惠帝时士人戈直鉴于《贞观政要》在流传过程中时有传写谬误，荟萃诸家版本，"参互考订"，为之作注，并采辑唐宋以下有关评论附于书后，刊刻行世。它除了有戈直的序文外，还有吴澄序和郭思贞序，成为《贞观政要》流传中的一个盛举。

明清两代，《贞观政要》不仅重新刊行于世，还都有皇帝亲自为《贞观政要》的新刻本所作的序。

明成化元年（1465年），明宪宗为新刊行的《贞观政要》写序，其在序文中写道："其论治乱兴亡，利害得失，明白切要。可为鉴戒，朕甚嘉尚焉。"《贞观政要》也成为当时统治者必须的书目。《明

---

① 《元史》卷24《仁宗纪一》，第543页。
② 《元史》卷137《察罕传》，第3311页。
③ 《元史》卷179《杨朵儿只传》，第4153页。
④ 《元史》卷36《文宗纪五》，第802页。

史·礼志九》曰:

　　午讲,隆庆六年定。每日早讲毕,帝进暖阁少憩,阅章奏。阁臣等退西厢房。久之,率讲官再进午讲,讲《通鉴节要》及《贞观政要》。讲毕,帝还宫。凡三、六、九视朝日,暂免讲读。①

《明史·职官志二》曰:

　　凡入侍太子,与坊、局翰林官番直进讲《尚书》《春秋》《资治通鉴》《大学衍义》《贞观政要》诸书。②

清代乾隆皇帝也亲自为《贞观政要》的新刻本作序,序文曰:"余尝读其书,想其时,未尝不三复而叹曰:'贞观之治盛矣!'……然观尔日君臣之所以持盈保泰,行仁义,薄法术,太宗之虚己受言,诸臣之论思启沃,亦庶几乎都俞吁咈之风矣。"

这里所列举的史实,足以说明《贞观政要》问世后,一千多年来在中国历史上产生的深远而重要的影响。

## 五　《贞观政要》及相关文献的阅读

《贞观政要》是一部影响深远的政论性史学著作。它全面总结了唐太宗的治道与实践。唐太宗开创的贞观之治是封建时代太平盛世的典范。唐太宗以其政治家的深谋远虑和思想家的远见卓识,为我们留下了丰富的治道资源,包括居安思危的忧患意识、以史为鉴的反思精神、仁义诚信的治国方针、民为邦本的民本情结、选贤任能的人才战略、从善如流的为政风格以及先正其身的安天

---

①〔清〕张廷玉等:《明史》卷55《礼志九》,中华书局,1974年版,第1407页。(本书下文所引《明史》均为此版本)
②《明史》卷73《职官志二》,第1783页。

下之道,等等。深入挖掘和批判继承这些文化资源不仅具有精神传承价值,而且具有现实性的启迪意义。今人阅读《贞观政要》,应该从以下几个方面汲取营养。

(一) 学习吴兢强烈的社会责任感和锲而不舍的史学精神

《贞观政要》告诉我们,吴兢是一个有强烈的社会责任感和锲而不舍的史学精神的人。从青年时代一直到晚年,他对政治充满热情,对社会抱有强烈的理想和关怀,一生孜孜于钟爱的史学事业。

我们在前面已经介绍过吴兢的仕宦经历,年轻时代的他"励志勤学,博通经史",在宋州人魏元忠、亳州人朱敬则举荐下入直史馆。入仕后,吴兢一方面献身于史学事业,另一方面对社会和政治抱有强烈的关注。吴兢强烈的社会责任感首先体现在其撰述史书所表现出来的政治意识。作为史学家,吴兢的政治意识非常强烈,他既治史,又从政,他关心社会,关心政治,关心历史的命运,自欣然执笔写《贞观政要》至《上贞观政要表》,表现出旨在讽谏和积极问政的态度。诚然,中国史学家大多有关心政治的优良传统,不少优秀的史学家都具有饱满、深沉的政治情怀。但这种情况,在唐代史学上是特别突出的。首先,唐代史学家把撰修前朝史不仅看作史学工作的一部分,而且看作政治统治的需要。唐王朝建立不久,天下尚未安定,武德四年(621年)史学家令狐德棻就向唐高祖李渊提出建议:"窃见近代已来,多无正史。梁、陈及齐,犹有文籍,至周、隋遭大业离乱,多有遗阙。当今耳目犹接,尚有可凭,如更数十年后,恐事迹湮没。陛下既受禅于隋,复承周氏历数,国家二祖功业,并在周时。如文史不存,何以贻鉴今古? 如臣愚见,并请修之。"①令狐德棻的建议,在反映唐初史学家的历史意识和政治情怀方面,是有代表性的。被时人誉为"当今董狐"的史学家吴兢,其政治意识和历史情怀更加强烈。吴兢撰写《贞观政要》并把它献给唐玄宗,其本意在《贞观政要·序》和他的《上贞观政要表》中说得很真切。他在序中写道:"太宗时,政化良足可观,振古而来,未之有也。"太宗君臣"垂世立教"的美德、"典谟谏奏"的词理,都可以"弘阐大猷,增崇至道",只要君臣"克遵前规,择善而从,则可久之业益彰矣,可大之功尤著矣"。吴兢在《上贞观政要表》中,把他的撰述宗旨说得更加清楚。他写道:"伏愿行之而有恒,思之而不倦,则贞观巍巍之化,可得而致矣。昔殷汤不如尧、舜,伊尹耻之。陛下倘不修祖业,微臣亦耻之。"显然,《贞观政要》虽然只是一部历史著作,但我们从中深深地体会到了史学家吴兢强烈的政治意识和历史意识。

吴兢的社会责任感还表现在为官期间不避身危多次进谏上。关于吴兢的进谏,史书中保留下来的主要有以下几次:《上中宗皇帝疏》《上谏畋猎表》《上玄宗皇帝纳谏疏》《大风陈得失书》《请东封不宜射猎书》《请十铨试人表》等,其中《上中宗皇帝疏》《上玄宗皇帝纳谏疏》都是在政治环境极其危险的情况下,吴兢不顾自身安危冒死上疏的,这表现出了其作为诤臣的优良品质和强烈的社会责任感。据《新唐书·吴兢传》记载,神龙中(705~707 年),吴兢为右补阙。节闵太子难,奸臣诬构安国相王与谋,朝廷大恐。在当时这种极其恶劣的政治斗争中,身为谏官的吴兢不计个人安危,毅然上表中宗,痛斥冉祖雍等人诬陷相王的阴谋,最终使中宗念及兄弟亲情,改变主意,避免了一场宫廷杀戮。开元五年(717 年),吴兢

---

① 《旧唐书》卷 73《令狐德棻传》,第 2597 页。

的《上玄宗皇帝纳谏疏》也是冒着杀头的危险而进奏的。玄宗初立，收回权纲，锐于决事，群臣畏伏。吴兢直言正谏曰："自古人臣不谏则国危，谏则身危。臣愚食陛下禄，不敢避身危之祸。比见上封事者，言有可采，但赐束帛而已，未尝蒙召见，被拔擢。其忤旨，则朝堂决杖，传送本州，或死于流贬。由是臣下不敢进谏。"并指出："古者设诽谤木，欲闻己过。今封事，谤木比也。使所言是，有益于国。使所言非，无累于朝。陛下何遽加斥逐，以杜塞直言？"并用唐太宗纳谏的故事相规诫："太宗皇帝好悦至言，时有魏征、王珪、虞世南、李大亮、岑文本、刘洎、马周、褚遂良、杜正伦、高季辅，咸以切谏引居要职。尝谓宰相曰：'自知者为难。如文人巧工，自谓己长，若使达者大匠，诋诃商略，则芜辞拙迹见矣。天下万机，一人听断，虽甚忧劳，不能尽善。今魏征随事谏正，多中朕失，如明鉴照形，美恶毕见。'当是时，有上书益于政者，皆黏寝殿之壁，坐望卧观，虽狂瞽逆意，终不以为忤。故外事必闻，刑戮几措，礼义大行。陛下何不遵此道，与圣祖继美乎？"①吴兢的良苦用心可见一斑。吴兢上述几次进谏，分别在不同的职官任上，说明其处处以国事为重，不惧安危，不计自身名利得失，这种敬业精神和为国事分忧的责任担当难能可贵。

吴兢锲而不舍、直书实录的史学精神也值得后人敬仰。年轻时的吴兢就以"少厉志，贯知经史"而闻名，这种刻苦勤学、博通经史的经历为他后来的著述生涯打下了坚实的史学基础。在武则天长安年间（701～704年），吴兢因"才堪论撰"被重臣举荐入职直史馆，著国史。此后近30年，虽历多次职官变化，但史学著述一直在继续，其间遭遇父母丧而辞官居家也还是"匪忘纸笔"，开元十七年（729年），出为荆州司马，也随身携带史稿。及至后来出为台、

---

① 《新唐书》卷132《吴兢传》，第4527页。

洪、饶、蕲等州的刺史,吴兢也在不断著述,"兢尝以梁、陈、齐、周、隋五代史繁杂,乃别撰《梁》《齐》《周史》各十卷、《陈史》五卷、《隋史》二十卷"①。他的直书精神至今仍是一笔宝贵的精神财富。从吴兢几次请求调离史职的奏表看,因不能容忍妨碍史馆正常运作的种种不端现象,作为一种抗议,他才愤然提出辞去无比热爱的史职。他在《乞典郡表》中称,"臣自掌史东观,十有七年,岁序徒淹,勤劳莫著,不能勒成大典"。此时,正是张说以并州长史兼修国史之际。张说修史"志在粉饰盛时",吴兢志在"直书""实录",水火不相容。吴兢在辞职奏表中所说的"久妨贤路",当与张说兼修国史不无关系。吴兢修《则天实录》时曾回绝权贵张说屡求"删削数字"的请托,并明确地回答张说:"徇公之情,何名实录?"吴兢渺视权贵、坚持直书不讳还体现在对武三思等人的抵制上。开元十四年(726 年),吴兢在给唐玄宗的奏疏中揭示了这件事情的原委。他说:"臣往者在长安、景龙之岁,以左拾遗起居郎兼修国史。时有武三思、张易之、张昌宗、纪处讷、宗楚客、韦温等,相次监领其职。三思等立性邪佞,不循宪章,苟饰虚词,殊非直笔。臣愚以为,国史之作,在乎善恶必书。"②在武三思等人利用权势对修史工作任意进行践踏的时候,吴兢却洁身自好,不阿附权贵,不与世沉浮,并能以极大的毅力和奋发的精神"潜心积思",分别以纪传体和编年体两种体例撰写唐史,那就是已经遗失的《唐书》和《唐春秋》。这也是吴兢坚持直书的一种方式。"世谓当今董狐",时人对吴兢的评价还算中肯。

吴兢这种强烈的社会责任感,对史学事业的挚爱和执著,对实录直书精神的坚守和践诺,即使在今天,也还是需要继承和发

---

① 《旧唐书》卷 102《吴兢传》,第 3182 页。
② 《唐会要》卷 63《在外修史》,第 1098~1099 页。

扬的。

(二) 从《贞观政要》读出历史经验和历史智慧

《贞观政要》一书为我们精心描绘出了贞观年间君臣决策运筹、治国安邦的政治图景,以历史经验、历史智慧再现了"贞观之治"的面貌、治道实践和唐太宗君臣论政的风采,极富思想智慧。作为一种精神产品,《贞观政要》在漫长的历史年代中受到上自在位皇帝下至普通士人的推崇、重视,以至借鉴、仿效,可见,在中国古代它有极重的历史分量。如今,虽然时代不同了,社会条件也发生了根本变化,《贞观政要》与"贞观之治"赖以存在的基础也消失了,但拜读《贞观政要》、感悟"贞观之治"的治道,我们从中仍然可以获得许多启示。著名史学家司马迁在《史纪·高祖功臣侯者年表序》中曾说过这样的话:"居今之世,志古之道,所以自镜也,未必尽同。帝王者各殊礼而异务,要以成功为统纪,岂可绲乎?"[①]其意为:后世的人们之所以要了解历史、认识历史,是把历史作为现实的一面镜子来看待,加以对照,作为借鉴,古今情形有所不同,但统治者的根本都为了获得成功,达到治理国家的根本目的,所以不要把古今混同起来。此话很辩证地阐明了"居今之世"何以要"志古之道"。可见,拒绝历史经验是愚昧的,生搬硬套历史经验也是不高明的。因此,今人读《贞观政要》,首先固然是为了更深刻地认识"贞观之治"之所以致治的原因,其次则是通过《贞观政要》所提供的历史经验、历史智慧而探寻一些规律性的知识,并用以指导现实的社会运动和自身的社会实践。

《贞观政要》每一篇都凝聚着历史经验,每一卷都蕴含着历史智慧。这就是"贞观之治"之所以令人景仰,《贞观政要》之所以具

---

① 《史记》卷18《高祖功臣侯者年表序》,第878页。

有魅力的主要原因。我们今人读《贞观政要》应重点关注其思想智慧,要重视其围绕统治者和民众关系而论述的为君、为官之道,并重视求谏纳谏和以史为鉴的思想。

《贞观政要》倡导的为君之道,第一是要重视民众,要认识到"国以民为本"。《贞观政要·论慎终》曰:"民惟邦本,本固邦宁。为人上者奈何不敬?"《贞观政要·君道》即强调:"为君之道,必须先存百姓,若损百姓以奉其身,犹割胫以啖腹,腹饱而身毙。"第二是要以身作则。唐太宗多次引用古人的"君器民水"之论,形象地说明了这一道理,《贞观政要·慎所好》曰:"君犹器也,人犹水也,方圆在于器,不在于水。"因为"下之所行,皆从上之所好",所以君主要端正自己的一举一动,才能收到事半功倍的效果,《贞观政要·君道》曰:"若安天下,必须先正其身,未有身正而影曲,上理而下乱者。"

求谏纳谏和以史为鉴也是贯穿《贞观政要》全书的思想内容。《贞观政要》各专题的论述、辩论大多数是通过唐太宗君臣求谏和纳谏的形式完成的。近鉴于隋,远鉴于秦,通过修撰前朝史总结历史经验教训,争取长治久安,便成了他们的首要任务。以唐太宗和魏征为首的政治家、史学家出色地完成了时代所赋予的这一重任。总结"贞观之化"的这一思想基础,当然也是《贞观政要》的主旋律之一。在这方面,《贞观政要》确实有许多地方值得我们探究和思考。譬如,唐太宗在即位后不久曾对大臣们说:"朕谓乱离之后,风俗难移,比观百姓渐知廉耻,官人奉法,盗贼日稀,故知人无常俗,但政有治乱耳。是以为国之道,必须抚之以仁义,示之以威信,因人之心,去其苛刻,不作异端,自然安静。公等宜共行斯事也!"(《贞观政要·论仁义》)此处所言"人无常俗""政有治乱""抚之以仁义,示之以威信",是关系到实现政治稳定的信念和途径。又如,唐太宗对大臣们说:"为政之要,惟在得人,用非其才,必难致理。

今所任用,必须以德行、学识为本。"(《贞观政要·崇儒学》)用人以德行、学识为本,这是贞观朝君臣的共识。再如,魏征所论:"君之所以明者,兼听也;其所以暗者,偏信也。"(《贞观政要·君道》)守天下"甚难",源于"观自古帝王,在于忧危之间,则任贤受谏。及至安乐,必怀宽怠。恃安乐而欲宽怠,言事者惟令兢惧,日陵月替,以至危亡。圣人所以居安思危,正为此也。安而能惧,岂不为难?"(《贞观政要·君道》),等等。这些都是带有规律性和普遍性的认识,其内容可以随着社会历史的变化而变化,但其本质却不会过时。正因为这些认识是同有关的史实结合在一起的,所以更容易被人们理解并从中受到启迪。清人龚自珍说过:"智者受三千年史氏之书,则能以良史之忧忧天下。"①吴兢的《贞观政要》,正是一部出于"良史之忧"的著作,必能为今日之"智者"提供有益的启示。

## (三) 学习唐代政治家那种诚信与坦率、谏诤与宽容、自信与谦逊的政治家风采和人格魅力

《贞观政要》还有一大亮点,那就是为我们详细记录了造就政治清明、法治诚信、君臣关系和谐的一代贤君名臣的嘉言善行以及他们的诚信与坦率、谏诤与宽容、自信与谦逊,等等。这些方面在书中都写得淋漓尽致。其人格魅力和执政品格值得后世为政者思考与学习。

这里,略举数例:

贞观十年(636年),唐太宗谓侍臣曰:"帝王之业,草创与守成孰难?"房玄龄对曰:"草创为难。"魏征则曰:"守成则难。"唐太宗曰:"玄龄昔从我定天下,备尝艰苦,出万死而遇一生,所以见草创之难也。魏征与我安天下,虑生骄逸之端,必践危亡之地,所以见

---

① 《龚定庵全集类编》卷上《乙丙之际箸议第九》,第14页。

守成之难也。今草创之难,既已往矣;守成之难者,当思与公等慎之。"(《贞观政要·君道》)唐太宗不愧是英明君主,他既肯定了双方的看法,又把着眼点放在当前的守成而与群臣共勉。这种讨论与所得到的结论及其实践都是有益的。这也体现了唐太宗君臣坦诚相待、互相体谅的和谐君臣关系。

《谏太宗十思疏》是魏征于贞观十一年(637年)写给唐太宗的奏章,意在劝谏太宗居安思危,戒奢以俭,积其德义。魏征曰:"君人者,诚能见可欲则思知足以自戒,将有作则思知止以安人,念高危则思谦冲而自牧,惧满溢则思江海下百川,乐盘游则思三驱以为度,忧懈怠则思慎始而敬终,虑壅蔽则思虚心以纳下,想谗邪则思正身以黜恶,恩所加则思无因喜以谬赏,罚所及则思无因怒而滥刑。"(《贞观政要·君道》)魏征认为应做到这"十思",进而"简能而任之,择善而从之,则智者尽其谋,勇者竭其力,仁者播其惠,信者效其忠"。(《贞观政要·君道》)唐太宗读后猛然警悟,亲自写《答魏征手诏》,答曰:"披览忘倦,每达宵分。非公体国情深,启沃义重,岂能示以良图,匡其不及!"(《贞观政要·君道》)表示从谏改过。这篇文章被太宗置于案头,奉为座右铭。魏征的敢谏与太宗的从谏如流由此可见一斑,也昭示了一代明君贤臣的政治情怀和宽容大度的执政风格。

贞观十六年(642年),唐太宗向左右大臣提出一个问题:"当今国家何事最急?各为我言之。"(《贞观政要·论太子诸王定分》)高士廉说"养百姓最急",刘洎说"抚四夷最急",岑文本说"礼义为急",褚遂良则说"太子、诸王,须有定分……此最当今日之急"。于是唐太宗坦言曰:"此言是也。朕年将五十,已觉衰怠。既以长子守器东宫,诸弟及庶子数将四十,心常忧虑,在此耳。但自古嫡庶无良,何尝不倾败家国。公等为朕搜访贤德,以辅储宫,爰及诸王,咸求正士。"(《贞观政要·太子诸王定分》)其实这些重臣所言养百姓、抚四夷、重礼义并非不是国家急事，但唐太宗还是不掩饰内心的忧虑，因而为大臣们所理解。

唐太宗君臣间进谏、纳谏、精诚合作，也是贞观之治最有光彩的地方。这方面的记载颇多，以直谏敢言的魏征最为有名，自不待言。耿直的张玄素也曾以罕见的胆识谏止了唐太宗修洛阳宫的重大举措。贞观六年（632年），唐太宗决定修洛阳宫，给事中张玄素指责唐太宗曰："洛阳未有巡幸之期而预修宫室，非今日之急务……陛下初平洛阳，凡隋氏宫室之宏侈者皆令毁之。曾未十年，复加营缮，何前日恶之而今日效之也！且以今日财力，何如隋世？陛下役疮痍之人，袭亡隋之弊，恐又甚于隋帝矣！"对于唐太宗"卿谓我不如炀帝，何如桀、纣"的反问，张玄素答曰："若此役不息，亦同归于乱耳！"①张玄素大胆地把当朝皇上与亡国之君相提并论。唐太宗听了不但不治其罪，还认为张玄素所说确有道理，应该把工程停了。并说，以后去了洛阳，露宿也没关系，赏了张玄素200匹丝绸。可见，贞观年间，太宗与群臣形成了一种坦诚相待的和谐君臣关系。贞观之治就是在那样一种经济情况并不很好但是政治风气相当宽松的情况下创造的。贞观君臣在为国事分忧中各尽其职，他们肝胆相照，留下了许多感人的故事。李勣患病，药方中有一味"龙须"，"真龙天子"唐太宗得知，立即剪须烧灰，为其和药。李勣"顿首见血，泣以恳谢"，唐太宗说："吾为社稷计耳，不烦深谢。"②一次食瓜味美，唐太宗想起早逝的杜如晦，"怆然悼之，遂辍食之半，遣使奠于灵座"③。侯君集因卷入太子承乾谋反案，法不容赦，唐太宗为他说情，群臣不依，太宗只好与他挥泪长诀，曰："吾

---

① 《资治通鉴》卷193《唐纪九·太宗贞观四年》，第6079页。
② 《旧唐书》卷67《李勣传》，第2486页。
③ 《旧唐书》卷66《杜如晦传》，第2469页。

为卿不复上凌烟阁矣。"①因念其功,指示不要涂去侯君集在凌烟阁的功臣像。魏征为相,"参帷幄,深惧满盈"②;房玄龄在职,"罄竭心力,知无不为"③。李靖64岁时恳辞相职,唐太宗说:"朕观自古已来,身居富贵,能知止足者甚少。不问愚智,莫能自知,才虽不堪,强欲居职,纵有疾病,犹自勉强。公能识达大体,深足可嘉,朕今非直成公雅志,欲以公为一代楷模。"④可以说贞观年间形成了一种追求德性、文才、政能合一的政治风气。《贞观政要》论述了《君道》《政体》《任贤》《求谏》《君臣鉴戒》《论择官》《论封建》《论太子诸王定分》《论尊师傅》《教戒太子诸王》《规谏太子》《论仁义》《论忠义》《论孝友》《论公平》《论诚信》《论俭约》《论谦让》《论仁恻》《慎所好》等内容,太宗君臣几乎在上述诸方面都可以各抒己见,直言无隐,让人真切地感觉到贞观时期圣君贤臣肝胆相照的政治风气。

诸如此类的事例,在《贞观政要》中俯拾即是。可以说,贞观君臣的为政之道和人格魅力值得今人敬仰和深思。

(四)对《贞观政要》也要有分析和批判的态度

《贞观政要》虽然极富历史智慧和丰富的思想资源,但其中也反映了吴兢思想中的一些消极东西。吴兢与任何一个思想家、史学家一样,有他的历史局限性,因此,我们应抱着一种分析批判的态度,对其思想加以甄别,以区分精华和糟粕。

《贞观政要》卷五、卷六共十四篇,基本上是记述道德准则、政教之道方面的史实、言论,从篇数上看,它们约占了全书的三分之

---

① 〔唐〕刘肃撰,许德楠、李鼎霞点校:《大唐新语》卷11《褒锡》,中华书局,1984年版,第163页。
② 《旧唐书》卷71《魏征传》,第2550页。
③ 《旧唐书》卷66《房玄龄传》,第2460页。
④ 《旧唐书》卷67《李靖传》,第2480页。

一。由此可以看出这些方面在贞观年间是极受关注的事情,也可以看出吴兢对封建伦理道德的重视。尤其是第五卷《论忠义》与《论孝友》两篇,罗列了关于封建伦理道德的一些说教。忠、孝被古人视为道德标准的最高境界,也是君主对臣下、百姓提出的两条最重要的传统道德要求。贞观中,唐太宗大肆嘉奖房玄龄、虞世南、韩王元嘉、霍王元轨等人的忠孝仁义,还一再下令表彰历代那些"固守忠义,克终臣节"的官吏及其子孙,以此鼓励当世和后世一切臣民誓死效忠君主。其本意在于以此倡导封建伦理道德,维护封建秩序,巩固封建统治。第六卷中又列举了许多关于修身养性的议论,这固然是希望统治者能够正身修德,做出表率,但也表明吴兢对封建伦理的重视和虔诚。

《贞观政要》最显著的局限性在于它倡导的明君思想,这也是君主制必然带来的无法克服的弊端。《贞观政要》全书首卷之首即是《君道》篇,其基本内容讲为君之道,这也是全书的总纲。《贞观政要·论慎终》认为,有道明君治理国家就能安定兴盛,无道昏君统治天下则必动乱危亡:"社稷安危,国家理乱,在于一人而已"。吴兢把国家治理的好坏寄托在君主身上,没有从制度上思考其合理性,仍局限于君主专制体制的框架下谋求发展,说明其并没有摆脱明君思想的藩篱。加上唐太宗确实是历史上少有的有道明君,在他统治时期,政治清明,经济发展,文化繁荣,民族关系融洽,出现历史上少有的盛世,这就固化了吴兢的明君思想。其实,即使是被人们称道的贞观年间视为治国方略的民本思想,虽然在历史上也起到了一定的积极作用,但《贞观政要》中的民本思想与传统的民本思想并没有实质性的差别,都具有时代局限性,统治阶级运用民本思想的目的是"治民""驭民",是出于维护政权稳定的需要而存在的。在这里我们谈《贞观政要》的局限性,也无意苛求作为那个时代的吴兢能够超越其时代,有更加先进的思想认识,只是对其明君思想客观分析,加以批判地继承而已。

(五)具体的学习方法

《贞观政要》这部书并不晦涩难懂,目前市面上有关该书注释的版本也不少,读者可以借助注本疏通文字,了解其大意,把握其精髓。近代以前的版本见于著录和通行的首推明成化元年(1465年)重刻的戈直集论本。戈直在整理"传写谬误"的同时,又注重采辑唐宋诸儒之论,间以己意,对唐太宗君臣的"嘉言善行、良法美政"做出新的诠释,该版本被视为一部诠释"贞观之治"的论著而受到推崇。在众多今人的注本中,中华书局出版的谢保成的《贞观政要集校》是目前注释版本中学界公认较好的注本之一,我们呈现给读者的这本《贞观政要注说》,就是以此版本为底本的。借助于这些注本,一般阅读者学习起来也并不难,但为了更好地抓住本书的主旨,建议读者重点在以下几个方面学习领会:

第一,读《贞观政要》,领会古代的政治文明。《贞观政要》是一部史书,但更重要的,它是一部政论性史书。该书总结了贞观治世的经验和智慧,可以说,贞观治世是君主制下创造的一种高度的政治文明,也是古代少有的君臣关系和谐、具有崇高国际地位的时代。因此,读《贞观政要》应把它放在其所处的时代,从政治文明和政治伦理建设的角度去体会。

第二,读《贞观政要》,要深刻领会其思想核心和作者的良苦用心。从内容上看,《贞观政要》在史实的记述上并不拘于描述事件的历史过程,而是列举那些在思想上、认识上、决策上有重要实践意义和借鉴价值的史实,既显示贞观年间的政治面貌,又可激发后人的思索与追求。在编排上,正如金人赵秉文所说,《贞观政要》"起自《君道》,讫于《论慎终》,岂无意哉!"其指出了吴兢的良苦用心,可谓深矣。《贞观政要》开卷第一篇《君道》是重中之重,"缀集"

了唐太宗君臣关于"草创""守成""兼听""偏信""知足""知止""居安思危"等带有根本性的巩固统治的重大问题的讨论,因此《君道》是全书之纲。《政体》《任贤》《求谏》《纳谏》《君臣鉴戒》《论择官》《论封建》《论太子诸王定分》等依次排列,《论慎终》为全书之末,这样编排是希望君主们兢兢业业,"慎始敬终"。吴兢的这种编排颇耐人寻味,读者在阅读时要体会作者的良苦用心。

第三,通过阅读《贞观政要》,深刻感受"贞观之治"的辉煌和魅力。千百年来,人们重视《贞观政要》,阅读、讲解《贞观政要》,归根到底,是要通过它去认识和体验"贞观之治"并从中受到激励与启示。这已被千余年来《贞观政要》流传的历史和人们对它的评价所证明。唐宣宗把它作为座右铭来看待,金熙宗把它作为案头书来读,元仁宗赞扬它"有益于国家",明宪宗认为"其论治乱兴亡,利害得失,明白切要,可为鉴戒",清乾隆皇帝通过"读其书,想其时",探讨贞观年间"其所以致治",重要原因在于任用诸贤。唐宋以下,大臣、文士也都从各自的认识出发评论了《贞观政要》的价值,元人戈直的《贞观政要·序》所论更具有代表性,他称赞《贞观政要》的史文和纪事有重大的历史影响,说它"质朴该赡,而所纪之事详。是则太宗之事章章较著于天下后世者,岂非此书之力哉!"这指出了《贞观政要》对于反映"贞观之治"所起的重要作用。他还指出了"贞观之治"的业绩对于后世的意义,认为唐太宗"屈己而纳谏,任贤而使能,恭俭而节用,宽厚而爱民,亦三代而下,绝无而仅有者也。后之人君,择其善者而从之,其不善者而改之,岂不交有所益乎!"这指明后之人君从唐太宗的政治作风中应借鉴的具体内容。今人读之仍可从中受益匪浅。

## 六　校注说明

1.本注本是以中华书局2009年版谢保成《贞观政要集校》为底本，节段划分、文字、标点等均依该版本。

2.谢保成《贞观政要集校》是依据现今所见最早最完整的著录《贞观政要》篇目的书目——《玉海》所引《邯郸书目》（北宋编成）编次《贞观政要》十卷四十篇。同时，该书保留了刊本卷二《直言谏争》（附）、卷八《禁末作》（附）两个附篇的内容。

3.谢本与其他版本差异处，一般依循谢本，有文字着实不通者或错误者，依其他版本校改，在注中给予说明。例如，卷二《任贤》马周"处事平尤"的"尤"，据其他版本校勘应为"允"；又如，卷二《直言谏争》（附）："贞观三年，诏关中免二年租税……臣窃闻（之），天之所辅者仁，人之所助者信。""闻"后漏一"之"字，依其他版本补上。

4.个别古字未简化而义同简体字者，采用简体字代替。

5.关于注释部分需要说明的：一是参考了包括谢注在内的前贤的研究成果；二是对所注史实的介绍，多引古籍原文，而对这样的引文则不再作注。

# 《贞观政要》简注

## 上贞观政要表

臣兢言:臣愚,比尝见朝野士庶有论及国家政教者,咸云:"若以陛下之圣明,克遵太宗之故事,则不假①远求上古之术,必致太宗之业。"故知天下苍生所望于陛下者,诚亦厚矣。《易》曰:"圣人感人心,而天下和平。"今圣德所感,可谓深矣。窃惟太宗文武皇帝之政化,自旷古而来,未有如此之盛者也。虽唐尧、虞舜、夏禹、殷汤、周之文武,汉之文景,皆所不逮也。至于用贤纳谏之美,垂代立教之规,可以弘阐大猷②、增崇至道者,并焕乎国籍,作鉴来叶③。微臣以早居史职,莫不成诵在心,其有委质策名、立功树德、正词鲠④议、志在匡君者,并随事载录,用备劝戒,撰成一帙十卷,合四十篇,仍以《贞观政要》为目,谨随表奉进。望纡天鉴,择善而行,引而申之,触类而长。

《易》不云乎,"圣人久于其道,而天下化成"。伏愿行之而有恒,思之而无倦,则贞观巍巍之化,可得而致矣。昔殷汤不如尧、舜,伊尹耻之。陛下倘不修祖业,微臣亦耻之。《诗》曰:"念我皇祖,陟降⑤廷止。"又云:"无念尔祖,聿修厥德。"此诚钦奉祖先之义也。伏惟陛下念之哉,则万方幸甚,不胜诚恳之至,谨诣明福门奉表以闻。谨言。

[**注释**]①不假:不假借,不需要,不凭借。　②猷(yóu):计划,谋划。③作鉴来叶:为后世提供借鉴。叶,这里指较长时间的分段。　④鲠(gěng):正直。　⑤陟降:升降,上下。陟(zhì),登高。

# 序

有唐良相曰侍中安阳公、中书令河东公①,以时逢圣明,位居宰辅,寅亮帝道,弼谐王政,恐一物之乖所,虑四维之不张,每克己励精,缅怀故实,未尝有乏。太宗时,政化良足可观,振古而来,未之有也。至于垂世立教之美,典谟谏奏之词,可以弘阐大猷,增崇至道者,爰命下才,备加甄录,体制大略,咸发成规。於是缀集所闻,参详旧史,撮其指要,举其宏纲,词兼质文,义在惩劝,人伦之纪备矣,军国之政存焉。凡一帙十卷,合四十篇,名曰《贞观政要》。庶乎有国有家者克遵前轨,择善而从,则可久之业益彰矣,可大之功尤著矣,岂假祖述尧、舜,宪章文、武而已哉!其篇目次第,列之于左。

(略)

[注释]① 侍中安阳公、中书令河东公:安阳公,指源乾曜。河东公,指张嘉贞。考《玄宗本纪》,乾曜为侍中,嘉贞为中书令,皆在开元八年(720年)。

卷　一

## 君道第一

贞观初，太宗谓侍臣曰："为君之道，必须先存百姓。若损百姓以奉其身，犹割股以啖腹①，腹饱而身毙。若安天下，必须先正其身，未有身正而影曲，上理而下乱者。朕每思伤其身者不在外物，皆由嗜欲以成其祸。若耽②嗜滋味，玩悦声色，所欲既多，所损亦大，既妨政事，又扰生人。且复出一非理之言，万姓为之解体。怨讟③既作，离叛亦兴。朕每思此，不敢纵逸。"谏议大夫④魏征对曰："古者圣哲之主，皆亦近取诸身，故能远体诸物。昔楚聘詹何⑤，问其理国之要，詹何对以修身之术。楚王又问理国何如？詹何曰：'未闻身理而国乱者。'陛下所明，实同古义。"

[注释]①割股以啖腹：比喻割肉以充腹。啖（dàn），吃。　②耽：沉迷，入迷。　③怨讟：痛怨。讟（dú），怨言。　④谏议大夫：唐制，掌谏论得失，侍从赞相之职。　⑤詹何：据《列子》记载，詹何，楚詹尹之后，隐于钓。楚庄王

问而异之,召而问焉。

贞观二年,太宗问魏征曰:"何谓为明君暗君?"征曰:"君之所以明者,兼听也;其所以暗者,偏信也。《诗》云:'先人①有言,询于刍荛②。'昔唐、虞之理,辟四门,明四目,达四聪③。是以圣无不照,故共、鲧④之徒,不能塞也;靖言庸回⑤,不能惑也。秦二世则隐藏其身,捐⑥隔疏贱而偏信赵高,及天下溃叛,不得闻也。梁武帝偏信朱异,而侯景举兵向阙,竟不得知也。⑦隋炀帝偏信虞世基,而诸贼攻城剽邑,亦不得知也。⑧是故人君兼听纳下,则贵臣不得壅蔽,而下情必得上通也。"太宗甚善其言。

[注释]①人:《诗》作民,因避唐太宗讳,故以人代民。　②刍荛:采薪之人。言虽贱而不弃,要向割草砍柴之人请教。　③辟四门,明四目,达四聪:《虞书》中赞美舜的话,谓开四方之门,以招贤纳俊;广四方之视听,以防止耳目闭塞。　④共、鲧:共,共工,唐虞官名,古之世族官。鲧,崇伯名,夏禹之父。共工淫辟,鲧治水无功,舜流共工于幽州,殛鲧于羽山。　⑤靖言庸回:"靖"与"静"同,"回"亦"违"。谓静则能言,用之则不然。即当面说得好听,背后却在捣鬼。　⑥捐:弃。　⑦梁武帝偏信朱异,而侯景举兵向阙,竟不得知也:梁武帝,姓萧,名衍,仕齐封梁王,受齐禅,国号梁。朱异,仕梁为散骑常侍。侯景,东魏臣,后请归梁,武帝从朱异之议,纳景为大将军。及景反叛,朝野共怨异。武帝后为景所逼,饿而死。　⑧隋炀帝偏信虞世基,而诸贼攻城剽邑,亦不得知也:隋炀帝,姓杨,名广,隋文帝次子。虞世基,仕隋为内史侍郎。世基以帝恶闻盗贼,告者皆不以实闻。由是盗贼竞起,陷没郡县,他还全然不知,最后为宇文化及等所杀。剽,劫。

贞观十年,太宗谓侍臣曰:"帝王之业,草创与守成孰难?"尚书左仆射房玄龄对曰:"天地草昧①,群雄竞起,攻破乃降,战胜乃克。由此言之,草创为难。"魏征对曰:"帝王之起,必承衰乱,覆彼昏狡,百姓乐推,四海归命,天授人与,乃不为难。然既得之后,志趣骄逸,百姓欲静而徭役不休,百姓凋残而侈务不息,国之衰弊,恒②由此起。以斯而言,守成则难。"太宗曰:"玄龄昔从我定天下,备尝艰苦,出万死而遇一生,所以见草创之难也。魏征与我安天下,虑生骄逸之端,必践危亡之地,所以见守成之难也。今草创之难,既已往矣;守成之难者,当思与公等慎之。"

[**注释**]①草昧:草,杂乱。昧,冥晦,蒙昧。用以指国家草创秩序未定之时。 ②恒:常。

贞观十一年,特进魏征上疏曰:

臣观自古受图膺运,继体守文,控御英杰,南面临下①,皆欲配厚德于天地,齐高明于日月,本枝百世,传祚②无穷。然而克终者鲜③,败亡相继,其故何哉?所以求之,失其道也。殷鉴不远④,可得而言。

[**注释**]①南面临下:指圣人南面而听天下,向明而治。 ②祚:禄位,皇位,国统。 ③鲜:少。 ④殷鉴不远:指商纣王亡国之鉴,离今世不远。后世称有前事为鉴为"殷鉴不远"。

昔在有隋,统一寰宇,甲兵强盛,三十余年,风行万里,威动殊俗,一旦举而弃之,尽为他人之有。彼炀帝岂恶天下之治安,不欲社稷之长久,故行桀①虐,以就灭亡哉!恃其富强,不虞后患。驱天下以从欲,罄万物而自奉,采域中之子女,求远方之奇异。宫苑是饰,台榭是崇,徭役无时,干戈不戢②。外示严重,内多险忌,谗③邪者必受其福,忠正者莫保其生。上下相蒙④,君臣道隔,民不堪命,率土分崩。遂以四海之尊,殒⑤于匹夫之手,子孙殄⑥绝,为天下笑,可不痛哉!

[注释]①桀:名履癸,夏末淫暴之君,汤伐之而死。 ②戢(jí):收敛,收藏。 ③谗:谮。诬陷,中伤。 ④蒙:掩蔽,欺骗。 ⑤殒:殁。 ⑥殄(tiǎn):尽,灭绝。

圣哲乘机,拯①其危溺,八柱②倾而复正,四维③绝而更张。远肃迩安,不逾于期月④;胜残去杀,无待于百年。⑤今宫观台榭,尽居之矣;奇珍异物,尽收之矣;姬姜淑媛⑥,尽侍于侧矣;四海九州,尽为臣妾矣。若能鉴彼之所以亡,念我之所以得,日慎一日,虽休勿休,焚鹿台之宝衣⑦,毁阿房⑧之广殿,惧危亡于峻宇⑨,思安处于卑宫⑩,则神化潜通,无为而治,德之上也。若成功不毁,即仍其旧,除其不急,损之又损。杂茅茨于桂栋,参玉砌以土阶⑪,悦以使人,不竭其力。常念居之者逸,作之者劳,亿兆悦以子来,群生仰而遂性,德之次也。若惟圣罔念⑫,不慎厥终,忘缔构之艰难,谓天命之可恃,忽采椽之恭俭,追雕墙之靡丽,因其基以广之,增其旧而饰之。触类而长,不思止足,人不见德,而劳役是闻,斯为下矣。譬之负薪救火,扬汤止沸,以暴易乱,与乱同道,莫可测也,后嗣何观!夫事无可观则人怨,人怨则神怒,神怒则灾害必生。灾害既生,则祸乱必作,祸乱既作,而能以身名全者鲜矣。顺天革命之后,将隆七百之祚,贻厥孙谋,传之万叶,难得易失,可不念哉!

[注释]①拯:救。 ②八柱:《淮南子》曰:"地有九州八柱。"《括地象》曰:"昆仑山为柱,地之中也。地下有八柱,牵制名山大川,孔穴相通。" ③四维:《管子》曰:"礼义廉耻,是为四维。思维不张,国乃灭亡。"④期(jī)月:一整年。"期"与"朞"同,谓周一岁之月。 ⑤胜残去杀,无待于百年:《论语》曰:"善人为邦百年,亦可以胜残去杀也。" ⑥媛:美女。 ⑦焚鹿台之宝衣:武王克商,纣走反入,登鹿台,蒙衣其珠玉,自燔于火而死。武王命南宫括散鹿台之财。 ⑧阿房(ē pang):阿房宫,秦始皇所作前殿,东西五百步,南北五十丈,上可建五丈旗。自殿下直抵南山。表阁道绝汉。后为楚所焚。 ⑨惧危亡于峻宇:《夏书·五子之歌》曰:"甘酒嗜音,峻宇雕墙,有一于此,未或不亡。" ⑩思安处于卑宫:《论语》曰:"卑宫室而尽力乎沟洫,禹,吾无间然矣。"谓禹薄于己而勤于民。 ⑪土阶:尧舜之朝,土阶三等,茅茨不剪。 ⑫若惟圣罔念:言一念之差,虽圣亦为狂。

是月,征又上疏曰:

臣闻求木之长者,必固其根本;欲流之远者,必浚其泉源;思国之安者,必积其德义。源不深而望流之远,根不固而求木之长,德不厚而思国之理,臣虽下愚,知其不可,而况于明哲乎!人君当神器①之重,居域中之大②,将崇极天之峻,永保无疆之休。不念居安思危,戒奢以俭,德不处其厚,情不胜其欲,斯亦伐根以求木茂,塞源而欲流长者也。

[注释]①神器:帝位。 ②域中之大:《老子》曰:"域中有四大:道大,天大,地大,王亦大。"

凡百元首,承天景命,莫不殷忧①而道著,功成而德衰。有善始者实繁，能克终者盖寡，岂取之易而守之难乎？昔取之而有余，今守之而不足，何也？夫在殷忧，必竭诚以待下；既得志，则纵情以傲物。竭诚则胡越②为一体，傲物则骨肉为行路③。虽董④之以严刑，振之以威怒，终苟免而不怀仁，貌恭而不心服。怨不在大，可畏惟人，载舟覆舟⑤，所宜深慎，奔车朽索⑥，其可忽乎！

[注释]①殷忧：深忧。　②胡越：胡在北方，越在南方，比喻相距遥远。③骨肉为行路：言至亲反疏。　④董：督。　⑤载舟覆舟：《孔子家语》曰："君者舟也，庶人者水也。水所以载舟，亦所以覆舟也。"⑥奔车朽索：《夏书》曰："予临兆民，凛乎若朽索之御六马。"比喻畏惧可畏之甚。

君人者，诚能见可欲则思知足以自戒，将有作则思知止以安人，念高危则思谦冲而自牧，惧满溢则思江海下百川，乐盘游则思三驱以为度①，忧懈怠则思慎始而敬终，虑壅蔽则思虚心以纳下，想谗邪则思正身以黜恶，恩所加则思无因喜以谬赏，罚所及则思无因怒而滥刑。总此十思，弘兹九德②，简能而任之，择善而从之，则智者尽其谋，勇者竭其力，仁者播其惠，信者效其忠。文武争驰，在君无事，可以尽豫游之乐③，可以养松、乔之寿④，鸣琴垂拱⑤，不言而化。何必劳神苦思，代下司职，役聪明之耳目，亏无为之大道哉！

[注释]①乐盘游则思三驱以为度：盘游，狩猎。《夏书》曰："不敢盘于游田。"三驱者，围合其三面，前开一路，使之可去，不忍尽物，好生之仁。《易·比卦》六五："王用三驱，失前禽。"盖犹成汤祝网之义。　②九德：《虞书·皋陶》曰："亦行有九德：宽而栗，柔而立，愿而恭，乱而敬，扰而毅，直而温，简而

廉,刚而塞,强而义。"言人之德见于行者凡九,盖知人之事。　③豫游之乐:《孟子》曰:"一游一豫,为诸侯度。"豫,乐;游,巡。言王者一游一豫,皆有惠及民,而诸侯所取法,不敢慢游以病民。　④松、乔之寿:松,赤松;乔,王乔,皆古仙人之有寿者。　⑤鸣琴垂拱:《家语》曰:"舜弹五弦之琴,造《南风》之诗。"垂拱,垂衣拱手,指无为而治。

太宗手诏答曰:

省①频抗表,诚极忠款,言穷切至。披览忘倦,每达宵分②。非公体国情深,启沃③义重,岂能示以良图,匡其不及!朕闻晋武帝④自平吴已后,务在骄奢,不复留心治政。何曾⑤退朝谓其子劭⑥曰:"吾每见主上不论经国远图,但说平生常语,此非贻厥子孙者,尔身犹可以免。"指诸孙曰:"此等必遇乱死。"及孙绥⑥,果为淫刑所戮。前史美之,以为明于先见。朕意不然,谓曾之不忠,其罪大矣。夫为人臣,当进思尽忠,退思补过,将顺其美,匡救其恶,所以共为治也。曾位极台司⑦,名器崇重,当直辞正谏,论道佐时。今乃退有后言,进无廷诤,以为明智,不亦谬乎!危而不持,焉用彼相⑧?公之所陈,朕闻过矣。当置之几案,事等弦、韦⑨。必望收彼桑榆,期之岁暮,不使康哉良哉,独盛于往日,若鱼若水,遂爽于当今。迟复嘉谋,犯而无隐⑩。朕将虚襟静志,敬伫德音。

[注释]①省:视。　②宵分:夜半。　③启沃:启,开;沃,灌溉。《商书》高宗命傅说曰:"启乃心,沃朕心。"④晋武帝:复姓司马,名炎,家世仕魏,封晋王,受魏禅,国号晋。　⑤何曾:字颖考,仕魏为司徒,晋受禅,以曾为太傅。⑥劭:何劭,字敬祖,曾之子,仕晋为司徒。　⑥绥:何绥,字伯蔚,何曾之孙。仕晋为尚书,后为东海王越所杀。　⑦台司:三公,上应三台。台司者,三公

之位。 ⑧危而不持,焉用彼相:语出《论语》,孔子告冉求曰,"危而不持,颠而不扶,则将焉用彼相矣"。⑨弦、韦:弦,弓弦;韦,柔皮。《韩子》曰:"西门豹性急,佩韦以自缓。董安于性缓,佩弦以自急。"⑩无隐:《礼》:"事君有犯而无隐。"

贞观十五年,太宗谓侍臣曰:"守天下难易?"侍中①魏征对曰:"甚难。"太宗曰:"任贤能,受谏诤即可。何谓为难?"征曰:"观自古帝王,在于忧危之间,则任贤受谏。及至安乐,必怀宽怠②。恃安乐而欲宽怠,言事者惟令兢惧,日陵月替③,以至危亡。圣人所以居安思危,正为此也。安而能惧,岂不为难?"

[注释]①侍中:宰相之职。唐制,门下省侍中,掌出纳帝命,相国仪。凡国家之务,与中书令参总而颛判国事。 ②宽怠:松懈怠惰。 ③日陵月替:一天天地衰颓下去。

## 政体第二

贞观初,太宗谓萧瑀①曰:"朕少好弓矢,自谓能尽其妙。近得良弓十数,以示弓工。乃曰:'皆非良材也。'朕问其故,工曰:'木心不正,则脉理皆邪。弓虽刚劲而遣箭不直,非良弓也。'朕始悟焉。朕以弧矢定四方,用弓多矣,而犹不得其理。况朕有天下之日浅,得为理之意,固未及于弓,弓犹失之,而况于理乎?"自是诏京官②五品以上,更宿中书内省③。每召见,皆赐坐与语,询访外事,务知百姓利害、政教得失焉。

[注释]①萧瑀(575～648年):字时文,后梁明帝之子,隋炀帝皇后萧皇后之弟。萧瑀自幼以孝行闻名天下,且善学能书,骨鲠正直,并深精佛理。唐高祖入关,招之,授光禄大夫。武德初,迁内史令。贞观初,拜太子少师,迁仆射,又迁御史大夫,参预朝政,后拜太子少傅,卒,谥曰恭,帝以性忌,改谥贞褊。　②京官:谓京都官。唐制,五品以上皆名听制授。　③更宿中书内省:更,轮流。宿,值夜班。中书内省,即中书省,官署名。唐制,中书省,在禁中,故称内省。

贞观元年,太宗谓黄门侍郎①王珪曰:"中书②所出诏敕,颇有意见不同,或兼错失而相正以否。元置中书、门下③,本拟相防过误。人之意见,每或不同,有所是非,本为公事。或有护己之短,忌闻其失,有是有非,衔④以为怨。或有苟避私隙,相惜颜面,知非政事,遂即施行。难违一官之小情,顿为万人之大弊。此实亡国之政,卿辈特须在意防也。隋日内外庶官,政以依违,而致祸乱,人多不能深思此理。当时皆谓祸不及身,面从背言⑤,不以为患。后至大乱一起,家国俱丧,虽有脱身之人,纵不遭刑戮,皆辛苦仅免,甚为时论所贬黜。卿等特须灭私徇公,坚守直道,庶事相启沃,勿上下雷同⑥也。"

[注释]①黄门侍郎:汉世,禁门曰黄闼,以中人主之,故曰黄门。唐制,黄门侍郎,门下省副长官,执掌祭祀、赞献、奏天下祥瑞之官。　②中书:省名。武德三年,改内书省为中书省。唐制,中书掌军国政令,凡制册诏牒,皆宣署而施行。置令二人,侍郎二人,令之贰。其属则有舍人六人,右散骑常侍二人,右谏议大夫四人,右补阙六人,右拾遗六人,起居舍人二人。时中书、门下与尚书,号曰三省。　③门下:省名。唐制,门下省掌出纳诏令,国务则与中书参总。置侍中二人,黄门侍郎二人,侍中之贰。其属则有左散骑常侍二人,左谏议大夫四人,给事中四人,起居郎二人,左补阙六人,左拾遗六人。弘

文馆亦隶属之。　④衔：含。　⑤面从背言：谓面谀以为是，背毁以为非。⑥雷同：雷之发声，物无不同时应者，故曰雷同。今泛指事物与人相同。

贞观二年，太宗问黄门侍郎王珪曰："近代君臣理国，多劣于前古，何也？"对曰："古之帝王为政，皆志尚清静，以百姓之心为心。近代则唯损百姓以适其欲，所任用大臣，复非经术之士。汉家宰相，无不精通一经①，朝廷若有疑事，皆引经决定，由是人识礼教，理致太平。近代重武轻儒，或参以法律，儒行既亏，淳风大坏。"太宗深然其言。自此百官中有学业优长，兼识政体者，多进其阶品，累加迁擢②焉。

[注释]①汉家宰相，无不精通一经：经，指儒家的五经，即《周易》《尚书》《诗经》《礼记》《春秋》。如汉宣帝时，丞相韦贤通《礼》、魏相学《易》之类。本句是一种夸张说法，因为汉初之宰相并不通经书。　②迁擢（zhuó）：晋升，提拔。

贞观三年，太宗谓侍臣曰："中书、门下，机要之司，擢才而居，委任实重。诏敕如有不稳便，皆须执论。比来惟觉阿旨顺情，唯唯苟过，遂无一言谏诤者，岂是道理？若惟署诏敕①、行文书而已，人谁不堪？何烦简择，以相委付？自今诏敕疑有不稳便，必须执言，无得妄有畏惧，知而寝默。②"

[注释]①诏敕：帝王的命令。　②自今诏敕疑有不稳便，必须执言，无得妄有畏惧，知而寝默：按唐故事，凡军国大事，则中书舍人各执所见，杂署其名，谓之五花判事。中书侍郎、中书令省审之，给事中、黄门侍郎驳正之。此言乃皇上申明旧制。

贞观四年，太宗问萧瑀曰："隋文帝①何如主也？"对曰："克己复礼②，勤劳思政，每一坐朝，或至日昃，五品已上，引坐论事，宿卫之士，传飧③而食，虽性非仁明，亦是励精之主。"太宗曰："公知其一，未知其二。此人性至察而心不明。夫心暗则照有不通，至察则多疑于物。又欺孤儿寡妇以得天下④，恒恐群臣内怀不服，不肯信任百司，每事皆自决断，虽则劳神苦形，未能尽合于理。朝臣既知其意，亦不敢直言。宰相以下，惟即承顺而已。朕意则不然，以天下之广，四海之众，千端万绪，须合变通，皆委百司商量，宰相筹画，于事稳便，方可奏行。岂得以一日万机⑤，独断一人之虑也。且日断十事，五条不中⑥，中者信善，其如不中者何？以日继月，乃至累年，乖谬⑦既多，不亡何待？岂如广任贤良，高居深视，法令严肃，谁敢为非？"因令诸司，若诏敕颁下有未稳便者，必须执奏，不得顺旨便即施行，务尽臣下之意。

[注释]①隋文帝：581～604年在位，姓杨，名坚，弘农人，后周朝以元舅辅政，封隋王，受周禅，国号隋。　②克己复礼：语出《论语》孔子答颜渊问仁之辞。言克去己私，复还天理。　③飧（sūn）：晚饭。　④又欺孤儿寡妇以得天下：隋文帝受禅之时，周宣帝既丧，静帝幼冲之日。　⑤一日万机：指政务繁忙，每天要处理成千上万的事情。机，同几。　⑥中：谓中于理。　⑦乖谬：背离常理的事情。

贞观五年，太宗谓侍臣曰："治国与养病无异也。病人觉愈，弥须将护，若有触犯，必至殒命。治国亦然，天下稍安，尤须兢慎，若便骄逸，必至丧败。今天下安危，系之于朕。故曰慎一日,虽休勿休①。然耳目股肱②,寄于卿辈,既义均一体。宜协力同心,事有不安,可极言无隐。傥③君臣相疑,不能备尽肝膈④,实为治国之大害也。"

[注释]①虽休勿休:虽受称许而不要沾沾自喜。　②股肱:比喻左右辅佐之臣。股,大腿。肱,胳膊。　③傥(tǎng):同"倘"。　④肝膈:犹肺腑。比喻内心。

贞观六年,太宗谓侍臣曰:"看古之帝王,有兴有衰,犹朝之有暮,皆为蔽其耳目,不知时政得失。忠正者不言,邪谄者日进,既不见过①,所以至于灭亡。朕既在九重②,不能尽见天下事,故布之卿等,以为朕之耳目。莫以天下无事,四海安宁,便不存意。可爱非君,可畏非民③。天子者,有道则人推而为主,无道则人弃而不用,诚可畏也。"魏征对曰:"自古失国之主,皆为居安忘危,处理忘乱,所以不能长久。今陛下富有天下,内外清晏,能留心治道,常临深履薄④,国家历数⑤,自然灵长。臣又闻古语云:'君,舟也;人,水也。水能载舟,亦能覆舟。'陛下以为可畏,诚如圣旨。"

[注释]①过:过失。　②九重:君门九重。意思是深宫之内。　③可爱非君,可畏非民:语出《虞书》舜告禹之辞,言君可爱,而民可畏。　④临深履薄:《诗》曰:"如临深渊,如履薄冰。"比喻存有戒心,行事极为谨慎。　⑤历数:指帝王相继之次第,犹岁月气节之先后。

贞观六年,太宗谓侍臣曰:"古人云:'危而不持,颠而不扶,焉用彼相?'君臣之义,得不尽忠匡救乎?朕尝读书，见桀杀关龙逢①，汉诛晁错②，未尝不废书叹息。公等但能正词直谏，裨益政教，终不以犯颜忤旨③，妄有诛责。朕比来临朝断决，亦有乖④于律令者。公等以为小事，遂不执言。凡大事皆起于小事，小事不论，大事又将不可救，社稷倾危，莫不由此。隋主残暴，身死匹夫之手，率土苍生，罕闻嗟痛。公等为朕思隋氏灭亡之事，朕为公等思龙逢、晁错之诛，君臣保全，岂不美哉！"

[注释]①关龙逢：夏之贤大夫，谏桀，被杀。 ②晁错（前200～前154年）：颍川人，汉景帝时御史大夫，请诸侯之罪过削其地，吴、楚等七国遂反，爰盎请帝斩错，遂斩于东市。 ③犯颜忤旨：冒犯君上的尊颜，违逆朝廷的圣旨。 ④乖：违背。

贞观四年①，太宗与秘书监②魏征从容论自古理政得失，因曰："当今大乱之后，造次不可致理。"征曰："不然，凡人在危困则忧死亡，忧死亡则思理，思理则易教③。然则乱后易教，犹饥人易食也。"太宗曰："善人为邦百年，然后胜残去杀④。大乱之后，将求致理，宁可造次而望乎？"征曰："此据常人，不在圣哲。若圣哲施化，上下同心，人应如响，不疾而速，期月而可，信不为难，三年成功，犹谓其晚。"太宗以为然。封德彝等对曰："三代以后，人渐浇讹⑤，故秦任法律⑥，汉杂霸道⑦，皆欲理而不能，岂能理而不欲？若信魏征所说，恐败乱国家。"征曰："五帝、三王⑧，不易人而理。行帝道则帝，行王道则王，在于当时所理，化之而已。考之载籍，可得而知。昔黄帝与蚩尤⑨七十余战，其乱甚矣，既胜之后，便致太平。九黎⑩乱德，颛顼⑪征之,既克之后,不失其理。桀为乱虐,而汤放之⑫,在汤之代,既致太平。纣为无道,武王伐之⑬,成王之代,亦致太平。若言人渐浇讹,不返纯朴,至今应悉为鬼魅,宁可复得而教化耶?"德彝等无以难⑭之,然咸以为不可。

[注释]①四年:诸本均作"七年",据写字台本及《新唐书》改,《资治通鉴》亦系贞观四年。 ②秘书监:唐制,秘书省置监一人,掌邦国经籍图书之事。有二局,曰著作,曰太史,皆率其属而修其职。少监为之贰。 ③教:教化。 ④胜残去杀:语出《论语·子路》:"善人为邦百年,亦可以胜残去杀矣。"意指感化残暴的人使其不再作恶,便可废除死刑。也指以德化民,太平至治。 ⑤浇讹:上薄下谬。 ⑥秦任法律:谓秦之治专用刑法律令,言尚酷。 ⑦汉杂霸道:谓汉之治以王道、霸道杂施之。 ⑧五帝、三王:五帝,《史记》谓黄帝、颛顼、帝喾、唐尧、虞舜为五帝。孔安国《书序》,以少昊、颛顼、高辛、唐、虞为五帝。三王,指夏、商、周创业之主,禹、汤、武王。 ⑨黄帝与蚩尤:黄帝,姓公孙,名轩辕,号有熊氏;蚩尤,古诸侯之一,传说为上古时代东方九黎族首领。蚩尤作乱,黄帝征师诸侯,与之战于涿鹿之野,遂擒杀之,而万国和。 ⑩九黎:蚩尤之属。 ⑪颛顼:号高阳氏,黄帝之孙。 ⑫桀为乱虐,而汤放之:桀,夏王,名履癸。汤,殷主,名履。桀不务德而贼伤百姓,汤遂率兵伐之。桀走鸣条,遂放而死。汤乃践位,平定四海。 ⑬纣为无道,武王伐之:纣,殷王,名受。武王,周文王之子,名发。纣淫乱日甚,百姓怨望。武王遂率诸侯伐之。纣死于鹿台。武王克殷二年,太子诵立,是为成王。 ⑭难:驳。

太宗每力行不倦,数年间,海内康宁,突厥①破灭,因谓群臣曰:"贞观初,人皆异论,云当今必不可行帝道、王道,惟魏征劝我。既从其言,不过数载,遂得华夏安宁,远戎宾服。突厥自古以来常为中国勍敌②,今酋长③并带刀宿卫,部落皆袭衣冠。使我遂至于此,皆魏征之力也。"顾谓征曰:"玉虽有美质,在于石间,不值良工琢磨,与瓦砾不别。若遇良工,即为万代之宝。朕虽无美质,为公所切磋④,劳公约朕以仁义,弘朕以道德,使朕功业至此,公亦足为良工尔。"

[注释]①突厥:唐时北方少数民族,突厥阿史那氏,古匈奴北部,居金山之阳,夏曰猃狁(也作獯狁),商曰鬼方,周曰猃狁。其别部凡二十八等,皆世其官,与中国抗衡,历代为患,皆臣服于唐。 ②勍(qíng)敌:劲敌。勍,强。 ③酋长:蕃国之首领。 ④切磋:《诗经》曰:"如切如磋,如琢如磨。"言其治之有序,益致其精。比喻道德学问方面相互研讨勉励。

贞观九年,太宗谓侍臣曰:"往昔初平京师①,宫中美女珍玩,无院不满。炀帝意犹不足,征②求无已,兼东西征讨,穷兵黩武,百姓不堪,遂致亡灭。此皆朕所目见,故夙夜孜孜③,惟欲清净,使天下无事。遂得徭役不兴,年谷丰稔,百姓安乐。夫治国犹如栽树,本根不摇,则枝叶茂盛。君能清净,百姓何得不安乐乎?"

[注释]①京师:周朝建都镐京,后世把天子建都之地叫作京师。此指隋都长安。 ②征:召。 ③孜孜:笃意,专心一意。

贞观八年,太宗谓房玄龄等曰:"我所居殿,即是隋文帝所造,已经四十余年,损坏处少。唯承乾殿①是炀帝造,工匠多觅新奇,斗拱至小,年月虽近,破坏处多。今为改更,欲别作意见,亦恐似此屋耳。"魏征对曰:"昔魏文侯②时,租赋岁倍,有人致贺,文侯曰:'今户口不加而租税岁倍,此由课敛多,譬如治皮,令大则薄,令小则厚。理民亦复如此。'由是魏国大理。臣今量之,陛下为理,百夷③宾服,天下已安,但须守今日理道,亦归之于厚,此即是足。"

[注释]①承乾殿:指太极宫。　②魏文侯:名斯(一说都),魏桓公之子。在位五十年,制定《法经》,作"尽地力之教",行"平籴"之法。　③百夷:四夷。

贞观八年,太宗谓群臣曰:"为理之要,务全其本。若中国不静,远夷虽至,亦何益焉?朕与公等共理天下,令中夏乂安①,四方静肃,并由公等咸尽忠诚,共康庶绩之所致耳。朕实喜之。然安不忘危,亦兼以惧。朕见隋炀帝篡业②之初,天下隆盛,弃德穷兵,以取颠覆。颉利近者足为强大,志意既盈,祸乱斯及,丧其大业,为臣于朕。叶护可汗亦大强盛,自恃富贵,通使求婚,失道怙过,以致破灭。其子既立,便肆猜忌,众叛亲离,覆基绝嗣。③朕不能远慕尧、舜、禹、汤之德,目睹此辈何得不诫惧④乎!公等辅朕,功绩已成,唯当慎以守之,自获长世,并宜勉力。有不是事,则须明言。君臣同心,何得不理?"侍中魏征对曰:"陛下弘至理以安天下,功已成矣。然每睹非常之庆,弥切虑危之心,自古至慎无以加此。臣闻,上之所好,下必从之,明诏奖励,足使懦夫立节。"

[注释]①乂安:安定祥和之意。　②篡业:继承大业。　③叶护可汗亦大强盛,自恃富贵,通使求婚,失道怙过,以致破灭。其子既立,便肆猜忌,众叛亲离,覆基绝嗣:《通典》卷一九九:"统叶护可汗,达头可汗之孙。控弦数十万,霸有西域。武德中,来请婚,许之。为颉利所阻未果为婚。自负其强,无恩于国,部落咸怨,为其伯父所杀。统叶护之子咥力特勤立为肆叶护可汗,性

猜狠信谗,无统驭之略。小可汗乙利,于肆叶护功最多,以非罪族灭之。泥孰迎立肆叶护,而又险欲图之,泥孰遂适焉耆。诸豪帅潜谋击之,肆叶护以轻骑遁于康居,寻卒。"怙过,坚持错误。 ④诚惧:警戒恐惧。

太宗问拓设①使人曰:"拓设兵马今有几许?"对曰:"见有四千余人,旧有四万余人。"太宗谓侍臣曰:"朕闻西胡爱珠,若得好珠,劈身藏之。"侍臣咸曰:"贪财害己,实为可笑。"太宗曰:"勿唯笑胡,今官人贪财不顾性命,身死之后子孙被辱,何异西胡之爱珠耶!帝王亦然,恣情放逸,好乐无度,荒废庶政,长夜忘返,所行如此,岂不灭亡。隋炀帝奢侈自贤,身死匹夫,足为可笑。"魏征对曰:"臣闻鲁哀公②谓孔子曰:'有人好忘者,移宅乃忘其妻。'孔子曰:'又有好忘甚于此者,丘见桀、纣之君乃忘其身。'"太宗曰:"朕与公等既知笑人,今共相匡辅,庶免人笑。"

[注释]①拓设:指阿史那社尔,年十一,拜为拓设。与欲谷设分统敕勒诸部。 ②鲁哀公:姬姓,名将,为春秋诸侯国鲁国君主,是鲁国第二十六任君主。他为鲁定公儿子,在位27年。

贞观九年,太宗谓侍臣曰:"为帝王者,必须慎其所与。只如鹰犬、鞍马、声色、殊味,朕若欲之,随须即至,如此等事,恒败人正道。邪佞忠直,亦在时君所好。若任不得贤,何能无灭。"侍中魏征对曰:"臣闻齐威王①问淳于髡②:'寡人所好,与古帝王同否?'髡曰:'古者圣王所好有四,今王所好唯有其三。古者好色,王亦好之;古者好马,王亦好之;古者好味,王亦好之;唯有一事不同者,古者好贤，王独不好。'齐王曰：'无贤可好也。'髡曰：'古之美色有西施、毛嫱③，奇味即龙肝、豹胎，善马则有飞兔、绿耳④，此等今既无之，王之厨膳，后宫外厩，今亦备具。王以为今之无贤，未知前世之贤，得与王相见以否？'"太宗深然之。

[注释]①齐威王（前356～前320年）：妫姓，田氏，名因齐，齐桓公（与春秋五霸之首的齐桓公非同一人）田午之子，战国时期齐国国君。公元前356年继位，在位36年。以善于纳谏用能，励志图强而名著史册。 ②淳于髡：战国时期齐国著名的政治家和思想家。以博学多才、善于辩论著称，是稷下之学宫中最具有影响的学者之一。他长期活跃在齐国的政治和学术领域，上说下教，不治而议论，曾对齐国新兴封建制度的巩固和发展，对齐国的振兴与强盛，对威、宣之际稷下之学的发展，做出了重要的贡献。曾经辅佐过魏惠王、陈轸等人。 ③西施、毛嫱：西施，本名施夷光，越国美女，春秋末期出生于浙江诸暨。天生丽质，是美的化身和代名词。毛嫱，春秋时期越国的绝色美女，大体与西施同处一个时期，相传为越王勾践的爱姬。 ④飞兔、绿耳：古骏马名。飞兔，亦作"飞菟"。《吕氏春秋·离俗》："飞兔、要褭，古之骏马也。"高诱注："飞兔、要褭，皆马名也。日行万里，驰若兔之飞，因以为名也。"绿耳，亦作"绿骊"。传说为周穆王八骏之一，因颜色为青黄色而得名，能日行千里。

贞观十年，太宗谓侍臣曰："月令是早晚有？"侍中魏征对曰："今《礼记》所载《月令》①，起自吕不韦②。"太宗曰："但为政专依《月令》，善恶复皆如所记不？"魏征又曰："秦、汉以来，圣王依《月令》事多。若一依《月令》者，亦未有善。但古者设教劝人为善，所行皆欲顺时，善恶亦未必皆然。"太宗又曰："《月令》既起秦时，三皇、五帝并是圣主，何因不行《月令》？"征曰："计《月令》起于上古，是以

《尚书》云'敬授民时③'。吕不韦止是修古《月令》,未必始起于秦代。"太宗曰:"朕比读书,所见善事,并即行之,都无所疑。至于用人,则善恶难别,故知人极为不易。朕比使公等数人,何因理政犹不及文、景?"征又曰:"陛下留心于理,委任臣等逾于古人。直由臣等庸短,不能称陛下委寄。欲论四夷宾服,天下无事,古来未有似今日者。至于文、景,不足以比圣德。"征曰:"自古人君初为理也,皆欲比隆尧、舜,至于天下既安,即不能终其善。人臣初被任也,亦欲尽心竭力,及居富贵,即欲全官爵。若遂君臣常不懈怠,岂有天下不安之道哉!"太宗曰:"论至理诚,如公此语。"

[注释]①《月令》:《礼记》篇名,传为周公所作,实为秦汉间人抄合《吕氏春秋》十二月纪首章,收入《礼记》,题曰《月令》。记述每年农历十二个月的时令、行政及相关事物。　②吕不韦:秦庄襄王时为相,秦王政尊为相父,招门客著《吕氏春秋》。　③敬授民时:《尚书·尧典》篇之辞。作"敬授人时"。谓历书分节气敬记天时,以授人。

贞观十六年,太宗谓侍臣曰:"或君乱于上,臣理于下;或臣乱于下,君理于上。二者苟逢,何者为甚?"特进魏征对曰:"君心理,则照见下非。诛一劝百,谁敢不畏威尽力?若昏暴于上,忠谏不从,虽百里奚、伍子胥之在虞、吴①,不救其祸,败亡亦继。"太宗曰:"必如此,齐文宣昏暴,杨遵彦以正道扶之得理②,何也?"征曰:"遵彦弥缝暴主,救理苍生,才得免乱,亦甚危苦。与人主严明,臣下畏法,直言正谏,皆见信用,不可同年而语也。"

[注释]①百里奚、伍子胥之在虞、吴:虞、吴,二国名。百里奚,虞之贤臣。晋假道于虞以伐虢,欲并取虞,百里奚知虞公之不可谏而去之秦,后果为晋所灭。伍子胥,名员,楚人,吴之贤臣。吴王夫差伐越,越请和,子胥谏,吴王不听,与越平。复欲伐齐,子胥以为不可,吴王又不听,太宰嚭潜子胥于王,王赐剑使自死。后吴为越王勾践所灭。 ②齐文宣昏暴,杨遵彦以正道扶之得理:齐文宣(529～559年),姓高,名洋,东魏臣,袭其父欢位,封齐王,受魏禅,国号齐;杨遵彦,名愔,仕齐为尚书令。文宣以功业自矜,遂嗜酒淫泆,肆行强暴,而能委政杨愔,总摄机衡,百度修饬。时人皆言主昏于上,政清于下。

贞观十九年,太宗谓侍臣曰:"朕观古来帝王,骄矜而取败者,不可胜数。不能远述古昔,至如晋武平吴、隋文伐陈已后,心逾骄奢,自矜诸己,臣下不复敢言,政道因兹弛紊①。朕自平定突厥、破高丽已后,兼并铁勒②,席卷沙漠,以为州县,夷狄远服,声教益广。朕恐怀骄矜,恒自抑折,日昃③而食,坐以待晨。每思臣下有谠言④直谏,可以施于政教者,当拭目以师友待之。如此,庶几于时康道泰尔。"

[注释]①弛紊:散乱。 ②铁勒:匈奴苗裔,其种类多居西海之北,突厥北部。太宗既平其国,即其部落列置州县,号为羁縻,以其首领为都督、刺史,皆得世袭,凡四夷内属者皆然。 ③昃:晚。 ④谠言:直言。

贞观三年,上谓房玄龄曰:"古人善为国者,必先理其身,理其身,必慎其所习。所习正则其身正。身正则不令而行。所习不正,则身不正。身不正则虽令不从。是以舜诫禹曰:'邻哉邻哉①。'周公诫成王曰:'其朋其朋②。'此皆言慎其所习近也。朕比岁临朝视事,及园苑间游赏,皆召魏征、虞世南侍从，或与谋议政事、讲论经典，既常闻启沃，非直于身有益，在于社稷亦可谓久安之道。"

[注释]①邻哉邻哉：《夏书·益稷》篇之辞，"帝曰：吁，臣哉邻哉，邻哉臣哉"。邻，近。谓君臣道近，相须而成。　②其朋其朋：《周书·洛诰》篇之辞，"孺子其朋，孺子其朋，其往"。谓带领群臣创建功业。

太宗自即位之始，霜旱为灾，米谷踊贵，突厥侵扰，州县骚然。帝志在忧人，锐精为政，崇尚节俭，大布恩德。是时，自京师及河东、河南、陇右，饥馑①尤甚，一匹绢才得一斗米。百姓虽东西逐食，未尝嗟怨，莫不自安。至贞观三年，关中②丰熟，咸自归乡，竟无一人逃散，其得人心如此。加以从谏如流，雅好儒学，孜孜求士，务在择官，改革旧弊，兴复制度，每因一事，触类为善。初，息隐、海陵之党③，同谋害太宗者数百千人，事宁后引居左右近侍，心术豁然，不有疑阻。时论以为能断决大事，得帝王之体。深恶官吏贪浊，有枉法受财者，必无赦免。在京流外有犯赃者，皆遣执奏，随其所犯，置以重法。由是官吏多自清谨。制驭王公、妃主之家，大姓豪猾之伍，皆畏威屏迹，无敢侵欺细人。商旅野次，无复盗贼，囹圄④常空，马牛布野，外户不闭。又频致丰稔，米斗三四钱，行旅自京师至于岭表⑤，自山东至于沧海⑥，皆不赍粮，取给于路。又山东村落，行客经过者，必厚加供待，或发时有赠遗。此皆古昔未有也。

[注释]①饥馑：谷不熟曰饥，菜不熟曰馑。　②关中：《汉书》，关中左崤、函，右陇、蜀。太宗分天下为十道，此为关西，唐建都之地。　③息隐、海

陵之党:息隐,高祖长子,名建成。初立为皇太子。海陵,高祖第四子,名元吉。初,封齐王。建成见秦王李世民功高,与元吉谋害秦王,秦王知之,遂杀二人。既即帝位,乃封建成为息王,谥曰隐。元吉为海陵王,谥曰刺。　④图圄:狱名。　⑤岭表:五岭之外。　⑥沧海:东海之名。

# 卷 二

## 任贤第三

房玄龄①,齐州临淄人也。初仕隋,为隰城尉②。坐事除名,徙上郡。太宗徇地渭北,玄龄杖策谒于军门。太宗一见,便如旧识,署渭北道行军记室参军③。玄龄既喜遇知己,遂罄竭心力。是时,贼寇每平,众人竞求金宝,玄龄独先收人物,致之幕府,及有谋臣猛将,与之潜相申结,各致死力。累授秦王府记室,兼陕东道大行台考功郎中④。玄龄在秦府十余年,恒典管记。隐太子、巢刺王以玄龄及杜如晦为太宗所亲礼,甚恶之,谮之高祖,由是与如晦并遭驱斥。及隐太子将有变也,太宗召玄龄、如晦,令衣道士服,潜引入阁谋议。及事平,太宗入春宫⑤,擢拜太子右庶子⑥。贞观元年,迁中书令⑦。三年,拜尚书左仆射,监修国史,封梁国公,实封一千三百户⑧。既任总百司,虔恭夙夜,尽心竭节,不欲一物失所。闻人有善,若己有之。明达吏事,饰以文学,审定法令,意在宽平。不以求备取人，不以己长格物，随能收叙，无隔卑贱。论者称为良相焉。十三年，加太子少师⑨。玄龄自以一居端揆⑩十有五年，频抗表辞位，优诏不许。十六年，进拜司空⑪，仍总朝政，依旧监修国史。玄龄复以年老请致仕，太宗遣使谓曰："国家久相任使，一朝忽无良相，如失两手。公若筋力不衰，无烦此让。自知衰谢，当更奏闻。"玄龄遂止。太宗又尝追思王业之艰难，佐命之匡弼，乃作《威凤赋》以自喻，因赐玄龄，其见称类如此。

[注释]①房玄龄(579～648年)：名乔，字玄龄，以字显，唐朝初年名相。父彦谦，仕隋，历刺史。玄龄少警敏，通经史，善属文。年十八，举进士，授羽骑尉，校雠秘省。房玄龄在渭北投秦王李世民后，为秦王出谋划策，典管书记，是秦王得力的谋士之一。武德九年(626年)，他参与玄武门之变，与杜如晦、长孙无忌、尉迟敬德、侯君集五人并功第一。唐太宗李世民即位后，房玄龄为中书令；贞观三年(629年)二月为尚书左仆射；贞观十一年(637年)封梁国公；贞观十六年(642年)七月进位司空，仍综理朝政。贞观二十二年(648年)七月廿四癸卯日，房玄龄病逝，谥文昭。　②尉：官名。唐制，县置尉，掌亲理庶务，分判众曹，割断追催收率课调，令之佐。　③行军记室参军：官名。唐制，掌军府表启书疏之职。　④大行台考功郎中：官名。唐制，掌百官功过善恶之职。按：此为大行台考功，掌大行台省内百官功过考绩。　⑤春宫：东宫，武德九年(626年)六月，太宗初为皇太子。　⑥太子右庶子：官名。唐制，东宫右春坊右庶子，掌侍从、献纳、启奏之职。　⑦中书令：官名，宰相。唐制，中书省之长，掌佐天子执大政而总判省事。　⑧封梁国公，实封一千三百户：唐爵九等，一曰王，食邑万户。二曰郡王，食邑五千户。三曰国公，食邑三千户。四曰开国郡公，食邑二千户。五曰开国县公，食邑千五百户。六曰开国县侯，食邑千户。七曰开国县伯，食邑七百户。八曰开国县子，食邑五百户。九曰开国县男，食邑三百户。此处一千三百户为实封数。后仿此。　⑨太子少师：官名。唐制，太子少师、少傅、少保，掌晓三师德行，以论皇太子，

奉观三师之德。 ⑩端揆：相位。因宰相居百官之首，故称端揆。 ⑪司空：官名。唐制，太尉、司徒、司空为三公，佐天子理阴阳、平邦国，无所不统。

杜如晦①，京兆万年人也。武德初，为秦王府兵曹参军②，俄迁陕州总管府长史③。时府中多英俊，被外迁者众，太宗患之。记室房玄龄曰："府僚去者虽多，盖不足惜。杜如晦聪明识达，王佐才也。若大王守藩端拱，无所用之；必欲经营四方，非此人莫可。"太宗自此弥加礼重，寄以心腹，遂奏为府属，常参谋帷幄。时军国多事，剖断如流，深为时辈所服。累除天策府从事中郎④，兼文学馆学士。隐太子之败，如晦与玄龄功第一，迁拜太子左庶子⑤。俄迁兵部尚书⑥，进封蔡国公，赐实封一千三百户。贞观二年，以本官检校⑦侍中。三年，拜尚书右仆射，兼知吏部选事⑧。仍与房玄龄共掌朝政。至于台阁规模，典章文物，皆二人所定，甚获当时之誉，时称房、杜焉。

[注释]①杜如晦（585～630年）：字克明，少英爽，以风流自命，内负大节，临机辄断。为李世民帐下重要参谋，李世民与太子李建成积怨颇深，杜如晦与房玄龄一起为李世民出谋划策，参与策划玄武门之变，事成之后二人功居首位。李世民承帝位后，杜如晦与房玄龄为左右宰相，为唐选拔人才，制定法度等。贞观四年（630年），杜如晦病逝，李世民为此废朝三天，追封为司空，莱国公，谥"成公"，列入凌烟阁。 ②兵曹参军：官名。掌王府武官薄书、考课、仪卫、假使等事。 ③长史：官名。唐制，边要之地，置总管以统军，长史为其佐官。 ④天策府从事中郎：官名。武德四年（621年），高祖以秦王功高，古官号不足以称，乃加号天策上将，位在王公之上，开府置官署，从事中郎为其属职。 ⑤太子左庶子：官名。唐制，东宫左春坊左庶子，掌侍从赞相，驳正启奏之职。 ⑥兵部尚书：官名。唐制，六部之名为吏、户、礼、兵、

刑、工,六部尚书分掌政务。兵部掌武选、地图、车马、甲械之政,兵部尚书为兵部长官。　⑦检校:官名。唐制,检校某官者,皆诏除而非正命。　⑧吏部选事:官名。唐制,吏部掌文选、勋封、考课之政。

魏征①,巨鹿人也。近徙家相州之临黄。武德末,为太子洗马②。见太宗与隐太子阴相倾夺,每劝建成早为之谋。太宗既诛隐太子,召征责之曰:"汝离间我兄弟,何也?"众皆为之危惧。征慷慨自若,从容对曰:"皇太子若从臣言,必无今日之祸。"太宗为之敛容,厚加礼异,擢拜谏议大夫。数引之卧内,访以政术。征雅有经国之才,性又抗直,无所屈挠。太宗每与之言,未尝不悦。征亦喜逢知己之主,竭其力用。又劳③之曰:"卿所谏前后二百余事,皆称朕意。非卿忠诚奉国,何能若是?"三年,累迁秘书监,参预朝政,深谋远算,多所弘益。太宗尝谓曰:"卿罪重于中钩,我任卿逾于管仲④,近代君臣相得,宁有似我于卿者乎?"六年,太宗幸九成宫⑤,宴近臣,长孙无忌⑥曰:"王珪、魏征,往事息隐,臣见之若仇,不谓今者又同此宴。"太宗曰:"魏征往者实我所仇,但其尽心所事,有足嘉者。朕能擢而用之,何惭古烈?征每犯颜切谏,不许我为非,我所以重之也。"征再拜曰:"陛下导臣使言,臣所以敢言。若陛下不受臣言,臣亦何敢犯龙鳞、触忌讳也。"太宗大悦,各赐钱十五万。七年,代王珪为侍中,累封郑国公。寻以疾乞辞所职,请为散官。太宗曰:"朕拔卿于仇虏之中,任卿以枢要之职,见朕之非,未尝不谏。公独不见金之在矿,何足贵哉?良冶⑦锻而为器,便为人所宝。朕方自比于金，以卿为良匠。虽有疾，未为衰老，岂得便尔耶？"征乃止。后复固辞，听解侍中，授以特进，仍知门下省事。十二年，太宗以诞皇孙，诏宴公卿，帝极欢，谓侍臣曰："贞观以前，从我平定天下，周旋艰险，玄龄之功无所与让。贞观之后，尽心于我，献纳忠说，安国利人，成我今日功业，为天下所称者，惟魏征而已。古之名臣，何以加也。"于是亲解佩刀以赐二人。庶人承乾⑧在春宫，不修德业；魏王泰⑨宠爱日隆，内外庶寮，咸有疑议。太宗闻而恶之，谓侍臣曰："当今朝臣，忠謇无如魏征，我遣傅皇太子，用绝天下之望。"十七年，遂授太子太师⑩，知门下事如故。征自陈有疾，太宗谓曰："太子宗社之本，须有师傅，故选中正，以为辅弼。知公疹病，可卧护之。"征乃就职。寻遇疾。征宅内先无正堂，太宗时欲营小殿，乃辍其材为造，五日而就。遣中使赐以布被素褥，遂其所尚。后数日，薨。太宗亲临恸哭，赠司空，谥曰文贞。太宗亲为制碑文，复自书于石。特赐其家食实封九百户。太宗后尝谓侍臣曰："夫以铜为镜，可以正衣冠；以古为镜，可以知兴替；以人为镜，可以明得失。朕常保此三镜，以防己过。今魏征殂逝，遂亡一镜矣！"因泣下久之。乃诏曰："昔惟魏征，每显予过。自其逝也，虽过莫彰。朕岂独有非于往时，而皆是于兹日？故亦庶僚苟顺，难触龙鳞者欤！所以虚己外求，披迷内省。言而不用，朕所甘心；用而不言，谁之责也？自斯已后，各悉乃诚。若有是非，直言无隐。"

[**注释**]①魏征（580～643年）：字玄成，孤贫落拓，有大志，不事生业，出家为道士。好读书，尤属意纵横之说。大业末，李密见征所为文，召之。征进

十策,密奇之,而不能用。后窦建德攻陷黎阳,获征,属为起居舍人。及窦建德就擒,与裴矩西入关,隐太子闻其名,引之洗马,甚礼之。太宗即位,擢为谏议大夫,前后陈谏二百余事。贞观三年(629年)任秘书监,参与朝政,校定秘府图籍。后一度任侍中,封郑国公。 ②太子洗马:官名。汉有是职。太子出,则当直着前驱清道。唐制,东宫左春坊司经局置洗马,掌经史子集四库图籍刊缉之事,凡天下之图书上东宫者,皆受而藏之。 ③劳:慰喻,宽慰。④卿罪重于中钩,我任卿逾于管仲:管仲,名夷吾,齐卿。初,齐襄王被弑,议立君,高、国先阴告公子小白于莒,鲁亦发兵送公子纠,而使管仲别将兵遮鲁道,射中小白带钩。纠至齐,小白已立,是为桓公。管仲请囚,鲍叔牙请公用之,公以为大夫,后为相,遂霸天下。 ⑤九成宫:唐朝第一离宫,其位于今陕西省宝鸡市麟游县新城区,在原隋仁寿宫的基础上扩建而成。 ⑥长孙无忌:字辅机,文德皇后兄。从太宗征讨有功,累擢比部郎中。贞观初,迁吏部尚书,封齐国公。复进策司空,为太子太傅。高宗时,以阻立武后,削官爵,置黔州,卒。 ⑦冶:陶铸匠。 ⑧承乾:太宗长子。太宗初立承乾为太子,后以罪废为庶人。 ⑨魏王泰:字惠褒,太宗第四子,封魏王。好士,善属文,后贬王濮,谥曰恭。 ⑩太子太师:官名。唐制,太子太师、太傅、太保,为三师,掌以道德辅导皇太子。

王珪①,太原祁县人也。武德中,为隐太子中允②,甚为建成所礼。后以连其阴谋事,流于嶲州③。建成诛后,太宗即位,召拜谏议大夫。每推诚尽节,多所献纳。珪尝上封事④切谏,太宗谓曰:"卿所论朕,皆中朕之失。自古人君莫不欲社稷永安,然而不得者,只为不闻己过,或闻而不能改故也。今朕有所失,卿能直言,朕复闻过能改,何虑社稷之不安乎?"太宗又尝谓珪曰:"卿若常居谏官,朕必永无过失。"顾待益厚。贞观元年,迁黄门侍郎,参预政事,兼太子右庶子。二年,进拜侍中。时房玄龄、魏征、李靖、温彦博⑤、戴胄⑥与珪同知国政,尝因侍宴,太宗谓珪曰:"卿识鉴清通,尤善谈论,自玄龄等,咸宜品藻⑦。又可自量,孰与诸子贤?"对曰:"孜孜奉国,知无不为,臣不如玄龄。每以谏诤为心,耻君不及尧、舜,臣不如魏征。才兼文武,出将入相,臣不如李靖。敷奏详明,出纳惟允,臣不如温彦博。处繁理剧,众务必举,臣不如戴胄。至于激浊扬清,嫉恶好善,臣于数子,亦有一日之长。"太宗深然其言,群公亦各以为尽己所怀,谓之确论。⑧

[注释] 王珪:字叔玠。志量隐正,能安于贫贱,交不苟合。开皇末,为奉礼郎。高祖入关,相府司录李纲荐珪贞谅有器识,引为世子府咨议参军。及东宫建,除中书舍人,寻转中允。余见下文。 ②中允:官名。唐制,东宫官属,掌侍从赞相,驳正启奏,总司经、典膳、药藏、内直、典设、宫门六局,为左庶子副贰。 ③流于嶲州:武德末,高祖以太子与秦王有隙,责珪等不能辅导,皆被流贬嶲州。 ④封事:实封言事。古时臣下上书奏事,防有泄露,用袋封缄,称为封事。 ⑤温彦博:字大临,并州人,警悟而辩。隋末,幽州总管罗艺以州降,彦博预谋,召入为郎。战突厥被执,贞观始,始得还。寻检校吏部侍郎,时讥其烦碎。后迁尚书右仆射。卒,追赠特进,谥曰恭。 ⑥戴胄:字玄胤,相州人,性明正,善薄最。王世充谋篡,胄以大义说之。秦王引为府士曹参军。贞观初,迁大理少卿,又迁尚书左丞,号称职。拜谏议大夫。杜如晦遗言请以选举委胄,遂检校吏部尚书。卒,谥曰忠。 ⑦品藻:定其差品文质。这里是品评优缺点的意思。 ⑧群公亦各以为尽己所怀,谓之确论:按史传,珪后进爵郡公。贞观八年(634年),拜礼部尚书。贞观十一年(637年),正定五礼,兼魏王师。贞观十三年(639年),卒,上素服举哀,诏魏王泰率百官临哭,赠吏部尚书,谥曰懿。

李靖①,京兆三原人也。大业末,为马邑郡丞②。会高祖为太原留守,靖观察高祖,知有四方之志,因自锁上变，将诣江都。至长安，道塞不通而止。高祖克京城，执靖，将斩之，靖大呼曰："公起义兵除暴乱，不欲就大事，而以私怨斩士乎？"太宗亦加救请，高祖遂舍之。武德中，以平萧铣、辅公祐功③，历迁扬州大都督府长史④。太宗嗣位，召拜刑部尚书⑤。贞观二年，以本官检校中书令。三年，转兵部尚书，为代州道行军总管，进击突厥定襄城，破之。突厥诸部落俱走碛北，擒隋齐王暕之子杨政道及炀帝萧后，送于长安。突利可汗⑥来降，颉利可汗⑦仅以身遁。太宗谓曰："昔李陵⑧提步卒五千，不免身降匈奴，尚得名书竹帛。卿以三千轻骑，深入虏庭，克复定襄，威振北狄，实古今未有，足报往年渭水之役矣。"以功进封代国公。此后，颉利可汗大惧，四年，退保铁山，遣使入朝谢罪，请举国内附。又以靖为定襄道行军总管，往迎颉利。颉利虽外请降，而心怀疑贰。诏遣鸿胪卿唐俭⑨、摄户部尚书将军安修仁慰谕之，靖谓副将张公谨⑩曰："诏使到彼，虏必自宽，乃选精骑赍二十日粮，引兵自白道袭之。"公谨曰："既许其降，诏使在彼，未宜讨击。"靖曰："此兵机也，时不可失。"遂督军疾进。行至阴山，遇其斥候千余帐，皆俘以随军。颉利见使者甚悦，不虞官兵至也。靖前锋乘雾而行，去其牙帐七里，颉利始觉，列兵未及成阵，单马轻走，虏众因而溃散。斩万余级，杀其妻隋义成公主，俘男女十余万，斥土界自阴山北至于大漠，遂灭其国。寻获颉利可汗于别部落，余众悉降。太宗大悦，顾谓侍臣曰："朕闻主忧臣辱，主辱臣死。往者国家草创，突厥强梁，太上皇以百姓之故，称臣于颉利，朕未尝不痛心疾首，志灭匈奴,坐不安席,食不甘味。今者暂动偏师,无往不捷,单于稽颡⑪,耻其雪乎!"群臣皆称万岁⑫。寻拜靖光禄大夫、尚书右仆射,赐实封五百户。又为西海道行军大总管,征吐谷浑⑬,大破其国。改封卫国公。及靖妻亡,有诏许坟茔制度依汉卫、霍故事⑭,筑阙象突厥内铁山、吐谷浑内积石二山,以旌殊绩。

[**注释**]①李靖(571～649年):字药师,姿貌魁奇,少有文武才。每曰:"大丈夫若遇主逢时,必当立事立功,以取富贵。"其舅韩擒虎号名将,每与论兵,必曰:"可与言孙、吴者。"仕隋,为长安县功曹,历驾部员外郎。杨素、牛弘皆器之。余见下文。 ②郡丞:官名,郡守的佐官。 ③以平萧铣、辅公祐功:萧铣,后梁宣帝曾孙。隋末,起兵巴陵,自称梁王。靖陈十策,高祖命副赵郡王孝恭讨之,遂降。辅公祐,为淮南道行台仆射。武德中,据丹阳反叛,又诏靖副孝恭讨之,遂平。 ④大都督府长史:官名。唐制,总十州者为大都督,长史是大都督的首要属官。 ⑤刑部尚书:官名。唐制,刑部掌律令、刑法、徒隶、按覆谳禁,为尚书长官。 ⑥突利可汗:可汗,藩王之称。突利可汗为始毕可汗之子,名什钵苾,尝自结于太宗,请入朝,太宗礼见良厚,拜右卫将军。 ⑦颉利可汗:处罗可汗之弟,名莫贺咄设,牙直五原北,太宗因其地置伊西州。 ⑧李陵:字少卿,汉武帝时为侍中,将兵伐匈奴,无救而败,遂降匈奴。 ⑨鸿胪卿唐俭:鸿胪卿,官属名。秦官,典客。汉武帝时,更名大鸿胪,郊庙行礼,赞道九宾,鸿声胪传之也。唐制,掌宾客及凶仪之事。唐俭,字茂约,并州人。闻隋政日乱,说秦王建大计,为天策长史。 ⑩张公谨:字弘慎,魏州人。仕王世充为洧州长史,挈城归高祖,授检校邹州别驾,李勣等启秦王引入府。贞观初,为代州都督,谋破颉利有功,封邹国公,改封襄州都督,以惠政闻。七年,卒。 ⑪稽颡:古代一种跪拜礼,屈膝下拜,以额触地,表示极度的虔诚。 ⑫万岁:汉武帝礼祭中岳太室,从官在山下,闻若有言万岁者三,后世臣下称万岁者,本此。 ⑬吐谷浑:西域国名,本辽东鲜卑徒河涉归长子之名,其孙叶延,遂以其名为氏。 ⑭卫、霍故事:卫青、霍去病皆为汉武帝时大将军,讨匈奴有大功。去病尚公主,及亡,诏与主合葬,起冢象庐山。

虞世南①，会稽余姚人也。贞观初，太宗引为上客，因开文学馆，馆中号为多士，咸推世南为文学之宗。授以记室，与房玄龄对掌文翰。尝命写《列女传》以装屏风，于时无本，世南暗书之，一无遗失。贞观七年，累迁秘书监。太宗每机务之隙，引之谈论，共观经史。世南虽容貌懦弱，若不胜衣，而志性抗烈，每论及古先帝王为政得失，必存规讽，多所补益。及高祖晏驾②，太宗执哀过礼，哀容毁悴，久替万机，文武百寮，计无所出，世南每入进谏，太宗甚嘉纳之，益所亲礼。尝谓侍臣曰："朕因暇日，每与虞世南商略古今。朕有一言之善，世南未尝不悦；有一言之失，未尝不怅恨。近尝戏作一诗，颇涉浮艳，世南进表谏曰：'陛下此作虽工，体非雅正。上之所好，下必随之。此文一行，恐致风靡，轻薄成俗，非为国之利。赐令继和，不敢不作，而今之后，更有斯文继以死请，不奉诏。'其恳诚若此，朕用嘉焉。群臣皆若世南，天下何忧不理？"因赐帛一百五十段。太宗尝称世南有五绝：一曰德行，二曰忠直，三曰博学，四曰词藻，五曰书翰。及卒，太宗举哀于别次，哭之甚恸。丧事官给，仍赐以东园秘器③，赠礼部尚书④，谥曰文懿。太宗手敕魏王泰曰："虞世南于我，犹一体也。拾遗补阙，无日暂忘，实当代名臣，人伦准的。吾有小善，必将顺而成之；吾有小失，必犯颜而谏之。今其云亡，石渠、东观⑤之中，无复人矣，痛惜岂可言耶！"未几，太宗为诗一篇，追思往古理乱之道，既而叹曰："钟子期死，伯牙不复鼓琴⑥。朕之此篇，将何所示？"因令起居⑦褚遂良⑧诣其灵帐读讫焚之，其悲悼也若此。又令与房玄龄、长孙无忌、杜如晦、李靖等二十四人,图形于凌烟阁⑨。

[注释]①虞世南(558~638年):字伯施。性沉静寡欲,笃意学问。与兄世基仕隋俱有重名,时人方晋二陆。累迁至秘书郎、起居舍人。从宇文化及至聊城,又陷于窦建德,伪授黄门侍郎。太宗后灭建德,引为秦府参军。余见下文。 ②晏驾:古时帝王死亡的讳称。 ③东园秘器:皇室、显宦死后用的棺材。 ④赠礼部尚书:唐制,礼部掌礼仪、祭享、贡举之政,尚书为其长官。凡既没而加之以官曰赠。 ⑤石渠、东观:汉置石渠阁、东观,皆藏图籍秘书之所。 ⑥钟子期死,伯牙不复鼓琴:《列子》曰:"钟子期与伯牙为友,伯牙鼓琴,子期善听。子期死,伯牙绝弦,以世无知音者。" ⑦起居:官名。唐制,门下省置起居郎,中书省置起居舍人,掌录天子之动作法度,以修记事之史,书以授之于国史。 ⑧褚遂良:字登善,杭州人。博涉经史,工楷隶。累迁起居郎。贞观十五年(641年),拜谏议大夫,兼起居事。后授太子宾客。高宗时,拜仆射,因阻立武后,后立,被贬,卒。 ⑨又令与房玄龄、长孙无忌、杜如晦、李靖等二十四人,图形于凌烟阁:按史传,贞观十七年(643年),诏赵国公长孙无忌、河间元王孝恭、莱国成公杜如晦、郑国文贞公魏征、梁国公房玄龄、申国公高士廉、鄂国公尉迟敬德、卫国公李靖、宋国公萧瑀、褒忠壮公段志玄、夔国公刘弘基、蒋忠公屈突通、郧节公殷开山、谯襄公柴绍、邳襄公长孙顺德、郧国公张亮、陈国公侯君集、郯襄公张公谨、卢国公程知节、永兴文懿公虞世南、渝襄公刘政会、莒国公唐俭、英国公李勣、胡壮公秦叔宝二十四人,可并图画于凌烟阁。阁在当时的长安。太宗亲自作赞,褚遂良题阁,阎立本作画。

李勣①,曹州离狐人也。本姓徐,初仕李密②,为右武侯大将军。密后为王世充③所破,拥众归国,勣犹据密旧境十郡之地④。武德二年,谓长史郭孝恪⑤曰:"魏公既归大唐,今此人众土地,魏公所有也。吾若上表献之,则是利主之败,自为己功,以邀富贵,是吾所耻。今宜具录州县及军人户口,总启魏公,听公自献,此则魏公之功也,不亦可乎？"乃遣使启密。使人初至，高祖闻无表，惟有启与密，甚怪之。使者以勣意闻奏，高祖方大喜曰："徐勣感德推功，实纯臣也。"拜黎州总管，赐姓李氏，附属籍于宗正⑥。封其父盖为济阴王，固辞王爵，乃封舒国公，授散骑常侍⑦。寻加勣右武侯大将军⑧。及李密反叛伏诛，勣发丧行服，备君臣之礼，表请收葬。高祖遂归其尸。于是大具威仪，三军⑨缟素，葬于黎阳山。礼成，释服而散，朝野义之。寻为窦建德⑩所攻，陷于建德，又自拔归京师。从太宗征王世充、窦建德，平之。贞观元年，拜并州都督，令行禁止，号为称职，突厥甚加畏惮。太宗谓侍臣曰："隋炀帝不解精选贤良，镇抚边境，惟远筑长城，广屯将士，以备突厥，而情识之惑，一至于此。朕今委任李勣于并州，遂得突厥畏威远遁，塞垣安静，岂不胜数千里长城耶？"其后并州改置大都督府，又以勣为长史，累封英国公。在并州凡十六年，召拜兵部尚书，兼知政事。勣时遇暴疾，验方云须灰可以疗之，太宗自剪须为其和药。勣顿首见血，泣以陈谢。太宗曰："吾为社稷计耳，不烦深谢。"十七年，高宗居春宫，转太子詹事⑪，加特进，仍知政事。太宗又尝宴，顾勣曰："朕将属以孤幼，思之无越卿者。公往不遗于李密，今岂负于朕哉！"勣雪涕致辞，因啮指流血。俄沉醉，御服覆之，其见委信如此。勣每行军用师，颇任筹算，临敌应变，动合事机。自贞观以来，讨击突厥颉利及薛延陀⑫、高丽等，并大破之。太宗尝曰："李靖、李勣二人，古之韩、白⑬、卫、霍岂能及也。"

[注释]①李勣(594～669年)：本名世勣，字茂功。永徽中，以犯太宗讳，

单名勋焉。余见下文。　②李密：字玄邃。其先辽东人。大业末，韦城人翟让聚众为盗，勋往从之。密初从杨玄感起兵谋事，及玄感败，亡命雍丘。勋说让奉密为主，号魏公。密后杀让，而人心始离。武德初，入关见高祖，拜光禄卿。复以反诛。　③王世充：字行满。本西域人，姓支，幼从母嫁王氏，因冒其姓。仕隋，为民部侍郎，阴结豪杰，自为太尉，矫隋主侗策禅位，杀侗自立。武德初，破李密，高祖诏秦王攻之，擒归长安，族徙于蜀。　④密旧境十郡之地：密旧境，东至于海，南至于江，西至魏郡，时未有所附，勋并据之。　⑤郭孝恪：许州人。初附密为长史，后谒秦王，上策擒窦建德，拜上柱国。后迁大总管，破龟兹国，为流矢所中而卒。　⑥宗正：官名。唐制，宗正府掌亲属以别昭穆，宗室居之。　⑦散骑常侍：官名。唐制，掌规讽过失，侍从顾问之职。⑧右武侯大将军：武卫之职。统率禁军之高级将领。　⑨三军：上军、中军、下军。　⑩窦建德：贝州人，世为农，才力绝人。大业中，募兵伐辽，补队长，后据渤海，自立为夏王，建元，置官署。武德初，擒化及于魏县，进兵攻勋，力屈降之。收勋父为质，令勋复守黎阳。武德三年（620 年），勋自拔归京师。武德四年（621 年），从太宗平建德，于是获而斩之。　⑪太子詹事：官名。唐制，东宫官，掌统三寺、十率府之政。　⑫薛延陀：北狄国名，本延陀部。与薛种杂居，号薛延陀。贞观中，拔灼立，勋灭其国，置为州县。　⑬韩、白：汉将军韩信、秦将白起。

马周①，博州茌平人也。贞观五年至京师，舍于中郎将②常何之家。时太宗令百官上书言得失，周为何陈便宜二十余事，令奏之，事皆合旨。太宗怪其能，问何，何对曰："此非臣所发虑，乃臣家客马周也。"太宗即日召之，未至间，凡四度遣使催促。及谒见，与语甚悦。令直门下省，寻授监察御史③，累除中书舍人④。周有机辩，能敷奏，深识事端，故动无不中。太宗尝曰："我于马周，暂时不见，则便思之。"十八年，历迁中书令，兼太子右庶子，周既职兼两宫,处事平允⑤,甚获当时之誉。又以本官摄吏部尚书。太宗尝谓侍臣曰:"周见事敏速,性甚贞正。至于论量人物,直道而言,朕比任使之,多称朕意。既写忠诚,亲附于朕,实藉此人,共康时政也。"

[注释]①马周(601～648年):字宾王。家贫嗜学,资志旷达。武德中,补州助教,不治事而去,密州赵仁本高其才,厚赠使入关。留汴为浚仪令崔贤所辱,遂感激而西。舍新丰逆旅,主人不之顾,周命酒一斗八升,悠然独酌,众异之。余见下文。 ②中郎将:官名,太子官署,掌校尉旅帅,及亲、勋、翊卫之属。 ③监察御史:官名。唐制,掌分察百寮,巡按州郡,狱讼、军戎、祭祀、营作、太府出纳,皆隶之。 ④中书舍人:官名。唐制,掌侍进奏,参议表章。⑤平允:谢本原为"平九",依其他版本改为"平允"。

## 求谏第四

太宗威容严肃,百僚进见者,皆失其举措①。太宗知其若此,每见人奏事,必假颜色,冀闻谏诤,知政教得失。贞观初,尝谓公卿曰:"人欲自照,必须明镜;主欲知过,必藉忠臣。主若自贤,臣不匡正,欲不危败,岂可得乎?故君失其国,臣亦不能独全其家。至于隋炀帝暴虐,臣下钳口②,卒令不闻其过,遂至灭亡,虞世基等,寻亦诛死。前事不远,公等每看事有不利于人,必须极言规谏。"

[注释]①失其举措:慌手忙脚,手足无措。 ②钳口:闭口不言。

贞观元年,太宗谓侍臣曰:"正主任邪臣,不能致理;正臣事邪主,亦不能致理。惟君臣相遇,有同鱼水,则海内可安。朕虽不明，幸诸公数相匡救，冀凭直言鲠议①，致天下于太平。"谏议大夫王珪对曰："臣闻，木从绳则正，后从谏则圣。故古者圣主必有争臣七人，言而不用，则相继以死②。陛下开圣虑，纳刍荛，愚臣处不讳之朝，实愿罄其狂瞽③。"太宗称善，诏令自是宰相入内平章④国计，必使谏官⑤随入，预闻政事。有所开说⑥，必虚己纳之。

[注释]①鲠议：刚直的言论。鲠，原意是骨卡在喉咙里，这里指直言。②故古者圣主必有争臣七人，言而不用，则相继以死：语出《孝经》"天子有争臣七人，虽无道，不失其天下"。 ③狂瞽（gǔ）：狂肆直言。 ④平章：筹商，讨论。 ⑤谏官：古代官职之一。唐制，谏官，左右散骑常侍四人，掌规讽过失，侍从顾问。左右谏议大夫八人，掌谏论得失，侍从赞相。左右补阙十二人，掌供奉讽谏，大事廷议，小事则上封事。左右拾遗十二人，掌同补阙。⑥开说：进言，陈述。

贞观二年，太宗谓侍臣曰："明主思短而益善，暗主护短而永愚。隋炀帝好自矜夸，护短拒谏，诚亦实难犯忤。虞世基不敢直言，或恐未为深罪。昔箕子佯狂自全，孔子亦称其仁①。及炀帝被杀，世基合同死否？"杜如晦对曰："天子有诤臣，虽无道不失其天下。仲尼称：'直哉史鱼，邦有道如矢，邦无道如矢。②'世基岂得以炀帝无道，不纳谏诤，遂杜口无言？偷安重位，又不能辞职请退，则与箕子佯狂而去，事理不同。昔晋惠帝贾后将废愍怀太子③，司空张华④竟不能苦争，阿意苟免。及赵王伦⑤举兵废后，遣使收华，华曰：'将废太子日，非是无言，当时不被纳用。'其使曰：'公为三公，太子无罪被废，言既不从，何不引身而退？'华无辞以答，遂斩之，夷其三族。古人有云：

'危而不持,颠而不扶,则将焉用彼相?'故'君子临大节而不可夺也'。⑥张华既抗直不能成节,逊言不足全身,王臣之节固已坠矣。虞世基位居宰辅,在得言之地,竟无一言谏诤,诚亦合死。"太宗曰:"公言是也。人君必须忠良辅弼,乃得身安国宁。炀帝岂不以下无忠臣,身不闻过,恶积祸盈,灭亡斯及。若人主所行不当,臣下又无匡谏,苟在阿顺,事皆称美,则君为暗主,臣为谀臣,君暗臣谀,危亡不远。朕今志在君臣上下,各尽至公,共相切磋,以成理道。公等各宜务尽忠谠⑦,匡救朕恶,终不以直言忤意,辄相责怒。"

[注释]①昔箕子佯狂自全,孔子亦称其仁:箕子,是文丁的儿子,帝乙的弟弟,纣王的叔父,官太师,封于箕(今山西太谷、榆社一带),名胥余。商纣统治时期,纣之诸父,见纣无道,谏之,纣囚之为奴。孔子曰:"殷有三仁焉。"谓微子去之,箕子为之奴,比干谏而死。 ②直哉史鱼,邦有道如矢,邦无道如矢:史,官名,鱼,卫大夫,名鳝。如矢,言直。史鱼自以不能进贤退不肖,既死,犹以尸谏。事见《家语》。 ③昔晋惠帝贾后将废愍怀太子:晋惠帝,姓司马,名衷,武帝次子,西晋昏庸之主。贾后,惠帝之后,后为赵王伦所废,矫诏赐死。愍怀太子,名遹,惠帝太子,为贾后所杀,赵王伦后谥曰愍怀。 ④司空张华:司空,三公之官。张华,字茂先,范阳人,惠帝时为丞相。 ⑤赵王伦:字子彝,晋宣帝第九子,后以篡逆诛死。 ⑥"危而不持,颠而不扶,则将焉用彼相?"故"君子临大节而不可夺也":以上皆出于《论语》。 ⑦忠谠:忠诚正直。

贞观五年,太宗谓房玄龄等曰:"自古帝王多任情喜怒,喜则滥赏无功,怒则滥杀无罪。是以天下丧乱,莫不由此。朕今夙夜未尝不以此为心,恒欲公等尽情极谏。

公等亦须受人谏语,岂得以人言不同己意,便即护短不纳？若不能受谏①,安能谏人②？"

[注释]①受谏:接受别人的规劝。　②谏人:规劝别人。

贞观八年,太宗谓侍臣曰:"朕每闲居静坐,则自内省,恒恐上不称天心,下为百姓所怨。但思正人匡谏,欲令耳目外通,下无怨滞①。又比见人来奏事者,多有怖慴②,言语致失次第③。寻常奏事,情犹如此,况欲谏诤,必当畏犯逆鳞。所以每有谏者,纵不合朕心,朕亦不以为忤④。若即嗔责,深恐人怀战惧,岂肯更言!⑤"

[注释]①怨滞:积怨。　②怖慴:害怕,恐惧。　③言语致失次第:语无伦次。　④忤:不顺从,不和睦。　⑤岂肯更言:岂敢再说话。

贞观十五年,太宗问魏征曰:"比来朝臣都不论事,何也？"征对曰:"陛下虚心采纳,诚宜有言者。然古人云:'未信而谏,则以为谤己;信而不谏,则谓之尸禄①。'但人之才器,各有不同。懦弱之人,怀忠直而不能言;疏远之人,恐不信而不得言;怀禄之人,虑不便身而不敢言。所以相与缄默,俯仰过日②。"太宗曰:"诚如卿言。朕每思之,人臣欲谏,辄惧死亡之祸,与夫赴鼎镬③、冒白刃,亦何异哉？故忠贞之臣,非不欲竭诚者。敢竭诚者,乃是极难。所以禹拜昌言,岂不为此也！朕今开怀抱、纳谏诤。卿等无劳怖惧,遂不极言。"

[注释]①未信而谏,则以为谤己;信而不谏,则谓之尸禄:语出《论语·子夏》:"信而后谏,未信则以为谤己也。"尸禄,谓尸位而窃禄,意思是占据官

位拿着俸禄而不做实事。　②相与缄默,俯仰过日:大家沉默不言,应付着混日子。俯仰,指随意应付。　③鼎镬(huò):古代的酷刑刑具,用以把人煮死。

贞观十六年,太宗谓房玄龄等曰:"自知者明,信为难矣。如属文之士,伎巧之徒,皆自谓己长,他人不及。若名工文匠,商略诋诃①,芜词②拙迹,于是乃见。由是言之,人君须得匡谏之臣,举其愆过③。一日万机,一人听断,虽复忧劳,安能尽善?常念魏征随事谏正,多中朕失,如明镜鉴形,美恶毕见。"因举觞赐玄龄等数人勖④之。

[注释]①诋诃:诋毁,指责。　②芜词:芜杂之词。常用作对自己文章的谦称。　③愆(qiān)过:错误,过失。　④勖:勉励。

贞观十七年,太宗问谏议大夫褚遂良曰:"昔舜造漆器①,禹雕其俎②,当时谏舜、禹者十有余人。食器之间,何须苦谏?"遂良对曰:"雕琢害农事,纂组③伤女工。首创奢淫,危亡之渐。漆器不已,必金为之;金器不已,必玉为之。所以诤臣必谏其渐,及其满盈,无所复谏。"太宗曰:"卿言是矣。朕所为事,若有不当,或在其渐,或已将终,皆宜进谏。比见前史,或有人臣谏事,遂答云'业已为之',或道'业已许之',竟不为停改。此则危亡之祸,可反手而待④也。"

[注释]①舜造漆器:漆,木名,可以鬃物。世传造漆器自舜始。　②禹雕其俎:俎,古代割肉所用的砧板。雕,镂饰。　③纂组:绣作,编织。　④反手而待:很快就可到来。

## 纳 谏 第 五

贞观初,太宗与黄门侍郎王珪宴语。时有美人①侍侧,本庐江王瑗②之姬也,瑗败,籍没入宫。太宗指示珪曰:"庐江不道,贼杀其夫而纳其室,暴虐之甚,何有不亡者乎!"珪避席曰:"陛下以庐江取之为是邪,为非邪?"太宗曰:"安有杀人而取其妻,卿乃问朕是非,何也?"珪对曰:"臣闻于《管子》曰:齐桓公之郭国③,问其父老曰:'郭何故亡?'父老曰:'以其善善而恶恶也。'桓公曰:'若子之言,乃贤君也,何至于亡?'父老曰:'不然。郭君善善而不能用,恶恶而不能去,所以亡也。'今此妇人尚在左右,臣窃以圣心为是之。陛下若以为非,所谓知恶而不去也。"太宗大悦,称为至言,遽令以美人还其亲族。

[注释]①美人:女官,九员,充世妇之数。　②庐江王瑗:庐江王,名瑗。太祖生蔚,蔚生哲,哲生瑗。武德末,为幽州都督右领军。王君廓诱瑗反,后瑗传首至京师。　③齐桓公之郭国:齐桓公,名小白。郭,小国,齐灭之。之,往。

贞观三年,太宗谓司空裴寂①曰:"比有上书奏事,条数甚多,朕总粘之屋壁,出入观省②。所以孜孜不倦者,欲尽臣下之情。每一思政理,或三更方寝。亦望公辈用心不倦,以副③朕怀也。"

[注释]①裴寂:字玄真,蒲州人。仕隋,为晋阳宫副监。秦王方建大计,未敢白高祖,以寂最善,遂以情告之,寂乃以宫人私侍高祖胁从之。武德初,

拜仆射,呼裴监不名。贞观初,进拜司空,后坐罪放静州。会羌反,或言寂为主。既而寂率家僮破羌,帝念寂,诏入朝。会卒,封河东公。　②粘之屋壁,出入观省:把奏折粘在屋壁上。每天出入都要看看。　③副:符,符合。

贞观四年,诏发卒修洛阳宫之乾元殿以备巡狩①。给事中②张玄素③上书谏曰:

陛下智周万物,囊括四海。令之所行,何往不应?志之所欲,何事不从?微臣窃思秦始皇之为君也,藉周室之余,因六国之盛,将贻之万叶④。及其子而亡⑤,良由逞嗜奔欲,逆天害人者也。是知天下不可以力胜,神祇⑥不可以亲恃。惟当弘俭约,薄赋敛,慎终如始,可以永固。

[注释]①巡狩:《孟子》曰:"天子适诸侯曰巡狩。巡狩者,巡所守也。"②给事中:官名,唐制,掌侍左右,分判省事之官。察弘文馆缮写校雠之课,大事覆奏,小事署而行之。　③张玄素:蒲州人。仕隋为景城县户曹,窦建德陷景城,将杀之,邑人号泣曰:"此清吏,杀之,是无天也。"遂释之。贞观初,召问以政道。历太子詹事,迁左庶子。会东宫废,坐罪为民。顷之,召授刺史。麟德初,卒。　④贻之万叶:传至万世、万代。　⑤及其子而亡:周之季世,天下大乱,秦并吞齐、楚、燕、韩、赵、魏六国。秦始皇曰:"朕为始皇帝,后世以数计,二世三世,至于万世,传之无穷。"始皇殁,二世立,而赵高弑之,子婴立,而遂降于汉。　⑥神祇:天神地祇。古代统治者自以为受命于天。

方今承百王之末,属凋弊之余,必欲节之以礼制,陛下宜以身为先。东都未有幸期,即令补葺;诸王今并出藩,又须营构。兴发既多,岂疲人之所望?其不可一也。陛下初平东都之始,层楼广殿,皆令撤毁,天下翕然①,同心欣仰。岂有初则恶其侈靡,今乃袭其雕丽?其不可二也。每承音旨,未即巡幸,此即事不急之务,成虚费之劳。国无兼年之积,何用两都②之好?劳役过度,怨讟将起。其不可三也。百姓承乱离之后,财力凋尽,天恩③含育,粗见存立,饥寒犹切,生计未安,三五年间,未能复旧。奈何营未幸之都,而夺疲人之力?其不可四也。昔汉高祖④将都洛阳,娄敬⑤一言,即日西驾。岂不知地惟土中,贡赋所均,但以形胜不如关内也。伏惟陛下化凋弊之人,革浇漓⑥之俗,为日尚浅,未甚淳和,斟酌事宜,讵可东幸?其不可五也。

[**注释**]①翕(xī)然:统一,调协。 ②两都:东都洛阳和西都长安。③天恩:天子的恩德。 ④汉高祖:刘邦,沛人。西汉王朝的建立者。 ⑤娄敬:刘敬,齐人。高祖五年(公元前202年),以戍卒求见刘邦,建议入都关中有功,赐姓刘,拜郎中。 ⑥浇漓:指不好的社会风气。

臣又尝见隋室初造此殿,楹栋宏壮,大木非随近所有,多从豫章①采来,二千人拽一柱,其下施毂,皆以生铁为之,若用木轮,便即火出。略计一柱,已用数十万功,则余费又过倍于此。臣闻阿房成,秦人散;章华就,楚众离;乾元毕工,隋人解体。且以陛下今时功力,何如隋日?承凋残之后,役疮痍之人,费亿万之功,袭百王之弊,以此言之,恐甚于炀帝远矣。深愿陛下思之,无为由余②所笑,则天下幸甚矣。

[**注释**]①豫章:古郡名,今江西省一带。 ②由余:西戎人,戎王使由余观秦,缪公示以宫室、积聚。由余曰:"鬼为之,则劳神矣。人为之,亦苦民矣。"公怪之,问曰:"中国以诗书礼乐法度为政,然尚时乱,今戎夷无此,何以

为治？"由余笑曰："此乃中国所以乱也。"事出《史记》。

太宗谓玄素曰："卿以我不如炀帝，何如桀、纣？"对曰："若此殿卒兴，所谓同归于乱。"太宗叹曰："我不思量，遂至于此。"顾谓房玄龄曰："今玄素上表，洛阳实亦未宜修造，后必事理须行，露坐亦复何苦？所有作役，宜即停之。然以卑干尊，古来不易，非其忠直，安能如此？且众人之唯唯，不如一士之谔谔①。可赐绢二百匹。"魏征叹曰："张公遂有回天之力，可谓仁人之言，其利博哉！"

[注释]①谔谔：直言争辩。

太宗有一骏马，特爱之，恒于宫中养饲，无病而暴死。太宗怒养马宫人，将杀之。皇后①谏曰："昔齐景公②以马死杀人，晏子③请数其罪云：'尔养马而死，尔罪一也。使公以马杀人，百姓闻之，必怨吾君，尔罪二也。诸侯闻之，必轻吾国，尔罪三也。'公乃释罪。陛下尝读书见此事，岂忘之邪？"太宗意乃解。又谓房玄龄曰："皇后庶事④相启沃，极有利益尔。"

[注释]①皇后：长孙氏。　②齐景公：春秋时齐国君，名杵臼。齐庄公的异母弟。公元前547年至前490年在位。在位时刑罚残酷，许多人被处刖足之刑。　③晏子：春秋时齐国大夫。名婴，字平仲，夷维（今山东高密）人。齐灵公二十六年（公元前556年），其父晏弱死后，继任齐卿，历仕灵公、庄公、景公三世。　④庶事：平常的事情、杂务。

贞观六年，太宗以御史大夫韦挺①、中书侍郎杜正伦②、秘书少监③虞世南、著作郎姚思廉④等上封事称旨，召而谓曰："朕历观自古人臣立忠之事，若值明主，便得尽诚规谏，至如龙逄、比干⑤，竟不免孥戮⑥。为君不易，为臣极难。朕又闻龙可扰而驯，然喉下有逆鳞，触之则杀人。人主亦有逆鳞，卿等遂不避犯触，各进封事。常能如此，朕岂虑宗社之倾败！每思卿等此意，不能暂忘，故设宴为乐。"乃赐帛有差。

[注释]①御史大夫韦挺：御史大夫，唐制，掌刑法典章，纠正百官之罪恶的官职，为御史台之长。韦挺，京兆人。起初曾为隐太子宫臣。武德七年（624年），因与太子谋逆被流放。贞观初，由王珪推荐，拜御史大夫。　②中书侍郎杜正伦：中书侍郎，官名。唐制，为中书省长官的副职。朝廷大政参议焉。临轩册命，则为使以授之。四夷来朝，则受其表疏而奏之。献赘币，则受以付有司。杜正伦：相州（今河北南部，河南北部）人。贞观初年，由魏征举荐，任兵部员外郎，后迁中书侍郎。　③秘书少监：唐制，秘书监下的官职。④著作郎姚思廉：著作郎，唐制，秘书省的属官。掌修撰碑志、祝文、祭文等事。姚思廉，唐初史学家，字简之。本吴兴人，迁关中，为万年（今陕西西安）人。少时从父习汉史，得其家学。在隋为代王侑侍读，入唐，为秦王文学馆学士。贞观时官至散骑常侍。　⑤龙逄、比干：龙逄，桀之贤臣。比干，纣之贤臣。皆以忠谏见杀。　⑥孥(nú)戮：连同妻儿被杀戮。

太常卿①韦挺尝上疏陈得失，太宗赐书曰："得所上意见，极是谠言，辞理可观，甚以为慰。昔齐境之难，夷吾有射钩之罪，蒲城之役，勃鞮为斩袂之仇②，而小白不以为疑，重耳待之若旧。岂非各吠非主③，志在无二。卿之深诚，见于斯矣。若能克全此节，则永保令名。如其怠之，可不惜也。勉励终始，垂范④将来，当使后之视今，亦犹今之视古,不亦美乎?朕比不闻其过,未睹其阙⑤,赖竭忠恳,数进嘉言,用沃朕怀,一何可道!"

[**注释**]①太常卿:唐代掌礼乐郊庙社稷之事的官职。 ②勃鞮为斩袂之仇:勃鞮,晋人。曾奉晋献公之命去杀重耳,重耳逃走,勃鞮追上斩其衣袖,重耳奔狄。后重耳归晋,即位为晋君(晋文公),他不念旧恶,仍重用勃鞮。③各吠非主:狗见不是自己的主人就咬。 ④垂范:把好的风范传至后人。⑤阙:缺点,错误。

贞观七年,太宗将幸九成宫①,散骑常侍姚思廉进谏曰:"陛下高居紫极②,宁济苍生,应须以欲从人,不可以人从欲。然而离宫游幸,此秦皇、汉武③之事,故非尧、舜、禹、汤之所为也。"言甚切至。太宗谕之曰:"朕有气疾④,热便顿剧,故非情好游幸,甚嘉卿意。"因赐帛五十段。

[**注释**]①九成宫:唐代宫名,皇帝避暑的地方。原隋仁寿宫。 ②紫极:皇位。有时也指皇宫。 ③秦皇、汉武:秦皇,指秦始皇,姓嬴,名政,国号秦。汉武,指汉武帝,姓刘,名彻,国号汉。 ④气疾:气病,即上气、贲豚气、七气、九气、逆气、短气等症候,见隋巢元方《诸病源候论》。

贞观三年,李大亮①为凉州都督,尝有台使至州境,见有名鹰,讽大亮献之。大亮密表曰:"陛下久绝畋猎,而使者求鹰。若是陛下之意,深乖昔旨;如其自擅,便是使非其人。"太宗下书曰:"以卿兼资文武,志怀贞确②,故委藩牧③,当兹重寄。比在州镇,声绩远彰,念此忠勤,无忘寤寐④?使遣献鹰,遂不曲顺,论今引古,远献直言。披露腹心,非常恳到,览用嘉叹,不能已已,有臣若此,朕复何忧!宜守此诚,终始若一。《诗》云:'靖共尔位,好是正直。神之听之,介尔景福。'古人称一言之重,侔⑤于千金,卿之此言,深足贵矣。今赐卿金壶瓶、金碗各一枚,虽无千镒⑥之重,是联自用之物。卿立志方直,竭节至公,处职当官,每副所委,方大任使,以申重寄。公事之闲,宜观典籍。兼赐卿荀悦⑦《汉纪》一部,此书叙致简要,论议深博,极为政之体,尽君臣之义,今以赐卿,宜加寻阅。"

[注释]①李大亮:京兆(今陕西西安)人,有文武才。贞观初年,授太府卿,复出任凉州都督,累拜右卫将军。 ②贞确:坚贞正直。 ③藩牧:藩,屏障。牧,守卫。藩牧即守卫边防。 ④寤寐:寤,醒时。寐,睡时。寤寐即日夜。 ⑤侔(móu):齐等。 ⑥镒(yì):古代重量单位,二十两或二十四两为一镒。 ⑦荀悦:东汉末政论家、史学家。字仲豫,颖川颖阴(今河南许昌)人。少好学,善于解说《春秋》,后应曹操征召,于献帝时任黄门侍郎、秘书监等职。献帝因《汉书》繁重难读,命他用编年体改写,乃依《左传》体裁,撰成《汉纪》二十篇,当时人称其"辞约事详"。

贞观八年,陕县丞皇甫德参①上书忤旨,太宗以为讪谤②。侍中魏征进言曰:"昔贾谊③当汉文帝④时上书云:'可为痛哭者一,可为长叹息者六。'自古上书,率多激切。若不激切⑤,则不能起人主之心。激切即似讪谤,惟陛下详其可否。"太宗曰:"非公无能道此者。"令赐德参帛二十段。

[注释]①皇甫德参:皇甫,复姓。德参,名。 ②讪谤:毁谤。 ③贾谊:西汉政论家、文学家,洛阳(今河南洛阳东)人。汉文帝时被任为博士。不久迁太中大夫,后为长沙王太傅。他曾多次上书,批评时政。 ④汉文帝:姓刘,名恒,刘邦第四子。初立为代王。诸吕之乱平定后,为周勃、陈平等拥立。 ⑤激切:言辞激烈。

贞观中,遣使诣西域立叶护可汗①,未还,又令人多赍②金帛,历诸国市马③。魏征谏曰:"今发使以立可汗为名,可汗未定立,即诣诸国市马,彼必以为意在市马,不为专立可汗。可汗得立,则不甚怀恩,不得立,则生深怨。诸蕃闻之,且不重中国。但使彼国安宁,则诸国之马,不求自至。昔汉文帝有献千里马者,帝曰:'吾吉行④日三十,凶行⑤日五十,鸾舆⑥在前,属车在后,吾独乘千里马,将安之乎?'乃偿其道里所费而返之。又光武⑦有献千里马及宝剑者,马以驾鼓车,剑以赐骑士。今陛下凡所施为,皆邈过三王之上,奈何至此欲为孝文、光武之下乎?又魏文帝⑧求市西域大珠,苏则⑨曰:'若陛下惠及四海,则不求自至,求而得之,不足贵也。'陛下纵不能慕汉文之高行,可不畏苏则之正言耶?"太宗遽令止之。

[注释]①叶护可汗:叶护,突厥大臣的号。原称叶护统叶护,因继承其兄射匮可汗之位,于是号叶护可汗。是年,叶护曾数次派使者到长安入贡,秋七月,朝廷遣使至突厥,立为可汗。 ②赍(jī):带着。 ③市马:购买马匹。 ④吉行:指皇帝巡行各地或举行祭祀活动。 ⑤凶行:指出兵兴师。 ⑥鸾舆:皇帝仪仗中的旗载于车上,大驾出而先行,称为鸾舆。 ⑦光武:东汉光武帝刘秀。 ⑧魏文帝:曹丕,曹操之子。受汉禅,国号魏。 ⑨苏则:字文师,扶风(今陕西乾县西)人,仕魏为侍中。

贞观十七年,太子右庶子高季辅①上疏陈得失。特赐钟乳②一剂,谓曰:"卿进药石之言③,故以药石相报。"

[注释]①高季辅:名冯,德州人,以孝闻。贞观初,拜监察御史,不避权要。累转中书舍人,后迁吏部侍郎。 ②钟乳:钟乳石,可作药用,食之使人通气生胃。 ③药石之言:谓其言有益于国,犹药石有益于病。

贞观十八年，太宗谓长孙无忌等曰："夫人臣之对帝王，多顺从而不逆，甘言以取容。朕今发问，不得有隐，宜以次言朕过失。"长孙无忌、唐俭等咸曰："陛下圣化道致太平，以臣观之，不见其失。"黄门侍郎刘洎①对曰："陛下拨乱创业，实功高万古，诚如无忌等言。然顷有人上书，辞理不称者，或对面穷诘②，无不惭退。恐非奖进言者。"太宗曰："此言是也，当为卿改之。"

[注释]①刘洎（jì）：字思道，荆州人。贞观七年（633年）为治书侍御史，迁右丞，号称职。十七年（643年），迁侍中。后因获罪被赐死。 ②穷诘：追问到底。

太宗尝怒苑西面监①穆裕，命于朝堂斩之。时高宗②为皇太子，遽犯颜进谏，太宗意乃解。司徒长孙无忌曰："自古太子之谏，或乘间从容而言。今陛下发天威之怒，太子申犯颜之谏，诚古今未有。"太宗曰："夫人久相与处，自然染习。自朕御天下，虚心正直，即有魏征朝夕进谏。自征云亡，刘洎、岑文本③、马周、褚遂良等继之。皇太子幼在朕膝前，每见朕心悦谏者，因染以成性，故有今日之谏。"

[注释]①苑西面监：唐时掌宫苑之官。 ②高宗：太宗之子李治。起初封为晋王，贞观十七年（643年）立为皇太子。 ③岑文本：字景仁，邓州（今河南伏牛山以南）人。贞观初，除秘书郎，擢中书舍人，号善职，迁侍郎。后迁中书令。

## 直言谏争(附)

贞观二年,隋通事舍人①郑仁基女,年十六七,容色绝姝②,当时莫及,文德皇后③访求得之,请备嫔御④,太宗乃聘为充华⑤。诏书已出,策使未发。魏征闻其已许嫁陆氏,方遽进而言曰:"陛下为人父母,子爱万姓,当忧其所忧,乐其所乐。自古有道之主,以百姓之心为心,故君处台榭,则欲民有栋宇⑥之安;食膏粱,则欲民无饥寒之患;顾嫔御,则欲民有室家之欢。此人主之常道也。今郑氏之女,久已许人,陛下取之不疑,无所顾问,播之四海,岂为民父母之义乎?臣传闻虽或未的,然恐亏损圣德,情不敢隐。君举必书,所愿特留神虑。"太宗闻之大惊,手诏答之,深自克责,遂停策使,乃令女还旧夫。左仆射房玄龄、中书令温彦博、礼部尚书王珪、御史大夫韦挺等云:"女许适陆氏,无显然之状,大礼既行,不可中止。"陆氏又抗表云:"某父康在日,与郑家还往,时相赠遗资财,初无婚姻交涉亲戚。"并云:"外人不知,妄有此说。"大臣又劝进。太宗于是颇以为疑,问征曰:"群臣或顺旨,陆氏何为过尔分疏?"征曰:"以臣度之,其意可识,将以陛下同于太上皇。"太宗曰:"何也?"征曰:"太上皇初平京城,得辛处俭妇,稍蒙宠遇。处俭时为太子舍人⑦,太上皇闻之不悦,遂令出东宫为万年县令,每怀战惧,常恐不全首领。陆爽⑧以为陛下今虽容之,恐后阴加谴谪⑨,所以反复自陈,意在于此,不足为怪。"太宗笑曰:"外人意见,或当如此。然朕之所言,未能使人必信。"乃出敕曰:"今闻郑氏之女,先已受人礼聘,前出文书之日,事不详审,此乃朕之不是,亦为有司之过。授充华者宜停。"时莫不称叹。

[注释]①通事舍人:朝廷的传令官。隋制,掌引纳通奏。 ②姝(shū):美好。 ③文德皇后:太宗的皇后长孙氏。 ④嫔御:皇帝的妾侍。 ⑤充华:唐时女官号,为皇帝九嫔之一。 ⑥栋宇:泛指房舍屋宇。 ⑦太子舍人:官名。唐时东宫右春坊置舍人,掌行令书表启。 ⑧陆爽:字开明,魏郡临漳人。生于梁武帝大同五年(539年),卒于隋文帝开皇十一年(591年),年五十三岁。少聪敏,九岁就学,日诵二千余言。年十七,齐清河王岳召为生簿。擢为殿中侍御史。齐亡,爽、袁文德等俱被周武帝征入关。诸人多将辎重,爽独载书数千卷。隋文帝受禅,为太子洗马,卒于官。爽入隋后,与宇文恺等撰《东宫典记》七十卷,行于世。 ⑨谴谪:责贬。


贞观三年,诏关中免二年租税,关东给复一年①。寻有敕:"已役已纳,并遣输了,明年总为准折。"给事中魏征上书谏曰:"臣伏见八月九日诏书,率土皆给复一年,老幼相欢,或歌且舞。又闻有敕,丁巳配役,即令役满折造,余物亦遣输了,待至明年总为准折。道路之人,咸失所望。此诚平分万姓,均同七子。但下民难与图始,日用不知,皆以国家追悔前言,二三其德。臣窃闻之②,天之所辅者仁,人之所助者信。今陛下初膺大宝③,亿兆观德。始发大号,便有二言,生八表④之疑心,失四时⑤之大信。纵国家有倒悬之急,犹必不可,况以泰山之安,而辄行此事!为陛下为此计者,于财利小益,于德义大损。臣诚智识浅短,窃为陛下惜之。伏愿少览臣言,详择利益。冒昧之罪,臣所甘心。"

[注释]①关中免二年租税,关东给复一年:关中,唐时指函谷关(或潼关)以西地区。关东,指函谷关(或潼关)以东地区。给复,给予免除徭役的优待。 ②之:原文缺"之"字,依其他本补入。 ③初膺大宝:初登皇位之意。 ④八表:八方,指全国各地。 ⑤四时:春、夏、秋、冬,也指朝、暮、昼、夜。

简点使出,右仆射封德彝等,并欲中男①十八已上简点入军。敕三四出,征执奏以为不可。德彝重奏:"今见简点使云,次男内大有壮者。"太宗怒,乃出敕:"中男已上,虽未十八,身形壮大,亦取。"征又不从,不肯署敕。太宗召征及王珪,作色而待之,曰:"中男若实小,自不点入军。若实大,是其诈妄,依式点取。于理何嫌?君过作如此固执,朕不解公意!"征正色曰:"臣闻竭泽而渔,非不得鱼,明年无鱼。焚林而畋,非不获兽,明年无兽。若次男已上,尽点入军,租赋杂徭,将何取给?且比年国家卫士,不堪攻战。岂为其少?但为礼遇失所,遂使人无斗心。若多点取人,还充杂使,其数虽多,终是无用。若精简壮健,遇之以礼,人百其勇②,何必在多?陛下每云,我之为君,以诚信待物,欲使官人百姓,并无矫伪之心。自登极已来,大事三数,皆是不信,复何以取信于人?"太宗愕然曰:"所云不信,是何等也?"征曰:"陛下初即位,诏书曰:'逋租宿债③,欠负官物,并悉原免。'即令所司,列为事条,秦府国司,亦非官物。陛下自秦王为天子,国司不为官物,其余官物复何所有?又关中免二年租调,关外给复一年。百姓蒙恩,无不欣悦。更有敕旨:'今年白丁多已役讫,若从此放免,便是虚荷国恩,若已折已输,令总纳取了,所免者皆以来年为始。'散还之后,方更征收,百姓之心,不能无怪。已征得物,便点入军,来年为始,何所取信?又共理所寄,在县令、刺史,年常检阅,并悉委之。至于简点,即疑其诈伪。望下诚信,不亦难乎?"太宗曰:"我见君固执不已,疑君蔽于此事。今论国家不信,乃人情不通。我不寻思,过亦深矣。行事往往如此错失,若为致理?"乃停取中男,赐金瓮一口,赐珪绢五十匹。

[注释]①中男:尚未成丁的男子。唐初法令,十五岁以上二十岁以下的男子为中男。 ②人百其勇:指一人可当百夫。 ③逋租宿债:拖欠很久的租税债务。

贞观五年,治书权万纪①、侍御史②李仁发,俱以告讦谮毁③,数蒙引见,任心弹射,肆其欺罔,令在上震怒,臣下无以自安。内外知其不可,而莫能论诤。给事中魏征正色而奏之曰:"权万纪、李仁发并是小人,不识大体,以谮毁为是,告讦为直,凡所弹射,皆非有罪。陛下掩其所短,收其一切,乃骋其奸计,附下罔上④,多行无礼,以取强直之名。诬房玄龄⑤,斥退张亮⑥,无所肃厉⑦,徒损圣明。道路之人,皆有谤议。臣伏度圣心,必不以其谋虑深长,可委以栋梁之任,将以其无所避忌,欲以警厉群臣。若信狎回邪,犹不可以小谋大,群臣素无矫伪,空使上下离心。以玄龄、亮之徒,犹不可得伸其枉直,其余疏贱,孰能免其欺罔?伏愿陛下留神再思。自驱使二人以来,有一弘益⑧,臣即甘心斧钺,受不忠之罪。陛下纵未能举善以崇德,岂可进奸而自损乎?"太宗欣然纳之,赐征绢五百匹。

其万纪又奸状渐露,仁发亦解黜,万纪贬连州司马⑨。朝廷咸相庆贺焉。

[注释]①治书权万纪:治书,即治书侍御史,官名。唐制,举劾官品。权万纪,京兆人,性悻直,为治书侍御史,魏征奏黜之,后数年,复是官。 ②侍御史:官名。唐制,掌纠举百寮,及入阁承诏,推弹杂事。 ③潜毁:进谗言,说别人的坏话。 ④上:原为"下"字,依他本纠正。 ⑤诬房玄龄:房玄龄尝掌内外官考,万纪劾其不平。 ⑥张亮:郑州人,初房玄龄荐为车骑将军。 ⑦肃厉:整肃激励。 ⑧弘益:补益、增益。 ⑨司马:官名。唐代各州的佐官有司马,后成为空名,用以安置朝廷贬斥的官吏。

贞观六年,有人告尚书右丞魏征,言其阿党①亲戚。太宗使御史大夫温彦博案验其事,乃言者不直。彦博奏称,征既为人臣,须存形迹,不能远避嫌疑。为人所道,虽情在无私,亦有可责。遂令彦博谓征曰:"尔谏正我凡数百条,岂以此小事便损众美。自今已后,不得不存形迹。"居数日,太宗问征曰:"昨来在外,闻有何不是事?"征正色曰:"前日令彦博宣敕语臣云:'因何不存形迹?'此言大不是。臣闻君臣协契,义同一体。未闻不存公道,惟事形迹。若君臣上下,同遵此路,则邦国之兴丧,或未可知!"太宗瞿然②改容曰:"前发此语,寻已悔之,实大不是,公亦不得因此事遂怀隐避。"征乃拜而言曰:"臣以身许国,直道而行,必不敢有所欺负。但愿陛下使臣为良臣,勿使臣为忠臣。"太宗曰:"忠、良有异乎?"征曰:"良臣,稷、契、皋陶是也。忠臣,龙逄、比干是也。良臣使身获美名,君受显号③,子孙传世,福禄无疆。忠臣身受诛夷④,君陷大恶,家国并丧,独有其名。以此而言,相去远矣。"太宗曰:

"君但莫违此言,我必不忘社稷之计。"乃赐绢二百匹。

[注释]①阿党:偏袒,庇护,结党营私。 ②瞿然:惊讶醒悟的样子。③显号:荣耀。 ④诛夷:治罪或杀死的意思。

贞观六年,匈奴①克平,远夷②入贡,符瑞③日至,年谷频登。岳牧④等屡请封禅⑤,群臣等又称述功德,以为"时不可失,天不可违,今行之,臣等犹谓其晚"。惟魏征以为不可。太宗曰:"朕欲得卿直言之,勿有所隐。朕功不高耶?"曰:"高矣。""德未厚耶?"曰:"厚矣。""华夏未安耶?"曰:"安矣。""远夷未慕⑥耶?"曰:"慕矣。""符端未至耶?"曰:"至矣。""年谷未登耶?"曰:"登矣。""然则何为不可?"对曰:"陛下功高矣,民未怀惠。德厚矣,泽未滂流。华夏安矣,未足以供事。远夷慕矣,无以供其求。符端虽臻,而尉罗⑦犹密。积岁丰稔,而仓廪⑧尚虚。此臣所以窃谓未可。臣未能远譬,且借近喻于人。有人十年长患,疼痛不能任持,疗理且愈,皮骨仅存,便欲负一石米,日行百里,必不可得。隋氏之乱,非止十年。陛下为之良医,除其疾苦,虽已乂安,未甚充实,告成天地,臣窃有疑。且陛下东封⑨,万国咸萃,要荒⑩之外,莫不奔走。今自伊、洛之东,暨乎海、岱⑪,萑莽巨泽,茫茫千里,人烟断绝,鸡犬不闻,道路萧条,进退艰阻。宁可引彼戎狄,示以虚弱?竭财以赏,未厌⑫远人之望;加年给复,不偿百姓之劳。或遇水旱之灾,风雨之变,庸夫邪议,悔不可追。岂独臣之诚恳,亦有舆人之论。"太宗称善,于是乃止。

[注释]①匈奴:中国古族名,也称胡。此指突厥。 ②夷:泛指边远地

区的少数民族。 ③符瑞:祥瑞征兆。 ④岳牧:古代传说中的四岳和十二州牧的合称。后来泛指州府大吏。 ⑤封禅:封土于山,禅祭于地。是指中国古代帝王在太平盛世或天降祥瑞之时的祭祀天地的大型典礼。 ⑥慕:归服。 ⑦罻罗:原意是网,这里引申为牢狱。 ⑧仓廪(lǐn):米仓。 ⑨东封:指东封泰山。 ⑩要荒:要服、荒服,指蛮夷之地。 ⑪海、岱:渤海和泰山。 ⑫厌:足。

贞观七年,蜀王①妃父杨誉在省竞婢,都官郎中②薛仁方留身勘问,未及与夺。其子为千牛③,于殿庭陈诉云:"五品以上非反逆不合留身,以是国亲,故生节目,不肯断决,淹历岁年。"太宗闻之,大怒曰:"知是我之亲戚,故作如此艰难。"即令杖仁方一百,解所任官。侍中魏征进曰:"城狐社鼠,皆是微物,为其有所凭恃,故除之犹不易④。况外戚、公主,旧号难理,汉、晋以来,莫能禁制。武德之中,以多骄纵,陛下登极,方始萧然。仁方既是职司,能为国家守法,岂可横加严罚,以成外戚之私乎!此源一开,万端争起,后必悔之,将无所及。自古能禁断此事,惟陛下一人。备豫不虞,为国常道,岂可以水未横流,便欲自毁堤防?臣窃思度,未见其可。"太宗曰:"诚如公言,向者不思。然仁方辄禁不言,颇是专擅,虽不合重罪,宜少加惩肃。"乃令杖二十而赦之。

[注释]①蜀王:唐太宗李世民的第六个儿子李愔。 ②都官郎中:唐时掌刑狱的官职。 ③千牛:官名,左右千牛卫将军掌宫殿侍卫,及供御仪仗,左右执弓箭宿卫等事。 ④城狐社鼠,皆是微物,为其有所凭恃,故除之犹不易:古语,城狐不灌,社鼠不燻。谓其所栖穴者,得所凭恃也。故议者率谓人君左右近习,为城狐社鼠。

贞观八年,左仆射房玄龄、右仆射高士廉①于路逢少府监②窦德素,问北门③近来更有何营造。德素以闻。太宗乃谓玄龄等曰:"君但知南衙④事,我北门少有营造,何预君事?"玄龄等拜谢。魏征进曰:"臣不解陛下责,亦不解玄龄、士廉拜谢⑤。玄龄既任大臣,即陛下股肱耳目⑥,有所营造,何容不知?责其访问官司,臣所不解。且所为有利害,役工有多少,陛下所为若是,当助陛下成之;所为不是,虽营造,当奏陛下罢之。此乃君使臣、臣事君之道⑦。玄龄等问既无罪,而陛下责之,臣所不解;玄龄等不识所守,但知拜谢,臣亦不解。"太宗深愧之。

[注释]①高士廉:名俭,齐清河王岳之孙。唐初大臣,封许国公。此时房玄龄为左仆射,他是右仆射,即左右宰相。 ②少府监:少府是唐初专管工程修建的官署,少府监为主职,少府为副职。 ③北门:指玄武门,此门是唐大明宫的北门。 ④南衙:皇宫南面的国家各官府。 ⑤拜谢:伏拜谢罪。 ⑥股肱耳目:股是大腿,肱是手臂。足行手取,耳听目视,四者是人体最得力的器官,借喻房玄龄、高士廉两宰相是君王最得力的辅佐。 ⑦君使臣、臣事君之道:这句话引自《论语》。原话是"君使臣以礼,臣事君以忠"。意思是君王应按礼义使用大臣,大臣应该以忠诚侍奉君王。

贞观八年,先是桂州都督李弘节以清慎闻,及身殁后,其家卖珠。太宗闻之,乃宣于朝曰:"此人生平,宰相皆言其清,今日既然,所举者岂得无罪?必当深理之,不可舍也。"侍中魏征承间言曰:"陛下生平言此人浊,未见受财之所,今闻其卖珠,将罪举者,臣不知所谓。自圣朝以来,为国尽忠,清贞慎守,终始不渝者,屈突通、张道源①而已。通子三人来选,有一匹羸马,道源儿子不能存立,未见一言及之。今弘节为国立功,前后大蒙赏赉,居官终殁,不言贪残②,妻子卖珠,未为有罪。审其清者,无所存问,疑其浊者,旁责举人,虽云疾恶不疑,是亦好善不笃。臣窃思度,未见其可,恐有识闻之,必生横议。伏愿留心再思。"太宗抚掌曰:"造次③不思,遂有此语,方知谈不容易。并勿问之。其屈突通、张道源儿子,宜各与一官。"

[注释]①张道源:并州人。初,守并州,贼平,拜大理卿。时何稠、士澄有罪,家口籍没,仍以赐之。道源叹曰:"人有否泰,盖亦是常。安可因己之泰,利人之否,取其子女以为仆妾,岂近仁者之心乎?"皆舍之,一无所取。寻转太仆卿,后历相州都督。武德七年(624年)卒官,赠工部尚书,谥曰节。道源虽历职九卿,身死日,唯有粟石两,高祖深异之,赐其家帛三百段。 ②贪残:贪婪凶残。亦指贪婪凶残的人。 ③造次::匆忙、仓促、鲁莽的意思。

贞观九年,北蕃①归朝人奏称:"突厥内大雪,人饥,羊马并死。中国人在彼者,皆入山作贼,人情大恶。"太宗谓侍臣曰:"观古来人君,行仁义,任贤良则理;行暴乱,任小人则败。突厥所信任者,并共公等见之,略无忠正可取者。颉利复不忧百姓,恣情所为,朕以人事观之,亦何可久矣?"魏征进曰:"昔魏文侯②问李克③:'诸侯谁先亡?'克曰:'吴先亡。'文侯曰:'何故?'克曰:'数战数胜,数战则民疲,数胜则主骄,以骄主驭疲民,不亡何待?'颉利逢隋末中国丧乱,遂恃众内侵,今尚不息,此其必亡之道。"太宗深然之。

[注释]①北蕃:指北突厥之国。 ②魏文侯:名斯,晋卿,桓子之子,为诸侯。 ③李克:战国时人。

贞观十年,越王①,长孙皇后所生,太子介弟②,聪敏绝伦,太宗特所宠异。贵要言三品以上皆轻蔑王者,意在谮毁侍中魏征等,以激怒太宗。太宗御齐政殿,引三品已上入,坐定,大怒作色③而言曰:"我有一言,向公等道。往前天子是天子,今时天子非天子耶?往年天子儿是天子儿,今日天子儿非天子儿耶?我见隋家诸王,达官一品已下,皆不免被其踬顿④。我之儿子,自不许其纵横,公等所容易过,得相共轻蔑。我若纵之,岂不能踬顿公等!"玄龄等战慄,皆拜谢。征正色而谏曰:"当今群臣,必无敢轻越王者。然在礼,臣、子一例,《传》称,王人虽微,列入诸侯之上。诸侯用之为公即是公;用之为卿即是卿。若不为公卿,即下士之诸侯也。今三品已上,列为公卿,并天子大臣,陛下所加敬异。纵其小有不是,越王何得辄加折辱?若国家纲纪废坏,臣所不知。以当今圣明之时,越王岂得如此。且隋高祖不知礼义,宠树诸王,使行无礼,寻以罪黜,不可为法,亦何足道?"太宗闻其言,喜形于色,谓群臣曰:"凡人言语理到,不可不服。朕之所言,当身私爱;魏征所论,国家大法。朕向者忿怒,自谓理在不疑,及见魏征所论,始觉大非道理。为人君言,何可容易!"召玄龄等而切责之,赐征绢一千匹。

[注释]①越王:名泰,字惠褒,太宗第四子,长孙皇后所生。贞观二年(628年)封越王,十年(636年)徙封魏王。 ②介弟:介,大。对别人兄弟的敬称。 ③大怒作色:怒气冲冲,声色俱厉。 ④踬(zhì)顿:踬,被绊倒。顿,停息。引申为事情不顺。

贞观十年,太宗谓侍臣曰:"太子保傅①,古难其选。成王幼小,以周、召为保傅,左右皆贤,足以长仁,致理太平,称为圣主。及秦之胡亥,始皇所爱,赵高作傅,教以刑法。及其篡也,诛功臣、杀亲戚,酷烈不已,旋踵②亦亡。以此而言,人之善恶,诚由近习。朕弱冠③交游,惟柴绍④、窦诞⑤等,为人既非三益⑥。及朕居兹宝位,经理天下,虽不及尧、舜之明,庶免乎孙皓、高纬⑦之暴。以此而言,复不由染,何也?"魏征曰:"中人可与为善,可与为恶,然上智之人自无所染。陛下受命自天,平定寇乱,救万民之命,理致升平,岂绍、诞之徒能累圣德?但经云:'放郑声,远佞人。'⑧近习之间,尤宜深慎。"太宗曰:"善。"

[注释]①保傅:古代辅导天子和诸侯子弟的官员,统称为保傅。《大戴礼·保傅》:"保,保其身体;傅,傅其德义。"保和傅,原为保养辅导太子的宫官。又为辅弼国君的重臣,有太保、太傅等。汉以后为荣称。常为大官的加衔。　②旋踵:掉转脚跟。形容时间短促。　③弱冠:古人二十岁行冠礼,以示成年,但体犹未壮,还比较年少,故称"弱"。冠,指代成年。"弱冠"即年满二十岁的男子,后世泛指男子二十左右的年纪。　④柴绍:字嗣昌,临汾人。以任侠闻,高祖妻以平阳公主。武德初,拜左翊卫大将军。累从战伐而有功。⑤窦诞:外戚。贞观时为宗正卿,太宗与语,昏谬失对,以光禄大夫罢。⑥三益:《论语》曰:"益者三友:友直,友谅,友多闻。"⑦孙皓、高纬:孙皓,三国吴主,是为乌程侯,降于晋。高纬,北齐后主,为周所虏。　⑧放郑声,远佞人:《论语》孔子答颜渊问为邦之辞。《论语·卫灵公》:"乐则《韶》《舞》,放郑声,远佞人。郑声淫,佞人殆"。后以"放郑"谓弃绝淫靡之音。

贞观十一年,所司奏凌敬①乞贷之状,太宗责侍中魏征等滥进人。征曰:"臣等每蒙顾问,常具言其长短。有学识,强谏诤,是其所长;爱生活,好经营,是其所短。今凌敬为人作碑文,教人读《汉书》,因兹附托,回易求利,与臣等所说不同。陛下未用其长,惟见其短,以为臣等欺罔②,实不敢心服。"太宗纳之。

[注释]①凌敬:初仕窦建德为祭酒。　②欺罔:欺骗蒙蔽。

贞观十一年,太宗谓侍臣曰:"朕昨往怀州,有上封事者云:'何为恒差山东众丁于苑内营造?即日徭役,似不下隋时。怀、洛以东凋残,人不堪命,而田猎犹数,骄逸之主也。今者复来怀州游畋①,忠谏不复至洛阳矣。'夫四时蒐田②,既是帝王常礼,今幸怀州,秋毫不干于百姓。凡上书谏争,自有常准,臣贵有词,主贵能改。如斯诋毁,有似咒诅③。"侍中魏征奏称:"国家开直言之路,所以上封事者极多。陛下亲自披阅,或冀片言可取,所以侥幸之士得肆丑辞④。臣谏其君,甚须折衷,合从容讽谏。汉元帝⑤尝以酎⑥祭宗庙,出便门,御楼船。御史大夫薛广德⑦当乘舆前,免冠顿首⑧曰:'宜从桥,陛下不听臣言,臣自刎,以颈血污车轮,陛下不入庙矣。'元帝不悦。光禄勋张猛进曰:'臣闻主圣臣直,乘船危,就桥安。圣主不乘危,广德言可听。'元帝曰:'晓人不当如是耶!'乃从桥。以此而言,张猛可谓能谏其君也。"太宗大悦。

[注释]①游畋:出游打猎。　②四时蒐田:春曰蒐,夏曰苗,秋曰弥,冬曰狩。　③咒诅:咒骂,咒语。　④丑辞:谩骂之言。　⑤汉元帝:名奭,是汉宣帝刘询长子。　⑥酎:三重酿酒,味厚,故以荐宗庙。　⑦薛广德:字长卿,沛郡人。　⑧免冠顿首:脱掉帽子叩头。

贞观十二年，太宗谓魏征曰："比来所行得失政化，何如往前？"对曰："若威之所加，远夷朝贡，比于贞观之始，不可等级而言①。若德义潜通，民心悦服，比于贞观之初，相去又甚远。"太宗曰："远夷来服，应由德义所加。不如往前，功业何因益大？"征曰："昔者四方未定，常以德义为心。旋以海内无虞，渐加骄奢自溢。所以功业虽盛，终是不如往初。"太宗又曰："今日所行，与往前何异？"征曰："贞观之初，恐人不言，导之使谏。三年已后，见人谏争，悦而从之。一二年来，不悦人谏，虽黾勉听受②，而终有难色。"太宗曰："于何事如此？"对曰："即位之初，处元律师死罪，孙伏伽③谏曰：'法不至死，无容滥加酷罚。'遂赐以兰陵公主园，直钱百万。人或曰：'所言乃常事，而所赏太厚。'答曰：'我即位来，未有谏者，所以赏之。'此导之使言也。徐州司户④柳雄于隋资妄加阶级。人有告之者，陛下令其自首，不首与罪。遂固言是实，竟不肯首。大理⑤推得其伪，将处雄死罪，少卿⑥戴胄奏法止合徒⑦。陛下曰：'我已与其断当讫，但当与死罪。'胄曰：'陛下既不然，即付臣法司。罪不合死，不可酷滥。'陛下作色遣杀，胄执之不已，至于四五，然后赦之。乃谓法司曰：'但能为我如此守法，岂畏滥有诛夷。'此则悦以从谏也。往年陕县丞皇甫德参上书大忤圣旨，陛下以为讪谤。臣奏称上书不激切，不能起人主意，激切即似讪谤。于时虽从臣言，赏物二十段，意甚不平，难于受谏也。"太宗曰："诚如公言，非公无能道此者。人皆苦不自觉，公向未道时，都自谓所行不变。及见公论说，过失堪惊。公但存此心，朕终不违公语。"

[注释]①等级而言：意即同日而语。 ②黾（mǐn）勉听受：勉强听取接受。 ③孙伏伽：贝州（相当于今河北清河、山东临清一带）人。武德中，上言谏事，帝称之为"谊臣"。贞观中，拜御史，迁大理卿。 ④司户：州属户曹。 ⑤大理：大理寺。 ⑥少卿：官名。这里指大理寺少卿。 ⑦徒：古代刑法名。唐制，徒刑五，一年至于三年。

贞观十二年①，太宗东巡狩，将入洛，次于显仁宫，宫苑官司多被责罚。侍中魏征进言曰："陛下今幸洛州，为是旧征行处，庶其安定，故欲加恩故老。城郭之民未蒙德惠，官司苑监多及罪辜，或以供奉之物不精，又以不为献食。此则不思止足，志在奢靡，既乖行幸本心，何以副百姓所望？隋主先命在下多作献食，献食不多，则有威罚。上之所好，下必有甚，竞为无限，遂至灭亡。此非载籍所闻，陛下目所亲见。为其无道，故天命陛下代之。当战战慄慄②，每事省约，参踪盛列，昭训子孙，奈何今日欲在人之下？陛下若以为足，今日不啻足矣。若以为不足，万倍于此，亦不足也。"太宗大惊曰："非公，朕不闻此言。自今已后，庶几无如此事。"

[注释]①贞观十二年：《旧唐书·太宗记下》冬巡洛阳在十一年（637年），《资治通鉴》亦系贞观十一年（637年）。 ②战战慄慄：战战，戒惧的样子；慄慄，哆嗦，发抖。因戒惧而小心谨慎的样子。

卷　三

## 君臣鉴戒第六

贞观三年,太宗谓侍臣曰:"君臣本同治乱,共安危,若主纳忠谏,臣进直言,斯故君臣合契,古来所重。若君自贤,臣不匡正,欲不危亡,不可得也。君失其国,臣亦不能独全其家。至如隋炀帝暴虐,臣下钳口①,卒令不闻其过,遂至灭亡,虞世基等,寻亦诛死。前事不远,朕与卿等可得不慎,无为后所嗤②!"

[注释]①钳口:闭口。　②嗤:讥笑。

贞观四年,太宗论隋日诛囚。魏征对曰:"臣往在隋朝,曾闻有盗发,炀帝令于士澄①捕逐。但有疑似,苦加拷掠,枉承贼者二千余人,并令同日斩决。大理丞②张元济怪之,试寻其状。乃有六七人,盗发之日,先禁他所,被放才出,亦遭推勘,不胜苦痛,自诬行盗。元济因此更事究寻,二千人内惟九人逗遛③不明。官人有谙识者,就九人内四人非贼。有司以炀帝已令斩决,遂不执奏,并杀之。"太宗曰:"非是炀帝无道,臣下亦不尽心。须相匡谏,不避诛戮,岂得惟行谄佞④,苟求悦誉⑤。君臣如此,何能不败?朕赖公等共相辅佐,遂令囹圄⑥空虚。愿公等善始克终,恒如今日!"

[注释]①于士澄:原为隋将,后以魏郡降唐。 ②大理丞:狱官。隋时大理寺的副职。 ③逗遛:迁延。谓地址不明,形迹可疑。 ④谄佞(nìng):奉承,谄媚。 ⑤悦誉:得到君上的欢心和称誉。 ⑥囹圄(língyǔ):监狱。

贞观六年,太宗谓侍臣曰:"朕闻周、秦初得天下,其事不异。然周则惟善是务,积功累德,所以能保八百之基。秦乃恣其奢淫,好行刑罚,不过二世而灭。岂非为善者福祚延长,为恶者降年不永?朕又闻,桀、纣①,帝王也,以匹夫比之,则以为辱。颜、闵②,匹夫也,以帝王比之,则以为荣。此亦帝王深耻也。朕每将此事以为鉴戒,常恐不逮,为人所笑。"魏征对曰:"臣闻鲁哀公③谓孔子曰:'有人好忘者,移宅乃忘其妻。'孔子曰:'又有好忘甚于此者,丘见桀、纣之君乃忘其身。'愿陛下每以此为虑,庶免后人笑尔。"

[注释]①桀、纣:桀,夏末代国王,名履癸。剥削残酷,暴虐荒淫。后被商汤所败,出奔南方而死,夏亡。纣,商末代国王,名受辛。嗜酒好色,残暴无道。周武王伐之,兵败自焚而死,商亡。 ②颜、闵:颜,颜回,字子渊。闵,闵损,字子骞,皆孔子弟子,以德行称。 ③鲁哀公:春秋时鲁国国君,名蒋。公元前477年秋,鲁哀公被鲁大夫三桓(孟孙、叔孙、季孙三家贵族)赶出国外。不久回国,死于有山氏。

贞观十四年，太宗以高昌①平，召侍臣赐宴于两仪殿，谓房玄龄曰："高昌若不失臣礼，岂至灭亡？朕平此一国，甚怀危惧，惟当戒骄逸以自防，纳忠謇②以自正。黜邪佞、用贤良，不以小人之言而议君子，以此慎守，庶几于获安也。"魏征进曰："臣观古来帝王拨乱创业，必自戒惧，采刍荛之议，从忠谠之言。天下既安，则恣情肆欲，甘乐谄谀，恶闻正谏。张良③，汉王计画之臣，及高祖为天子，将废嫡立庶④，良曰：'今日之事，非口舌所能争也。'终不敢复有开说。况陛下功德之盛，以汉祖方之，彼不足准。即位十有五年，圣德光被，今又平殄高昌。屡以安危系意，方欲纳用忠良，开直言之路，天下幸甚。昔齐桓公与管仲、鲍叔牙、宁戚⑤四人饮，桓公谓叔牙曰：'盍起为寡人寿乎？'叔牙奉觞而起曰：'愿公无忘出而在莒时⑥，使管仲无忘束缚于鲁时⑦，使宁戚无忘饭牛车下时⑧。'桓公避席再拜曰：'寡人与二大夫能无忘夫子之言，则社稷不危矣！'"太宗谓征曰："朕必不敢忘布衣时，公不得忘叔牙之为人也。"

[注释]①高昌：西域国名，都交河城，汉车师之地，其王麴文泰。是年文泰卒，子智盛立。　②忠謇（jiǎn）：正直的言论。　③张良：字子房，颍川人，秦末汉初杰出的谋士、大臣，与韩信、萧何并称为"汉初三杰"。汉封留侯。④废嫡立庶：嫡，宗法制度下指家庭的正支，跟庶出相对。这里指汉高祖刘邦打算废掉妻生的太子盈，立妾生的赵王如意为太子。　⑤管仲、鲍叔牙、宁戚：三人皆齐相。　⑥愿公无忘出而在莒时：桓公初出奔于莒，鲍叔牙为之傅。　⑦使管仲无忘束缚于鲁时：桓公立，谓鲁曰："管仲，仇也，请得甘心醢之。"管仲请囚，叔牙迎受之，及堂阜而脱桎梏。　⑧使宁戚无忘饭牛车下时：宁戚尝候桓公出，扣牛角歌曰："南山矸，白石烂，中有鲤鱼长尺半。生不遭尧

与舜禅,短布单衣才至骭,从昏饭牛至夜半。"公遂召之为相。

贞观十五年,太宗问特进魏征曰:"朕克己为政①,仰止前烈②。至于积德、累仁、丰功、厚利,四者常以为称首③,朕皆庶几自勉。人苦不能自见,不知朕之所行,何等优劣?"征对曰:"德、仁、功、利,陛下兼而行之。然则内平祸乱,外除戎狄④,是陛下之功。安诸黎元⑤,各有生业,是陛下之利。由此言之,功利居多,惟德与仁,愿陛下自强不息,必可致也。"

[注释]①克己为政:克制自己的私欲,努力治理朝政。 ②仰止前烈:仰慕效法前代圣贤。 ③称首:作为首要之务。 ④戎狄:泛指边远地区的少数民族。 ⑤黎元:指黎民百姓。

贞观十七年,太宗谓侍臣曰:"自古草创之主,至于子孙多乱,何也?"司空房玄龄曰:"此为幼主生长深宫,少居富贵,未尝识人间情伪、理国安危,所以为政多乱。"太宗曰:"公意推过于主,朕则归咎于臣。夫功臣子弟多无才行①,藉祖父资荫遂处大官,德义不修,奢纵是好。主既幼弱,臣又不才,颠而不扶,岂能无乱?隋炀帝录宇文述在藩之功,擢化及②于高位,不思报效,翻行弑逆③。此岂非臣下之过欤?朕发此言,欲公等戒勖子弟,使无愆犯,即家国之庆也。"太宗又曰:"化及与玄感④,即隋大臣受恩深者子孙,皆反,其故何也?"岑文本对曰:"君子乃能怀德,小人不能荷恩,玄感、化及之徒,并小人也。古人所以贵君子而贱小人。"太宗曰:"然。"

[注释]①才行:才能德义。 ②化及:宇文化及。隋相宇文述之子,为右屯卫将军。武德初,杀炀帝于江都,立秦王浩。后又杀浩自立,称许帝。武德二年(619年),窦建德破宇文化及于聊城,将他杀死。 ③弑逆:杀君,反叛。 ④玄感:杨玄感。隋相杨素之子,曾为大将。大业九年(613年),起兵黎阳,围东都。隋主命宇文述等讨伐他。后被杀死。

## 论择官第七

贞观元年,太宗谓房玄龄等曰:"致理之本,惟在于审①。量才授职,务省官员。故《书》称:'任官惟贤才。'又云:'官不必备,惟其人。'若得其善者,虽少亦足矣。其不善者,纵多亦奚为②?古人亦以官不得其才,比于画地作饼,不可食也。《诗》曰:'谋夫孔多,是用不就③。'又孔子曰:'官事不摄,焉得俭④?'且'千羊之皮,不如一狐之腋⑤。'此皆载在经典,不能具道。当须更并省官员,使得各当所任,则无为而理矣。卿宜详思此理,量定庶官员位。"玄龄等由是所置文武总六百四十三员。太宗从之,因谓玄龄曰:"自此傥有乐工杂类,假使术逾侪辈⑥者,只可特赐钱帛以赏其能,必不可超授官爵,与夫朝贤君子比肩而立,同坐而食,遣诸衣冠以为耻累⑦。"

[注释]①审:审察。 ②奚为:奚,疑问词。奚为即有何用处。 ③谋夫孔多,是用不就:语出《诗·小雅·小旻》,意思是参谋的人如果多了,决策的时候反而不知所从。 ④官事不摄,焉得俭:《论语》孔子言管仲之辞。意思是,官员不处理政务,官吏怎么会得到精简呢?⑤千羊之皮,不如一狐之腋:比喻众愚不如一贤。语出《史记》,商君问赵良曰:"子观我治秦也,孰与五羖大夫贤?"赵良曰:"千羊之皮,不如一狐之腋;千人之诺诺,不如一士之谔

谔。"腋,狐腋下的皮毛,纯白珍美。　⑥侪(chái)辈:同辈,同一类的人。⑦耻累:负担,包袱,拖累。

贞观二年,太宗谓侍臣曰:"朕每夜恒思百姓间事,或至夜半不寐。惟恐都督①、刺史②堪养百姓以否。故于屏风上录其姓名,坐卧恒看,在官如有善事,亦具列于名下。朕居深宫之中,视听不能及远,所委者惟都督、刺史,此辈实理乱所系③,尤须得人。"

[注释]①都督:唐武德七年(624年),改总管为"都督",掌督诸州兵马、甲械、城隍、镇戍、粮廪等,总判府事。　②刺史:官名。隋初罢郡,以州统县,州的长官,除雍州称牧外,其余称刺史。唐时改郡为州则称刺史,改州为郡则称太守。　③理乱所系:关系国家的太平和动乱。

贞观二年,太宗谓尚书右仆射封德彝曰:"致安之本,惟在得人。比来命卿举贤,未尝有所推荐。天下事重,卿宜分朕忧劳,卿既不言,朕将安寄?"对曰:"臣愚岂敢不尽情,但今所见,未有奇才异能。"太宗曰:"前代明王使人如器,不借才于异代,皆取士于当时。岂得待梦傅说①,逢吕尚②,然后为政乎?且何代无贤,但患遗而不知耳!"德彝惭赧③而退。

[注释]①傅说(yuè):商代贤相。相传原是傅岩地方从事板筑的奴隶。商王武丁梦中得一圣人叫傅说,乃派人寻访,果得到傅说。传说被任为大臣,治理朝政。　②吕尚:周太师。本姓姜,名望,又称姜子牙。其祖原居东方,与禹一起治水有功,封于吕,遂以其封姓。传说,吕尚早年贫穷,曾在商都朝歌(今河南淇县)宰牛卖肉,虽有才华,然怀才不遇。后听说文王求贤,遂到渭水支流钓鱼,果为文王所赏识。民间常称他为"姜太公"。　③惭赧(nǎn):

因羞愧而脸红。赧,惭愧之态。

贞观二年,太宗谓房玄龄、杜如晦曰:"公为仆射①,当助朕忧劳,广开耳目,求访贤哲。比闻公等听受辞讼②,日有数百。此则读符牒③不暇,安能助朕求贤哉?"因敕尚书省,细务皆付左右丞④,惟冤滞大事合闻奏者,关于仆射。

[注释]①仆射:唐时负责行政的尚书省最高长官,左、右仆射各一人。②辞讼:诉讼状文。 ③符牒:公文。 ④左右丞:唐时尚书省仆射之下的官职。掌辨六官之仪,纠正省内,劾御史举不当者。吏、户、礼三部,左丞总领,兵、刑、工三部右丞总领。

贞观三年,太宗谓吏部尚书杜如晦曰:"比见吏部择人,惟取其言词刀笔①,不悉其景行②。数年之后,恶迹始彰,虽加刑戮,而百姓已受其弊。如何可获善人?"如晦对曰:"两汉取人,皆行著乡闾③,州郡贡之,然后入用,故当时号为多士。今每年选集,向数千人,厚貌饰词,不可知悉,选司但配其阶品而已。铨简之理④,实所未精,所以不能得才。"太宗乃将依汉时法,令本州辟召,会功臣等将行世封,其事遂止。

[注释]①刀笔:这里指文章。 ②景行:崇高的德行。 ③乡闾:乡里。④铨(quán)简之理:选补官员的规章制度。

贞观六年,太宗谓魏征曰:"古人云,王者须为官择人,不可造次①即用。朕今行一事,则为天下所观;出一言,则为天下所听。用得好人,为善者皆劝;误用恶人,不善者竞进。赏当其劳,无功者自退;罚当其罪,为恶者戒惧。故知赏罚不可轻行,用人弥须慎择②。"征对曰:"知人之事,自古为难,故考绩③黜陟,察其善恶。今欲求人,必须审访其行。若知其善,然后用之,设令此人不能济事,只是才力不及,不为大害。误用恶人,假令强干,为患极多。但乱代惟求其才,不顾其行。太平之时,必须才行俱兼,始可任用。"

[注释]①造次:鲁莽,轻率。　②弥须慎择:特别要慎重选择。　③考绩:考察政绩。

贞观十一年,侍御史马周上疏曰:"理天下者,以人为本。欲令百姓安乐,惟在刺史、县令。县令既众,不可皆贤,若每州得良刺史,则合境苏息。天下刺史悉称圣意,则陛下可端拱岩廊①之上,百姓不虑不安。自古郡守、县令,皆妙选贤德,欲有迁擢为宰相,必先试以临人,或从二千石②入为丞相及司徒、太尉者。朝廷必不可独重内官,外刺史、县令,遂轻其选。所以百姓未安,殆由于此。"太宗因谓侍臣曰:"刺史,朕当自简择;县令,诏京官五品已上,各举一人。"

[注释]①端拱岩廊:端拱,谓闲适自得,清静无为。岩廊:典故名,典出《汉书》卷五十六《董仲舒列传》。虞舜的时候,虞舜常常在宫殿的走廊里散步。后遂以"岩廊"等指高峻的廊庑。后借指朝廷。　②二千石:汉时称郡守为二千石。

贞观十一年,治书侍御史刘洎以为左右丞宜特加精简,上疏曰:"臣闻尚书万机,实为政本①,伏寻此选,授受诚难。是以八座比于文昌②,二丞方于管辖,爰至曹郎,上应列宿,苟非称职,窃位兴讥。伏见比来尚书省诏敕稽停,文案壅滞,臣诚庸劣,请述其源。贞观之初,未有令、仆③,于时省务繁杂,倍多于今。而左丞戴胄、右丞魏征,并晓达吏方,质性平直,事应弹举,无所回避,陛下又假以恩慈,自然肃物④。百司匪懈⑤,抑此之由。及杜正伦续任右丞,颇亦厉下。比者纲维不举,并为勋亲在位,器非其任,功势相倾。凡在官寮,未循公道,虽欲自强,先惧嚣谤⑥。所以郎中⑦予夺,惟事咨禀⑧;尚书依违⑨,不能断决。或惮闻奏,故事稽延,案虽理穷,仍更盘下。去无程限,来不责迟,一经出手,便涉年载。或希旨⑩失情,或避嫌抑理。勾司⑪以案成为事了,不究是非;尚书用便僻为奉公,莫论当否。互相姑息,惟事弥缝。且选众授能,非才莫举,天工人代⑫,焉可妄加?至于懿戚元勋,但宜优其礼秩,或年高耄及⑬,或积病智昏,既无益于时宜,当置之以闲逸。久妨贤路,殊为不可。将救兹弊,且宜精简,尚书左右丞及左右司郎中,如并得人,自然纲维备举,亦当矫正趋竞,岂惟息其稽滞哉!"疏奏,寻以洎为尚书右丞。

[注释]①政本:施政的根本。 ②八座比于文昌:左右仆射及六部,是为八座。《汉志》曰:"斯乃文昌天府,众务渊薮。" ③令、仆:指尚书令和仆射。 ④肃物:整肃,和顺。 ⑤匪懈:不敢懈怠。 ⑥嚣谤:浮薄的诽谤。 ⑦郎中:官名。唐代在六部各设四司,每司置郎中一人主事。 ⑧咨禀:请示汇报。 ⑨依违:犹豫不决,模棱两可。 ⑩希旨:观望、顺从上司的旨意。 ⑪勾司:审案的官吏。 ⑫天工人代:指君主代天理物,官员所做的事都是天

事。 ⑬耄及：八十、九十曰耄。

贞观十三年，太宗谓侍臣曰："朕闻太平后必有大乱，大乱后必有太平。大乱之后，即是太平之运也。能安天下者，惟在用得贤才。公等既不能知贤，朕又不可遍识①，日复一日，无得人之理。今欲令人自举，于事何如？"魏征对曰："知人者智，自知者明。知人既以为难，自知诚亦不易。且愚暗之人，皆矜能伐善②，恐长浇竞③之风，不可令其自举。"

[注释]①遍识：一一考察。 ②矜能伐善：以为自己有才能而忌恨别人。 ③浇竞：轻浮地竞争。

贞观十四年，特进魏征上疏曰：

臣闻知臣莫若君，知子莫若父。父不能知其子，则无以睦一家；君不能知其臣，则无以齐万国。万国咸宁，一人有庆，必藉忠良作弼，俊乂在官，则庶绩其凝，无为而化矣。故尧、舜、文、武见称前载，咸以知人则哲，多士盈朝①，元、凯②翼巍巍之功，周、召③光焕乎之美。然则四岳④、九官⑤、五臣⑥、十乱⑦，岂惟生之于曩代⑧，而独无于当今者哉？在乎求与不求，好与不好耳！何以言之？夫美玉明珠，孔翠犀象，大宛之马⑨、西旅之獒⑩，或无足也，或无情也，生于八荒之表，途遥万里之外，重译入贡⑪，道路不绝者，何哉？盖由乎中国之所好也。况从仕者，怀君之荣，食君之禄，率之以义，将何往而不至哉？臣以为与之为忠，则可使同乎龙逄、比干⑫矣；与之为孝，则可使同乎曾参、子骞⑬矣;与之为信,则可使同乎尾生、展禽矣⑭;与之为廉,则可使同乎伯夷、叔齐⑮矣。

[注释]①盈朝:充满朝廷。 ②元、凯:八元、八凯,传说为舜的贤臣。舜举八凯使主后土,百揆时序;举八元使布五教,内平外成。 ③周、召:周,周公,名旦,武王之弟。召,召公,名奭,为周太保。二公曾辅成王。 ④四岳:唐虞官名,掌四岳诸侯之事,或一人而总兼之。 ⑤九官:舜命禹作司空,稷播百谷,契为司徒,皋陶作士,垂为共工,益掌山泽,伯夷为秩宗,夔典乐,龙作纳言,是为九官。 ⑥五臣:《论语》曰:"舜有臣五人,而天下治。"谓禹、稷、契、皋陶、伯夷。 ⑦十乱:《周书·武王》曰:"予有乱臣十人。"周武王有治官者十人。乱,治也。十人,谓周公旦、召公奭、太公望、毕公、荣公、大颠、闳夭、散宜生、南宫适,其一文母。《论语》曰:"有妇人焉,九人而已。"先儒以为子无臣母之义,盖邑姜也。九人治外,邑姜治内。 ⑧曩(náng)代:从前的朝代。 ⑨大宛之马:大宛,古代西域国名。汉武帝时,李广利破其国,得汗血马献于朝。 ⑩西旅之獒(áo):西旅,西夷国。獒,大犬,武王时,西旅贡獒。 ⑪重译入贡:指言语不通,借助翻译而献贡。 ⑫龙逄、比干:龙逄,桀臣,比干,纣臣,皆以忠谏见杀。 ⑬曾参、子骞:曾参,字子舆。子骞,姓闵名损。二人都是孔子的弟子,以孝著称。 ⑭尾生、展禽:《庄子》曰:"尾生与女子期于梁下,女子不来,水至不去,抱梁柱而死。"展禽,鲁大夫展获,名禽,食邑柳下,谥曰惠。 ⑮伯夷、叔齐:孤竹国君之二子,让国而逃,谏伐而饿。

然而今之群臣,罕能贞白卓异者,盖求之不切,励之未精故也。若勖之以公忠,期之以远大,各有职分,得行其道。贵则观其所举,富则观其所与,居则观其所好,习则观其所言,穷则观其所不受,贱则观其所不为。因其材以取之,审其能以任之,用其所长,掩其所短。进之以六正,戒之以六邪,则不严而自励,不劝而自勉矣。故《说苑》①曰:"人臣之行,有六正六邪。行六正则荣,犯六邪则辱。何谓六正？一曰，萌芽未动，形兆未见，昭然独见存亡之机，得失之要，预禁乎未然之前，使主超然立乎显荣之处，如此者，圣臣也。二曰，虚心尽意，日进善道，勉主以礼义，谕主以长策，将顺其美，匡救其恶，如此者，良臣也。三曰，夙兴夜寐，进贤不懈，数称往古之行事，以励主意，如此者，忠臣也。四曰，明察成败，早防而救之，塞其间，绝其源，转祸以为福，使君终以无忧，如此者，智臣也。五曰，守文奉法，任官职事，不受赠遗，辞禄让赐，饮食节俭，如此者，贞臣也。六曰，家国昏乱，所为不谀，敢犯主之严颜，面言主之过失，如此者，直臣也。是谓六正。何谓六邪？一曰，安官贪禄，不务公事，与代浮沉，左右观望，如此者，具臣②也。二曰，主所言皆曰善，主所为皆曰可，隐而求主之所好而进之，以快主之耳目，偷合苟容③，与主为乐，不顾其后害，如此者，谀臣也。三曰，内实险诐④，外貌小谨⑤，巧言令色，妒善嫉贤，所欲进，则明其美、隐其恶；所欲退，则明其过、匿其美，使主赏罚不当，号令不行，如此者，奸臣也。四曰，智足以饰非，辩足以行说，内离骨肉之亲，外构乱于朝廷，如此者，谗臣也。五曰，专权擅势，以轻为重，私门成党，以富其家，擅矫主命，以自贵显，如此者，贼臣也。六曰，谄主以佞邪，陷主于不义，朋党比周，以蔽主明，使白黑无别，是非无间，使主恶布于境内，闻于四邻，如此者，亡国之臣也。是谓六邪。贤臣处六正之道，不行六邪之术，故上安而下理。生则见乐，死则见思，此人臣之术也。"《礼记》曰："权衡诚悬，不可欺以轻重。绳墨诚陈，不可欺以曲直。规矩诚设，不可欺以方圆。君子审礼，不可诬以奸诈。"然则臣之情伪，知之不难矣。又设礼以待之，执法以御之，为善者蒙赏，为恶者受罚，安敢不企及乎？安敢不尽力乎？

　　国家思欲进忠良，退不肖，十有余载矣，徒闻其语，不见其人，何哉？盖言之是也，行之非也。言之是，则出乎公道，行之非，则涉乎邪径。是非相乱，好恶相攻。所爱虽有罪，不及于刑；所恶虽无辜，不免于罚。此所谓爱之欲其生，恶之欲其死者也。或以小恶弃大善，或以小过忘大功。此所谓君之赏不可以无功求，君之罚不可以有罪免者也。赏不以劝善，罚不以惩恶，而望邪正不惑，其可得乎？若赏不遗疏远，罚不阿亲贵，以公平为规矩，以仁义为准绳，考事以正其名，循名以求其实，则邪正莫隐，善恶自分。然后取其实，不尚其华，处其厚，不居其薄，则不言而化，期月而可知矣！若徒爱美锦而不为民择官，有至公之言，无至公之实，爱而不知其恶，憎而遂忘其善，徇私情以近邪佞，背公道而远忠良，则虽夙夜不怠，劳神苦思，将求至理，不可得也。

　　书奏，太宗甚嘉纳之。

　　[注释]①《说苑》：汉光禄大夫刘向，字子政，楚王元交之后，采传记行事，著《说苑》三十篇。　②具臣：白吃饭的大臣。　③偷合苟容：装样子迎合讨好别人。　④险诐（bì）：邪恶不正。　⑤小谨：小心谨慎。

　　贞观二十一年，太宗在翠微宫①，授司农卿②李纬户部尚书③。房玄龄是时留守京城。会有自京师来者，太宗问曰："玄龄闻李纬拜尚书，如何？"对曰："但云'李纬大好髭须',更无他语。"由是改授纬洛州刺史。

[注释]①翠微宫:在长安县,武德八年(625年)建,贞观十年(636年)废,贞观二十一年(647年)复修。　②司农卿:唐时掌仓储等事的官职。③户部尚书:户部长官。

## 论封建第八

贞观元年,封中书令①房玄龄为邢国公,兵部尚书杜如晦为蔡国公,吏部尚书长孙无忌为齐国公,并为第一等,食邑实封一千三百户。皇从父淮安王神通②上言:"义旗初起,臣率兵先至③,今房玄龄、杜如晦等刀笔之人,功居第一,臣窃不服。"太宗曰:"国家大事,惟赏与罚。赏当其劳,无功者自退;罚当其罪,为恶者戒惧。则知赏罚不可轻行也。今计勋行赏,玄龄等有筹谋帷幄,画定社稷之功,所以汉之萧何,虽无汗马④,指踪推毂⑤,故得功居第一。叔父于国至亲,诚无爱惜,但以不可缘私滥与勋臣同赏矣!"由是诸功臣自相谓曰:"陛下以至公行赏,不私其亲,吾属何可妄诉⑥。"初,高祖举宗正籍,弟侄、再从、三从孩童已上封王者数十人。至是,太宗谓群臣曰:"自两汉已降,惟封子及兄弟,其疏远者,非有大功,如汉之贾、泽⑦,并不得受封。若一切封王,多给力役,乃至劳苦万姓,以养己之亲属。"于是宗室先封郡王其间无功者,皆降为郡公。

[注释]①中书令:官名。在唐代,中书令地位很高,居其他二省(门下、尚书)长官之首。因此,没有特殊资望者不授此官,实际上任宰相者多仅授以

中书或门下侍郎,同中书门下平章事。　②神通:与高祖为从兄弟,从高祖平京师,典兵宿卫,封淮安王。　③义旗初起,臣率兵先至:隋大业十三年(617年)五月,高祖起兵太原,六月,传檄称义师,故曰"义旗"。神通自长安入鄠南山,举兵应太原,从平京师有功。　④汗马:喻征战的劳苦,故称战功为汗马之劳。　⑤指踪推毂:运筹谋划,协助决策。　⑥妄诉:胡说乱道。　⑦汉之贾、泽:指汉高祖从兄弟刘贾,从祖昆弟刘泽。刘贾曾被封为荆王,刘泽被封为燕王,并为将军有功。

贞观十一年,太宗以周封子弟,八百余年,秦罢诸侯,二世而灭,吕后①欲危刘氏,终赖宗室获安,封建亲贤,当是子孙长久之道。乃定制,以子弟荆州都督荆王元景②、安州都督吴王恪③等二十一人,又以功臣司空赵州刺史长孙无忌、尚书左仆射宋州刺史房玄龄等一十四人,并为世袭刺史。礼部侍郎李百药④奏论驳世封事曰:

臣闻经国庇民,王者之常制;尊主安上,人情之大方。思阐理定之规,以弘长世之业者,万古不易,百虑同归。然命历有赊促之殊⑤,邦家有理乱之异,遐观载籍,论之详矣。咸云周过其数⑥,秦不及期⑦,存亡之理,在于郡国。周氏以鉴夏、殷之长久,遵皇、唐之并建,维城磐石,深根固本,虽王纲弛废,而枝干相持,故使逆节不生,宗祀不绝。秦氏背师古之训,弃先王之道,剪华恃险,罢侯置守,子弟无尺土之邑,兆庶罕共理之忧,故一夫号泽而七庙隳圮⑧。

[注释]①吕后:名雉,汉高祖后,惠帝之母。惠帝崩,吕后临朝,欲王诸吕。诸吕擅权,朱虚侯刘章因侍宴,以军法斩诸吕一人,自是诸吕惮之,刘势益强。　②荆王元景:高祖第六子。　③吴王恪:太宗次子。　④李百药:字

重规,定州人,幼时多病,祖母为他取名百药。贞观初年,官拜中书舍人,后迁礼部侍郎,复授右庶子。 ⑤赊促之殊:赊,长、远。促,短、近。赊促之殊即长短之别。 ⑥周过其数:昔成王定鼎,卜世三十,卜年七百,后历三十七主,八百六十七年,所以说过其数。 ⑦秦不及期:初秦皇谓二世、三世至于万世,后二世被弑,子婴降汉,所以说不及期。 ⑧隳圮(huīpǐ):毁坏,坍塌。

臣以为自古皇王,君临宇内①,莫不受命上玄②,飞名帝录,缔构遇兴王之运,殷忧属启圣之期。虽魏武携养之资③,汉高徒役之贱④,非止意有觊觎,推之亦不能去也。若其狱讼不归,菁华已竭,虽帝尧之光被四表⑤,大舜之上齐七政⑥,非止情存揖让,守之亦不可固焉。以放勋、重华之德⑦,尚不能克昌厥后,是知祚之长短,必在于天时,政或盛衰,有关于人事。隆周卜世三十,卜年七百,虽沦胥之道斯极,而文、武之器犹存,斯则龟鼎之祚,已悬定于杳冥也。至使南征不返⑧,东迁避逼⑨,禋祀如线,郊畿不守,此乃陵夷之渐,有累于封建焉。暴秦运距闰余,数钟百六⑩,受命之主,德异禹、汤,继世之君,才非启、诵⑪,借使李斯、王绾之辈盛开四履⑫,将闾、子婴之徒俱启千乘⑬,岂能逆帝子之勃兴,抗龙颜之基命者也⑭!

[注释]①宇内:四海之内,泛指天下。 ②上玄:上天,天帝。 ③魏武携养之资:魏武帝曹操,其父嵩为汉中常侍曹腾的养子。 ④汉高徒役之贱:汉高祖刘邦,起初为泗上亭长,为县送徒役往骊山,途中起兵。 ⑤帝尧之光被四表:《虞书》赞尧之辞,谓德之光显被之于四外。 ⑥大舜之上齐七政:《虞书》曰:"在璇玑玉衡以齐七政。"谓日月五星。 ⑦放勋、重华之德:放勋者,总言尧之德。重华者,总言舜之德。《史记》因以为尧、舜之名。 ⑧至使南征不返:指周昭王德衰,南巡济于汉,人恶之,以胶舡进,王御船至中流,胶

液船解,王没水中。　⑨东迁避逼:周平王东迁洛邑,以避戎寇。　⑩暴秦运距闰余,数钟百六:秦世为闰余。百六为周之阨数。　⑪启、诵:启,夏禹子。诵,周武王之子,成王。　⑫借使李斯、王绾之辈盛开四履:李斯、王绾皆秦丞相。四履,为诸侯而有四方所履践之界。　⑬将闾、子婴之徒俱启千乘:将闾,秦公子,为二世所杀。子婴,始皇之孙,赵高立为秦王,后杀高降汉。千乘,诸侯之国,其地可出兵车千乘者。　⑭抗龙颜之基命者也:汉高祖应赤帝之谶,隆准而龙颜。

然则得失成败,各有由焉。而著述之家,多守常辙,莫不情忘今古,理蔽浇淳①,欲以百王之季,行三代之法,天下五服②之内,尽封诸侯,王畿千里之间,俱为采地③。是则以结绳之化行虞、夏之朝④,用象刑之典治刘、曹之末⑤,纪纲弛紊,断可知焉。锲船求剑⑥,未见其可;胶柱成文⑦,弥多所惑。徒知问鼎请隧,有惧霸王之师⑧;白马素车,无复藩篱之援⑨。不悟望夷之衅,未甚羿、浞之灾⑩;既罹高贵之殃⑪,宁异申、缯之酷⑫。此乃钦明昏乱,自革安危,固非守宰公侯,以成兴废。且数世之后,王室浸微,始自藩屏,化为仇敌。家殊俗,国异政,强陵弱,众暴寡,疆场彼此,干戈侵伐。狐骀之役,女子尽髽⑬;崤陵之师,只轮不反⑭。斯盖略举一隅,其余不可胜数。陆士衡⑮方规规然云:"嗣王委其九鼎,凶族据其天邑⑯,天下晏然,以治待乱。"何斯言之谬也!而设官分职,任贤使能,以循良之才,膺共治之寄,刺举分竹⑰,何世无人。至使地或呈祥,天不爱宝⑱,民称父母⑳,政比神明⑳。曹元首㉑方区区然称:"与人共其乐者,人必忧其忧,与人同其安者,人必拯其危。"岂容委以侯伯,则同其安危,任之牧宰,则殊其忧乐？何斯言之妄也！

[注释]①浇淳:浇,社会风气浮薄。淳,质朴敦厚。 ②五服:指甸、侯、绥、要、荒。虞、夏制,王城之外四面各五百里叫甸服,甸服之外又各五百里叫侯服,侯服之外又各五百里叫绥服,绥服之外又各五百里叫要服,要服之外又各五百里叫荒服。 ③采地:天子之卿大夫邑地。 ④以结绳之化行虞、夏之朝:《周易·大传》:"上古结绳而治,后世圣人易之以书契。"此言虽虞、夏之时,已不可行上古之法。 ⑤用象刑之典治刘、曹之末:《虞书》曰:"象以典刑。"象如天之垂象以示人,典,常。刘,汉之姓,曹,魏之姓,言汉、魏之时,又岂可以帝世之法而为治。 ⑥锲船求剑:语出《吕氏春秋》:"楚人有涉江者,其剑自舟中坠于水,遂刻其舟,曰:'是吾剑所从水也。'舟已行而剑不行,若此求剑,而不其惑乎？" ⑦胶柱成文:语出扬雄《法言·先知》。扬子曰:"以往圣之法治将来,譬犹胶柱而调瑟。" ⑧徒知问鼎请隧,有惧霸王之师:《左传·宣公三年》:楚子观兵于周疆,定王使王孙满劳之。楚子问鼎之大小轻重。对曰:"在德不在鼎。"僖公二十五年(前635年),晋侯朝王,王享之,请隧,弗许,曰:"王章也。未有代德而有二王,亦叔父之所恶也。" ⑨白马素车,无复藩维之援:汉高祖初至霸上,使人约降,秦王子婴系颈以组,白马素车,奉天子玺符,降轵道旁而降。 ⑩不悟望夷之衅,未甚羿、浞之灾:望夷之衅,指秦相赵高弑二世于望夷宫。羿、浞之灾,夏帝相既立,后羿有穷氏篡位。帝相徙商丘。后羿耽于畋猎,信用寒浞。寒浞后杀羿自立为帝,因羿之室,生子奡。奡弑帝相,夏之贵臣杀浞,后灭奡,立帝相子,是为少康。 ⑪高贵之殃:魏高贵乡公,名髦,文帝之孙,嗣明帝位六年,司马昭擅政,遂勒兵诛昭而败,为昭党所弑。 ⑫申、缯之酷:周幽王嬖褒姒,而废申后,立褒姒之子伯服而黜太子。申侯怒,与缯及犬戎杀王骊山下。 ⑬狐骀之役,女子尽髽:髽,麻髮合结。《左传·襄公四年》邾人、莒人伐鄫,臧纥救鄫,侵邾,败于狐骀。国人逆丧者皆髽,鲁于是乎髽。《礼记》曰:"鲁妇人髽而吊。" ⑭崤陵之师,只轮不反:《公羊传·僖公二十三年》记载,晋人及姜戎败于秦师于崤,匹马只轮无反者。 ⑮陆士衡:名机,晋吴郡人。以圣王经国义在封建,著《五等诸侯论》。 ⑯嗣王委其九鼎,凶族据其天邑:嗣王,谓周惠王、襄王、悼王。

委九鼎,谓三王弃国出奔。凶族,谓王子颓、王子带、王子朝。据天邑,谓三子据国僭位。　⑰膺共治之寄,刺举分竹:汉文帝初与郡守为铜虎符,当发兵,遣使者至郡合符,乃听受之,以代古之圭璋。分竹亦其义。　⑱地或呈祥,天不爱宝:前汉黄霸为颍川太守,政化大行,嘉禾生,凤凰集。后汉秦鹏为颍川太守,有甘露、嘉禾、凤麟之瑞。　⑲民称父母:前汉邵信臣为河南太守,视民如子,号曰邵父。后汉杜诗为南阳太守,为政清平,民为之语曰:"前有邵父,后有杜母。"　⑳政比神明:后汉孟尝为合浦太守,郡产珠,先守多贪,珠徙交趾,人物无资。尝至,革前弊,去珠复还,百姓反业,谓为神明。㉑曹元首:魏人,上《六代论》感悟曹爽。

　　封君列国,藉庆门资①,忘其先业之艰难,轻其自然之崇贵,莫不世增淫虐,代益骄侈。离宫别馆,切汉凌云,或刑人力而将尽,或召诸侯而共落。陈灵则君臣悖礼,共侮征舒②;卫宣则父子聚麀,终诛寿、朔③。乃云为己思治,岂若是乎?内外群官,选自朝廷,擢士庶以任之,澄水镜以鉴之,年劳优其阶品,考绩明其黜陟。进取事切,砥砺情深,或俸禄不入私门④,妻子不之官舍⑤。班条之贵,食不举火⑥;剖符之重,居惟饮水⑦。南阳太守,弊布裹身⑧;莱芜县长,凝尘生甑⑨。专云为利图物,何其爽欤!总而言之,爵非世及,用贤之路斯广;民无定主,附下之情不固。此乃愚智所辨,安可惑哉?至如灭国弑君,乱常干纪,春秋二百年间,略无宁岁。次睢咸秩,遂用玉帛之君⑩;鲁道有荡,每等衣裳之会⑪。纵使西汉哀、平之际⑫,东洛桓、灵之时⑬,下吏淫暴,必不至此。为政之理,可以一言蔽焉。

　　[注释]①门资:门第,资望。　②陈灵则君臣悖礼,共侮征舒:据《左传》

载,陈灵公与孔宁、仪行父均与夏姬私通。三人曾在夏姬家饮酒,陈灵公指着夏姬的儿子征舒对仪行父说:"征舒似汝。"仪行父对曰:"亦似君。"故称"共侮征舒"。　③卫宣则父子聚麀,终诛寿、朔:麀,牝鹿。聚麀,无礼。卫宣公纳子伋之妻,是为宣姜,生寿及朔。朔与宣姜愬伋于公,公令伋之齐,使贼先待于隘而杀之。寿知之以告伋,伋曰:"君命也,不可逃。"寿窃其节先往,贼杀之。伋至曰:"君命杀我,寿何罪?"贼又杀之。国人哀之。作《二子乘舟》之诗。寿、朔,当作伋、寿。　④不入私门:原指后汉时豫章太守杨秉,为官清廉,计日受禄,余俸不入私门。　⑤妻子不之官舍:原指后汉时巨鹿太守魏霸、颍川太守何并,为官不带妻儿。　⑥班条之贵,食不举火:指后汉左雄为贵州刺史,在任不举烟火,常食干饭。　⑦剖符之重,居惟饮水:原指晋吴太守邓攸,载米居官,唯饮吴水而已。　⑧南阳太守,弊布裹身:后汉羊续为南阳太守,常敝衣薄食,妻子资藏,布裘敝衹裯而已。　⑨莱芜县长,凝尘生甑:后汉范丹为莱芜县令,家贫,里歌曰:"甑中生尘范史云,釜中生鱼范莱芜。"　⑩次睢咸秩,遂用玉帛之君:《左传·僖公十九年》记载,宋公使邾文公用鄫子于次睢之社。睢,水名。此水受汴入泗,有妖神,东夷祀之。鄫子,小国之君,乃杀而祭之,属于非礼。　⑪鲁道有荡,每等衣裳之会:鲁道有荡,《诗·载驱》篇之辞。按《春秋》记载,鲁庄公夫人姜氏会齐侯者凡六,故齐人作是诗,以讽刺文姜来会齐襄公。意思是鲁国大道平坦,这里用来讽刺荒淫的行为。⑫西汉哀、平之际:哀,指哀帝,名欣,定陶恭王之子。平,指平帝,名衎,中山孝王之子。皆元帝之庶孙。　⑬东洛桓、灵之时:东汉都洛阳,故曰东洛。桓帝,名志,章帝曾孙。灵帝,名宏,章帝玄孙。

伏惟陛下握纪御天,膺期启圣,救亿兆之焚溺,扫氛祲于寰区。创业垂统,配二仪以立德;发号施令,妙万物而为言。独照神衷,永怀前古,将复五等而修旧制,建万国以亲诸侯。窃以汉、魏以还,余风之弊未尽;勋、华既往,至公之道斯革。况晋氏失驭,宇县崩离①;后魏②乘时,华夷杂处。重以关河分阻,吴、楚悬隔,习文者学长短纵横之术,习武者尽干戈战争之心,毕为狙诈之阶,弥长浇浮之俗。开皇③在运,因藉外家。驱御群英,任雄猜之数;坐移明运,非克定之功。年逾二纪,民不见德。及大业④嗣文,世道交丧,一时人物,扫地将尽,虽天纵神武,削平寇虐,兵威不息,劳止未康。

[**注释**]①晋氏失驭,宇县崩离:晋司马氏初受魏禅,后逊于宋。 ②后魏:后魏为拓跋氏建立的政权,本北狄种,改姓元氏。 ③开皇:隋文帝年号。 ④大业:隋炀帝年号。

自陛下仰顺圣慈,嗣膺宝历,情深致理,综核前王。虽至道无名,言象所纪,略陈梗概,实所庶几。爱敬烝烝①,劳而不倦,大舜之孝也。访安内竖,亲尝御膳,文王之德②也。每宪司谳罪,尚书奏狱,大小必察,枉直咸举,以断趾之法,易大辟之刑,仁心隐恻,贯彻幽显,大禹之泣③辜也。正色直言,虚心受纳,不简鄙讷,无弃刍荛,帝尧之求谏也。弘奖名教,劝励学徒,既擢明经于青紫,将升硕儒于卿相,圣人之善诱④也。群臣以宫中暑湿,寝膳或乖,请移御高明,营一小阁,遂惜家人之产,竟抑子来之愿,不吝阴阳之感,以安卑陋之居。顷岁霜俭,普天饥馑,丧乱甫尔,仓廪空虚。圣情矜愍,勤加赈恤,竟无一人流离道路,犹且食惟藜藿⑤,乐彻簨簴⑥,言必凄动,貌成癯瘦。公旦喜于重译⑦,文命矜其即叙⑧。陛下每见四夷款附,万里归仁,必退思进省,凝神动虑,恐妄劳中国,以求远方,不藉万古之英声,以存一时之茂实。心切忧劳,迹绝游幸,每旦视朝,听受无倦,智周于万物,道济于天下。

罢朝之后,引进名臣,讨论是非,备尽肝膈,惟及政事,更无异辞。才及日昃,必命才学之士,赐以清闲,高谈典籍,杂以文咏,间以玄言,乙夜忘疲⑨,中宵不寐。此之四道,独迈往初,斯实生民以来,一人而已。弘兹风化,昭示四方,信可以期月之间,弥纶天壤。而淳粹尚阻,浮诡未移,此由习之永久,难以卒变。请待斫雕成朴,以质代文,刑措之教一行,登封之礼云毕,然后定疆理之制,议山河之赏,未为晚焉。《易》称:"天地盈虚,与时消息,况于人乎?"美哉斯言也。

[注释]①烝烝:亦作"蒸蒸"。《虞书》称舜曰:"克谐以孝,烝烝乂,不格奸。" ②文王之德:《礼记》曰:"文王之为世子,朝于王季日三,鸡初鸣而衣服至寝门外,问内竖之御者曰:'今日安否何如?'曰:'安。'文王乃喜。日中又至,亦如之。及莫又至,亦如之。食上必在视寒暖之节,食下问所膳。" ③大禹之泣:语出《说苑》。禹出见罪人,下车,问而泣之。左右曰:"罪人不顺道,何为痛之?"禹曰:"尧、舜之民,皆以尧、舜之心为心,寡人之民,各自以心为心,是以痛之。" ④圣人之善诱:语出《论语》"夫子循循然善诱人"。 ⑤藜藿(lí huò):指粗劣的饭菜。 ⑥簨簴(sǔn jù):悬钟鼓之架。皆以木为之,横曰簨,纵曰簴。 ⑦公旦喜于重译:旦,周公名。《史记》曰:"交趾之南有越裳国,周公居摄六年,制礼作乐,天下和平,越裳以三象重译而献白雉,曰:'道路悠远,山川阻深,音使不通,故重译而朝。'" ⑧文命矜其即叙:文命,《史记》以为禹名。《夏书》曰:"织皮昆仑、析之、渠搜,西戎即叙。"即,就。言雍州水土既平,而余功及于西戎。 ⑨乙夜忘疲:太宗常曰:"若不甲夜视事,乙夜读书,何以为人君?"

中书舍人马周又上疏曰:

伏见诏书令宗室勋贤作镇藩部,贻厥子孙,嗣守其政,非有大故,无或黜免。臣窃惟陛下封植之者,诚爱之重之,欲其胤裔承守,与国无疆,可使世官也。何则?以尧、舜之父,犹有朱、均之子①。况下此以还,而欲以父取儿,恐失之远矣。倘有孩童嗣职,万一骄逸,则兆庶被其殃,而国家受其败。政欲绝之也,则子文之理②犹在;政欲留之也,而栾黡之恶③已彰。与其毒害于见存之百姓,则宁使割恩于已亡之一臣,明矣。然则向所谓爱之者,乃适所以伤之也。臣谓宜赋以茅土④,畴其户邑,必有材行,随器方授,则虽其翰翮⑤非强,亦可以获免尤累。昔汉光武不任功臣以吏事,所以终全其世者,良由得其术也。愿陛下深思其宜,使夫得奉大恩,而子孙终其福禄也。

太宗并嘉纳其言。于是竟罢子弟及功臣世袭刺史。

[注释]①朱、均:指尧的儿子丹朱,舜的儿子商均,都是不肖之子。②子文之理:子文,楚令尹,姓斗,名谷于菟,其孙克黄使齐复命,自拘于司寇。王思子文之治,曰:"子文无后,何以劝善?"使复其官。 ③栾黡之恶:栾黡,晋大夫武子之子。晋士鞅曰:栾黡汰虐已甚,犹可以免。其在盈呼!黡死,武子所施没矣,而黡之怨实章。后盈见逐。盈,黡之子。 ④赋以茅土:古者天子以五色土为坛,封诸侯取其方面,苴以白茅,授之,使立社于其国。 ⑤翰翮(hé):原指羽毛,这里指德行、能力。

卷　四

## 论太子诸王定分第九

贞观七年,授蜀王恪齐州都督。太宗谓侍臣曰:"父子之情,岂不欲常相见耶?但家国事殊,须出作藩屏。且令其早有定分,绝觊觎之心,我百年后,使其兄弟无危亡之患也。"

贞观十一年,侍御史马周上疏曰:"自汉、晋以来,诸王皆为树置失宜,不预立定分,以至于灭亡。人主熟知其然,但溺于私爱,故使前车既覆而后车不改辙也。今诸王承宠遇之恩有过厚者,臣之愚虑,不惟虑其恃恩骄矜也。昔魏武帝①宠树陈思②,及文帝③即位,防守禁闭,有同狱囚,以先帝加恩太多,故嗣王疑而畏之也。此则武帝之宠陈思,适所以苦之也。且帝子何患不富贵,身食大国,封户不少,好衣美食之外,更何所须?而每年别加优赐,曾无纪极。俚语曰:'贫不学俭,富不学奢。'言自然也。今陛下以大圣创业,岂惟处置见在子弟而已,当须制长久之法,使万代遵行。"疏奏,太宗甚嘉之,赐物百段。

[注释]①魏武帝:曹操。 ②陈思:陈思王曹植。曹操第三子,因聪明多才,备受曹操宠爱,一度欲立为太子。及曹丕、曹叡相继为帝后,备受猜忌,郁郁而死。 ③文帝:指魏文帝曹丕。

贞观十三年,谏议大夫褚遂良以每月特给魏王泰府料物有逾于皇太子,上疏谏曰:"昔圣人制礼,尊嫡卑庶①。谓之储君②,道亚霄极,甚为崇重,用物不计,泉货财帛,与王者共之。庶子体卑,不得为例,所以塞嫌疑之渐,除祸乱之源。而先王必本于人情,然后制法,知有国家,必有嫡庶。然庶子虽爱,不得超越嫡子,正体特须尊崇。如不能明立定分,遂使当亲者疏,当尊者卑,则佞巧之徒承机而动,私恩害公,惑至乱国。伏惟陛下功超万古,道冠百王,发施号令,为世作法。一日万机,或未尽美,臣职谏诤,无容静默。伏见储君料物,翻少魏王,朝野见闻,不以为是。臣闻《传》曰:'爱子,教以义方。'忠、孝、恭、俭,义方之谓。昔汉窦太后③及景帝并不识义方之理,遂骄恣梁孝王,封四十余城,苑方三百里,大营宫室,复道弥望,积财巨万计,出警入跸④,小不得意,发病而死。宣帝亦骄恣淮阳王⑤,几至于败,赖其辅以退让之臣,仅乃获免。且魏王既新出阁,伏愿恒存礼训,妙择师傅,示其成败。既敦之以节俭,又劝之以文学。惟忠惟孝,因而奖之,道德齐礼,乃为良器。此所谓圣人之教,不肃而成者也。"太宗深纳其言。

[注释]①尊嫡卑庶:嫡,宗法社会中称正妻为嫡,正妻所生之子女叫嫡

生。后引申为正宗的意思。与嫡相对的是庶,即妾。妾所生子女为庶子。尊嫡卑庶,意思是尊重正宗,不重旁支。　②储君:皇太子。储,副。太子,君之副,故谓之储君。　③窦太后:汉文帝之后。　④出警入跸(bì):帝王出称警,入称跸。出警入跸泛指帝王的车驾护卫。　⑤淮阳王:名钦,汉宣帝的庶子。

贞观十六年,太宗谓侍臣曰:"当今国家何事最急?各为我言之。"尚书右仆射高士廉曰:"养百姓最急。"黄门侍郎刘洎曰:"抚四夷最急。"中书侍郎岑文本曰:"《传》称:'道之以德,齐之以礼。'由斯而言,礼义为急。"谏议大夫褚遂良曰:"即日四方仰德,谁敢为非,但太子、诸王,须有定分,陛下宜为万代法,以遗子孙,此最当今日之急。"太宗曰:"此言是也。朕年将五十,已觉衰怠①。既以长子守器东宫,诸弟及庶子数将四十,心常忧虑,在此耳。但自古嫡庶无良,何尝不倾败家国。公等为朕搜访贤德,以辅储宫,爰及诸王,咸求正士。且官人事王,不宜岁久。岁久则分义情深,非意窥窬②,多由此作,其王府官寮,勿令过四考。"

[注释]①衰怠:衰老,疲惫。　②窥窬(yú):窥伺可乘之隙。

贞观中,皇子年小者多授都督、刺史,谏议大夫褚遂良上疏谏曰:"昔两汉以郡国理人,除郡以外,分立诸子,割土分疆,杂用周制。皇唐郡县,粗依秦法。皇子幼年,或授刺史。陛下岂不以王之骨肉,镇扞四方,圣人造制,道高前烈?如臣愚见,有小未尽。何者?刺史师帅,人仰以安。得一善人,部内苏息①;遇一不善,阖州劳弊。是以人君爱恤百姓,常为择贤。或称河润九里,京师蒙福②;或人兴歌咏,生为立祠③。汉宣帝云:'与我共理者,惟良二千石乎!'如臣愚见,陛下儿子内,年齿尚幼,未堪临人者,请且留京师,教以经学。一则畏天之威,不敢犯禁;二则观见朝仪,自然成立。因此积习,自知为人,审堪临州,然后遣出。臣谨按汉明、章、和三帝,能友爱子弟。自兹以降,以为准的。封立诸王,虽各有土,年尚幼小者,召留京师,训以礼法,垂以恩惠。迄三帝世,诸王数十百人,惟二王稍恶④,自余皆餐和染教,皆为善人。此则前世已验,惟陛下详察。"太宗嘉纳其言。

[注释]①苏息:宁息,平安。 ②河润九里,京师蒙福:汉光武帝时颍川盗起,征拜渔阳太守郭伋为颍川太守,召见,帝劳曰:"贤能太守,去帝城不远,河润九里,冀京师并蒙福也。"伋到郡,招怀群盗皆降。 ③人兴歌咏,生为立祠:汉明帝时,王堂拜为巴州太守,时西羌为寇,堂讨平之。巴、庸清静,生为立祠。 ④二王稍恶:二王指楚王英、广陵思王荆。二王皆以谋逆自杀。


## 论尊师傅第十

贞观三年,太子少师李纲①有脚疾,不堪践履。太宗特赐步舆②,令三卫③举入东宫,诏皇太子引上殿,亲拜之,大见崇重。纲为太子陈君臣父子之道,问寝视膳之方,理顺辞直,听者忘倦。太子尝商略古来君臣名教,竭忠尽节之事,纲憓然曰:"托六尺之孤,寄百里之命④,古人以为难,纲以为易。"每吐论发言,皆辞色慷慨,有不可夺之志,太子未尝不耸然礼敬。

[注释]①李纲:字文纪,观州人。隋时曾做过太子洗马,升为尚书右丞。唐高祖时拜为礼部尚书兼太子詹事,频谏太子不听。贞观初,拜为太子少师。②步舆:一种人抬的代步工具。 ③三卫:唐制,东宫六率府分为上、中、下三等,掌宿卫之事,称为三卫。 ④托六尺之孤,寄百里之命:《论语》曾子之言,谓辅幼君,摄国政。

贞观六年,诏曰:"朕比寻讨经史,明王圣帝,曷尝无师傅哉？前所进令,遂不睹三师之位,意将未可。何以然？黄帝学大颠,颛顼学录图,尧学尹寿,舜学务成昭,禹学西王国,汤学威子伯,文王学子期,武王学虢叔。前代圣王,未遭此师,则功业不着乎天下,名誉不传乎载籍。况朕接百王之末,智不同圣人,其无师傅,安可以临兆民者哉？《诗》不云乎:'不愆不忘,率由旧章①。'夫不学,则不明古道,而能政致太平者未之有也！可即著令,置三师②之位。"

[注释]①不愆不忘,率由旧章:《诗·大雅·嘉乐》之辞。 ②三师:北魏以后称太师、太傅、太保为"三师",品级列正一品,但仅为虚衔,无实职。后偶有废置之时,贞观十一年(637年)复置。

贞观八年,太宗谓侍臣曰:"上智之人,自无所染,但中智之人无恒,从教而变,况太子师保①,古难其选。成王幼小,周、召为保傅。左右皆贤,日闻雅训,足以长仁益德,使为圣君。秦之胡亥,用赵高作傅,教以刑法,及其嗣位,诛功臣,杀亲族,酷暴不已,旋踵而亡。故知人之善恶,诚由近习。朕今为太子、诸王精选师傅,令其式瞻礼度,有所裨益。公等可访正直忠信者,各举三两人。"

[注释]①师保:古代辅导天子和太子、诸侯子弟的官员,有太师、太保、太傅等,统称为师保或保傅。

贞观十一年,以礼部尚书王珪兼魏王师。太宗谓尚书左仆射房玄龄曰:"古来帝子,生于深宫,及其成人,无不骄逸,是以倾覆相踵①,少能自济。我今严教子弟,欲令皆得安全。王珪,我久驱使,甚知刚直,志存忠孝,选为子师。卿宜语泰:'每对王珪,如见我面,宜加尊敬,不得懈怠。'"珪亦以师道②自处,时议善之。

[注释]①倾覆相踵:相继败亡。 ②师道:为师之道。

贞观十七年,太宗谓司徒长孙无忌、司空房玄龄曰:"三师以德道人者也。若师体卑,太子无所取则。"于是诏令撰太子接三师仪注①。太子出殿门迎,先拜,三师答拜,每门让,三师坐,太子乃坐。与三师书,前名惶恐②,后名惶恐再拜。

[注释]①仪注:礼仪制度。 ②惶恐:意为恐惧不安,是一种谦词。

贞观十八年,高宗①初立为皇太子,尚未尊贤重道,太宗又尝令太子居寝殿之侧,绝不往东宫。散骑常侍刘洎上书曰:

臣闻郊迎四方,孟侯②所以成德,齿学三让,元良③由是作贞。斯皆屈主祀之尊，申下交之义。故得刍言咸荐，睿问旁通，不出轩庭，坐知天壤，率由兹道，永固鸿基者焉。至若生乎深宫之中，长乎妇人之手，未曾识忧惧，无由晓风俗。虽复神机不测，天纵生知，而开物成务，终由外奖。匪夫崇彼干籥④，听兹谣颂，何以辨章庶类，甄核彝伦？历考圣贤，咸资琢玉。是故周储上哲，师望、奭而加裕⑤；汉惠深仁，引园、绮而昭德⑥。原夫太子，宗祧是系，善恶之际，兴亡斯在，不勤于始，将悔于终。是以晁错⑦上书，令先通政术，贾谊⑧献策，务前知礼教。窃惟皇太子玉裕挺生，金声凤振，明允笃诚之美，孝友仁义之方，皆挺自天姿，非劳审谕，固以华夷仰德，翔泳希风矣。然则寝门视膳，已表于三朝，艺宫论道，宜弘于四术⑨。虽春秋鼎盛，饬躬有渐，实恐岁月易往，堕业兴讥，取适晏安，方从此始，臣以愚短，幸参侍从，思广储明，暂愿闻彻，不敢曲陈故事，请以圣德言之。

[**注释**]①高宗：名治（628～683年），唐太宗之子，长孙皇后所生，经考证，实为贞观十七年（643年）四月被立为太子，贞观二十三年（649年）继位。②孟侯：世子。　③元良：太子的代称。　④干籥：干，舞者所执之楯。籥，乐管，以竹为之，三孔，长三尺，以和众声者。　⑤周储上哲，师望、奭而加裕：周储，谓成王。望，太公号。奭，召公名。成王以二公为师保。　⑥汉惠深仁，引园、绮而昭德：汉惠，指汉惠帝刘盈。高祖欲废太子盈，张良教太子迎四皓。四皓是居住在陕西商山深处的四位白发皓须、德高望重、品行高洁的老者，他们为苏州太湖角里先生周术、河南商丘东园公唐秉、湖北通城绮里季吴实、浙江宁波夏黄公崔广。此句意为惠帝仁义，引园、绮里季等四位贤人让他的威德显扬。　⑦晁错：汉文帝时，晁错为太子舍人，迁博士。　⑧贾谊：洛阳人，汉文帝时为梁怀王傅。　⑨四术：王制，乐正崇四术，立四教，顺先王诗书礼

乐以造士。

伏惟陛下诞睿膺图，登庸历试。多才多艺，道著于匡时；允武允文，功成于纂祀。万方即叙，九围清晏。尚且虽休勿休，日慎一日，求异闻于振古，劳叡思于当年。乙夜观书，事高汉帝；马上披卷，勤过魏王。陛下自励如此，而令太子优游弃日，不习图书，臣所未谕一也。加以暂屏机务，即寓雕虫。纡宝思于天文，则长河韬映；摛玉字于仙札，则流霞成彩。固以锱铢万代，冠冕百王，屈、宋①不足以升堂，钟、张②何阶于入室。陛下自好如此，而令太子悠然静处，不寻篇翰，臣所未谕二也。陛下备该众妙，独秀寰中，犹晦天聪，俯询凡识。听朝之隙，引见群官，降以温颜，访以今古，故得朝廷是非，里闾好恶，凡有巨细，必关听览。陛下自行如此，而令太子久入趋侍，不接正人，臣所未谕三也。陛下若谓无益，则何事劳神；若谓有成，则宜申贻厥③。蔑而不急，未见其可。伏愿俯推叡范，训及储君，授以良书，娱之嘉客。朝披经史，观成败于前踪；晚接宾游，访得失于当代。间以书札，继以篇章，则日闻所未闻，日见所未见。副德愈光，群生之福也。

[注释]①屈、宋：指屈原、宋玉。二人均善辞赋。　②钟、张：指钟繇、张芝。二人均善书法。　③贻厥：指留传、遗留。

窃以良娣①之选，遍于中国。仰惟圣旨，本求典内，冀防微，慎远虑，臣下所知。暨乎征简人物，则与聘纳相违，监抚②二周，未近一士。愚谓内既如彼，外亦宜然者，恐招物议,谓陛下重内而轻外也。古之太子,问安而退,所以广敬于君父;异宫而处,所以分别于嫌疑。今太子一侍天闱,动移旬朔,师傅已下,无由接见。假令供奉有隙,暂还东朝,拜谒既疏,且事欣仰,规谏之道,固所未暇。陛下不可以亲教,宫寀③无因以进言,虽有具寮,竟将何补?

[注释]①良娣:太子之妾。 ②监抚:谓监国抚军。 ③寀:指僚属。

伏愿俯循前躅①,稍抑下流,弘远大之规,展师友之义,则储徽克茂,帝图斯广,凡在黎元,孰不庆赖!太子温良恭俭,聪明睿哲,含灵所悉,臣岂不知,而浅识勤勤,思效愚忠者,愿沧溟②益润,日月增华也。

太宗乃令洎与岑文本、马周递日往东宫,与皇太子谈论。

[注释]①前躅:前人的足迹。躅,迹。 ②沧溟:大海。

## 教戒太子诸王第十一

贞观七年,太宗谓太子左庶子于志宁①、杜正伦曰:"卿等辅导太子,常须为说百姓间利害事。朕年十八,犹在民间,百姓艰难,无不谙练。及居帝位,每商量处置,或时有乖疏②,得人谏诤,方始觉悟。若无忠谏者为说,何由行得好事?况太子生长深宫,百姓艰难,都不闻见乎?且人主安危所系,不可辄为骄纵。朕若欲肆情骄纵,但出敕云,有谏者即斩,必知天下士庶无敢更发直言。故克己励精③,容纳谏诤,卿等常须以此意共其谈说。每见有不是事,宜极言切谏,令有所裨益也。"

[注释]①于志宁:字仲谧,京兆人,贞观三年(629年)为中书侍郎,迁左庶子,上《谏苑》,俄兼詹事。晋王为皇太子,复拜左庶子。 ②乖疏:违背礼义,出现疏漏。 ③克己励精:克制私欲,励精图治。

贞观十八年,太宗谓侍臣曰:"古有胎教世子①,朕则不暇。但近自建立太子,遇物必有诲谕。见其临食将饭,谓曰:'汝知饭乎?'对曰:'不知。'曰:'凡稼穑艰难,皆出人力,不夺其时,常有此饭。'见其乘马,又谓曰:'汝知马乎?'对曰:'不知。'曰:'能代人劳苦者也,以时消息,不尽其力,则可以常有马也。'见其乘舟,又谓曰:'汝知舟乎?'对曰:'不知。'曰:'舟所以比人君,水所以比黎庶②,水能载舟,亦能覆舟。尔方为人主,可不畏惧!'见其休于曲木之下,又谓曰:'汝知此树乎?'对曰:'不知。'曰:'此木虽曲,得绳则正,为人君虽无道,受谏则圣。此傅说③所言,可以自鉴。'"

[注释]①古有胎教世子:相传周文王之母大任,为人端庄,很有德操。在怀孕期间,目不视恶色,耳不听淫声,口不出傲言。生下文王之后,文王聪敏异常。人称文王之母能为胎教。 ②黎庶:黎民百姓。 ③傅说:《商书》傅说告高宗曰:"惟木从绳则正,后从谏则圣。"

贞观七年,太宗谓侍中魏征曰:"自古侯王能自保全者甚少,皆由生长富贵,好尚骄逸。多不解亲君子远小人故尔。朕所有子弟,欲使见前言往行,冀其以为规范。"因命征录古来帝王子弟成败事,名为《自古诸侯王善恶录》,

以赐诸王。其序曰：

观夫膺期受命，握图御宇，咸建懿亲，藩屏王室，布在方策，可得而言。自轩分二十五子①，舜举一十六族②，爰历周、汉，以逮陈、隋，分裂山河，大启磐石者众矣。或保乂王家，与时升降；或失其土宇，不祀忽诸。然考其盛衰，察其兴灭，功成名立，咸资始封之君，国丧身亡，多因继体之后。其故何哉？始封之君，时逢草昧，见王业之艰阻，知父兄之忧勤，是以在上不骄，夙夜匪懈，或设醴以求贤③，或吐飧而接士④。故能忠言之逆耳，得百姓之欢心，树至德于生前，流遗爱于身后。暨夫子孙继体，多属隆平，生自深宫之中，长居妇人之手，不以高危为忧惧，岂知稼穑之艰难？昵近小人，疏远君子，绸缪哲妇，傲狠明德，犯义悖礼，淫荒无度，不遵典宪，僭差越等。恃一顾之权宠，便怀匹嫡之心；矜一事之微劳，遂有无厌之望。弃忠贞之正路，蹈奸宄⑤之迷途。愎谏违卜，往而不返。虽梁孝、齐冏⑥之勋庸，淮南⑦、东阿之才俊，摧摩霄之逸翮，成穷辙之涸鳞，弃桓、文之大功⑧，就梁、董之显戮⑨。垂为明戒，可不惜乎！皇帝以圣哲之恣，拯倾危之运，耀七德⑩以清六合，总万国而朝百灵，怀柔四荒，亲睦九族，念华萼于《棠棣》⑪，寄维城于宗子。心乎爱矣，靡日不思，爰命下臣，考览载籍，博求鉴镜，贻厥孙谋。臣辄竭愚浅，稽诸前训。凡为藩为翰，有国有家者，其兴也必由于积善，其亡也皆在于积恶。故知善不积不足以成名，恶不积不足以灭身。然则祸福无门，吉凶由己，惟人所召，岂徒言哉！今录自古诸王行事得失，分其善恶，各为一篇，名曰《诸王善恶录》，欲使见善思齐，足以扬名不朽；闻恶能改，庶得免乎大过。从善则有誉，改过则无咎。兴亡是系，可不勉欤？

太宗览而称善，谓诸王曰："此宜置于座右，用为立身之本。"

[**注释**]①轩分二十五子：《国语》记载，黄帝之子二十五子，其同姓者二人，青阳与夷鼓。其同生而异姓者十四人，别为十二姓，姬、酉、祁、己、滕、箴、任、荀、僖、姞、儇、依。 ②舜举一十六族：八元、八凯。 ③设醴以求贤：汉楚元王敬礼申公等，穆生不嗜酒，元王每置酒，常为穆生设醴。 ④吐飡而接士：周公戒伯禽曰："我于天下亦不贱矣，然我一沐三握发，一饭三吐哺，犹恐失天下之贤人。子之鲁，慎无以国骄人。" ⑤奸宄(guǐ)：犯法作乱之人。⑥梁孝、齐冏(jiǒng)：梁孝，即汉文帝之子梁王刘武。齐冏，即晋齐王司马冏。二人都建立过功业。 ⑦淮南：名安，汉武帝诸父，封淮南王，好书鼓瑟，招宾客，喜文辞。后坐反谋，自杀。 ⑧桓、文之大功：齐桓公、晋文公皆春秋诸侯之伯，有尊王室匡天下之功。 ⑨就梁、董之显戮：梁冀，汉桓帝时为大将军。后为反谋，冀与妻皆自杀。董卓，汉献帝时自为太尉、相国，作乱被诛，夷三族。 ⑩七德：《左传》楚子曰："夫武，禁暴、戢兵、保大、定国、安民、和众、丰财者也，使子孙无忘其章。"此武王七德之义。 ⑪《棠棣》：《诗·小雅》篇名，一首申述兄弟应该互相友爱的诗。

贞观十年，太宗谓荆王元景、汉王元昌、吴王恪、魏王泰等曰："自汉已来，帝弟帝子，受茅土、居荣贵者甚众，惟东平①及河间王②最有令名，得保其禄位。如楚王玮③之徒，覆亡非一，并为生长富贵，好自骄逸所致。汝等鉴诫，宜熟思之。拣择贤才，为汝师友，须受其谏诤，勿得自专④。我闻以德服物，信非虚说。比尝梦中见一人云虞、舜，我不觉竦然敬异，岂不为仰其德也！向若梦见桀、纣，必应斫之。桀、纣虽是天子,今若相唤作桀、纣,人必大怒。颜回、闵子骞⑤、郭林宗、黄叔度⑥,虽是布衣。今若相称赞,道类此四贤,必当大喜。故知人之立身,所贵者惟在德行,何必要论荣贵。汝等位列藩王,家食实封,更能克修德行,岂不具美也?且君子、小人本无常,行善事则为君子,行恶事则为小人,当须自克励,使善事日闻,勿纵欲肆情,自陷刑戮。"

[注释]①东平:东平王刘苍,汉光武帝之子。好经书,有智思,文称典雅。明帝问他处家何事最乐,他答道:"为善最乐。" ②河间王:刘德,汉景帝之子。以博学有德著称。 ③楚王玮:晋武帝之子,曾掌兵权,刚狠好杀,因矫诏杀太宰汝南王亮、太保卫瓘,贾后遂执玮下廷尉斩之。 ④自专:自以为是,独断专行。 ⑤颜回、闵子骞:颜回,字子渊。闵子骞,闵损,字子骞。二人都是孔子的学生,以德行著称。 ⑥郭林宗、黄叔度:二人都是后汉时的高尚之士。郭林宗,名太,太原人。黄叔度,名宪,汝南人。

贞观十年,太宗谓房玄龄曰:"朕历观前代拨乱创业之主,生长民间,皆识达情伪,罕至于败亡。逮乎继世守文之君,生而富贵,不知疾苦,动至夷灭①。朕少小以来,经营多难,备知天下之事,犹恐有所不逮。至于荆王诸弟,生自深宫,识不及远,安能念此哉?朕每一食,便念稼穑之艰难;每一衣,则思纺绩之辛苦,诸弟何能学朕乎?选良佐以为藩弼②,庶其习近善人,得免于愆过尔。"

[注释]①夷灭:灭亡。 ②藩弼(bì):保护、教导、辅助之意。

贞观十一年,太宗谓吴王恪曰:"父之爱子,人之常情,非待教训而知也。子能忠孝则善矣。若不遵诲诱,忘弃礼法,必自致刑戮,父虽爱之,将如之何?昔汉武既崩,昭帝嗣立,燕王旦①素骄纵,诗张②不服,霍光③遣一折简诛之,则身死国除。夫为臣子不得不慎。"

[注释]①燕王旦:汉武帝第三子。燕王与上官桀等潜谋不轨,事败,桀等伏诛,燕王被赐死。 ②诗张:欺诳,狂妄。 ③霍光:为大将军,辅汉昭帝。

## 规谏太子第十二

贞观五年,李百药为太子右庶子,时太子承乾①颇留意典坟②,然闲宴之后,嬉戏过度。百药作《赞道赋》以讽焉,其词曰:

下臣侧闻先圣之格言,尝览载籍之遗则,伊天地之玄造,洎皇王之建国。曰人纪与人纲,资立言与立德。履之则率性成道,违之则罔念作忒。望兴废如从钩,视吉凶于纠缠。至乃受图膺箓,握镜君临。因万物之恩化,以百姓而为心。体大仪之潜运,阅往古于来今。尽为善于乙夜,惜勤劳于寸阴③。故能释增冰于瀚海,变寒谷于蹛林④。总人灵以胥悦,极穹壤而怀音。

[注释]①承乾:字高明,太宗长子。因生于承乾殿,故得此名。贞观初立为皇太子。贞观十七年(643年),承乾谋反事发,被废。 ②典坟:三坟五典的略语。传五帝之书称五典,言常道。三皇之书称三坟。言大道。泛指各种书籍。 ③惜勤劳于寸阴:《淮南子》曰:"圣人不贵尺之璧而重寸之阴,时难得而易失也。" ④变寒谷于蹛林:唐之思结地置蹛林州。蹛林,匈奴绕林而祭。

赫矣圣唐，大哉灵命；时维大始，运钟上圣。天纵皇储，固本居正；机悟宏远，神姿凝映。顾三善而必弘。祗四德①而为行。每趋庭而闻礼②，常问寝而资敬。奉圣训以周旋，谒天文之明命。迈观乔而望梓，即元龟与明镜。自大道云革，礼教斯起，以正君臣，以笃父子。君臣之礼，父子之亲，尽情义以兼极，谅弘道之在人。岂夏启与周诵③，亦丹朱④与商均。既雕且琢，温故知新。惟忠与敬，曰孝与仁。则可以下光四海，上烛三辰⑤。昔三王之教子，兼四时以齿学；将交发于中外，乃先之以礼乐。乐以移风易俗，礼以安上化人。非有悦于钟鼓，将宣志以和神。宁有怀于玉帛，将克己而庇身。生于深宫之中，处于群后⑥之上，未深思于王业，不自珍于匕鬯⑦。谓富贵之自然，恃崇高以矜尚。必恣骄很，动忿礼让，轻师傅而慢礼仪，狎奸谄而纵淫放。前星之耀遽隐，少阳之道⑧斯谅。虽天下之为家，蹈夷俭之非一。或以才而见升，或见谗而受黜。足可以省厥休咎，观其得失。请粗略而陈之，觊披文而相质。

[注释]①四德：《易·文言》传曰："君子行此四德者，故曰'元亨利贞'。" ②趋庭而闻礼：语出《论语》。伯鱼曰："鲤趋而过庭，曰：'学礼乎？'曰：'未也。''鲤退而学礼。" ③夏启与周诵：夏启，夏代国王，姒姓，禹之子。传禹曾选定东夷族的伯益做继承人。禹死后，夏启即继王位，与伯益发生争夺，杀伯益，确立传子制度。有扈氏不服，也被他攻灭。一说禹去世后，伯益推让，他被拥戴继位。周诵，即周成王。即位时年幼，由周公旦摄政。 ④丹朱：相传为尧之子，不肖，唯漫游是好。 ⑤三辰：指日、月、星。 ⑥群后：指诸侯。 ⑦匕鬯：匕，所以载鼎实；鬯，香酒。奉宗庙之盛。 ⑧少阳之道：震为少阳，指长子之道。

在宗周之积德,乃执契而膺期;赖昌、发①而作贰,启七百之鸿基。逮扶苏②之副秦,非有亏于闻望,以长嫡之隆重,监偏师于亭障。始祸则金以寒离③,厥妖则火不炎上④;既树置之违道,见宗祀之遄丧。伊汉氏之长世,固明两⑤之递作。高惑戚而宠赵⑥,以天下而为谑。惠结皓而因良,致羽翼于寥廓。景有惭于邓子,成从理之淫虐;终生患于强吴,由发怒于争博⑦。彻居储两⑧,时犹幼冲,知防年之绝议,识亚夫之矜功⑨,故能恢弘祖业,绍三代之遗风。据开博望,其名未融。哀时命之奇舛,遇谗贼于江充,虽备兵以诛乱,竟背义而凶终⑩。宣嗣好儒,大猷行阐,嗟被尤于德教,美发言于忠謇。始闻道于韦、匡,终获戾于恭、显⑪。太孙杂艺,虽异定陶,驰道不绝,抑惟小善。犹见重于通人,尚传芳于前典⑫。中兴上嗣,明、章济济⑬,俱达政术,咸通经礼,极至情于敬爱,惇友于于兄弟,是以固东海⑭之遗堂,因西周之继体。五官在魏,无闻德音。或受讥于妲己,且自悦于从禽。虽才高而学富,竟取累于荒淫⑮。暨贻厥于明皇⑯,构崇基于三世。得秦帝之奢侈,亚汉武之才艺。遂驱役于群臣,亦无救于凋弊。中抚宽爱,相表多奇。重桃符而致惑,纳钜鹿之明规⑰。竟能扫江表之氛秽,举要荒而见羁。惠处东朝,察其遗迹。在圣德其如初,实御床之可惜⑱。悼滑怀之云废⑲,遇烈风之吹沙。尽性灵之狎艺,亦自败于凶邪。安能奉其粢盛,承此邦家!

[注释]①昌、发:指周文王和周武王。昌,文王名。发,武王名。 ②扶苏:秦始皇长子。因劝阻秦始皇镇压儒生,被派往上郡监大将蒙恬军。始皇

死后,宦官赵高、丞相李斯伪造始皇诏书,命他自杀,拥立其弟胡亥。　③始祸则金以寒离:《左传·闵公二年》,晋侯使太子申生伐东山皋落氏,衣之偏衣,佩之金玦。偏衣非正,金玦非玉,两者皆不伦不类,暗有废黜之意。④厥妖则火不炎上:《五行传》曰:"弃法律,逐功臣,杀太子,以妾为妻,则火不炎上。"言火失其性而为灾。　⑤明两:《易》曰:"明两作离,大人以继明,照于四方。"指两明前后相续之义。　⑥高惑戚而宠赵:高,指汉高帝刘邦。赵,指赵王如意。赵王如意是刘邦最喜爱的儿子,刘邦几次想让他做太子。刘邦死了刚刚半年,吕后就把这个才十几岁的孩子从邯郸骗到了长安,用毒药害死了。　⑦景有惭于邓子,成从理之淫虐;终生患于强吴,由发怒于争博:景,汉景帝,名启,文帝太子。邓子,名通,文帝佞幸臣。强吴,高祖兄仲之子,吴王濞。文帝尝病痈,邓通尝为帝吮之。帝问:"天下谁最爱我?"通曰:"宜莫如太子。"太子入问病,帝使之吮痈,吮而有色难之。已而闻通尝为帝吮,心惭,由此怨通。及即位,邓通免。太子又尝与吴太子饮博,吴太子素骄,博争不恭,太子引博局提吴太子杀之。吴王由是怨望,稍失藩臣礼。　⑧彻居储两:汉武帝为太子时。彻,汉武帝名。储两,为太子时。　⑨识亚夫之矜功:亚夫,周勃之子,仕至丞相,景帝甚重之。帝欲废戾太子,亚夫不可,帝由是疏之。⑩据开博望,其名未融。哀时命之奇舛,遇谗贼于江充,虽备兵以诛乱,竟背义而凶终:据,戾太子名,汉武帝子。帝为太子立博望苑,使通宾客。赵人江充与太子有隙,见帝年老,恐他日为所诛,因言帝疾祟在巫蛊。帝乃使充入宫治之。充云:"太子宫木人尤多,又有帛书,所言不道。"太子遂捕充,斩之。长安军乱,因言太子反。上怒,太子自经。　⑪宣嗣好儒,大猷行阐,嗟被尤于德教,美发言于忠謇。始闻道于韦、匡,终获戾于恭、显:宣嗣,指汉元帝,名奭,好儒术文辞,用韦玄成、匡衡相继为丞相,多所向纳。复以弘恭、石显相继擅权用事,萧望之、京房、贾捐之等,皆以言显短而死。　⑫太孙杂艺,虽异定陶,驰道不绝,抑惟小善。犹见重于通人,尚传芳于前典:汉成帝,名骜,字太孙,元帝太子。定陶共王,元帝庶子。成帝博好经书,为太子时,帝急召之。太子出龙楼门,不敢绝驰道,西至直城门得绝,乃度,还如作室门。上迟之,问其故,以状对,帝悦,乃诏太子得绝驰道。其后帝以定陶王有才艺,欲立为嗣,赖侍中史丹辅助太子,得无废。　⑬中兴上嗣,明、章济济:光武帝为汉中兴之君,太子庄,是为明帝,号显宗。明帝太子炟是为章帝,号肃宗。 ⑭东海:指东海王,明帝之兄,极相友爱。 ⑮五官在魏,无闻德音。或受讥于妲己,且自悦于从禽。虽才高而学富,竟取累于荒淫:魏文帝曹丕为魏世子时,没有听到他好的德行。不是因为喜爱美女而遭到别人指责,就是放纵于打猎游玩。虽然才能高、学问好,却被自己的荒淫所牵连。 ⑯明皇:指魏明帝。名叡,魏文帝太子。 ⑰中抚宽爱,相表多奇。重桃符而致惑,纳钜鹿之明规:中抚,指晋武帝司马炎,晋王昭之子,曾仕魏为中抚军。桃符,武帝弟齐王攸之小名。初晋王欲以攸为世子,何曾、裴秀曰:"中抚军聪明神武,人望既茂,天表如此,固非人臣之相也。"晋王由是意定,立炎为世子,嗣晋王位,受魏禅,国号晋。 ⑱惠处东朝,察其遗迹。在圣德其如初,实御床之可惜:晋惠帝,名衷,武帝第二子。东朝,为太子时。是时朝野咸知太子昏愚,不堪为嗣,尚书令卫瓘欲陈启而未敢发。会侍宴凌云台,瓘阳醉,跪帝前,欲言而止者三,因以手抚床曰:"此座可惜。" ⑲悼潜怀之云废:晋愍怀太子,名遹,惠帝长子。有令誉,贾后忌之,遂设计谮遹于帝,废为庶人。

惟圣上之慈爱,训义方于至道。同论政于汉幄,修致戒于京邸。鄙《韩子》之所赐①,重经术以为宝。咨政理之美恶,亦文身之黼藻。庶有择于愚夫,惭乞言于遗老。致庶绩于咸宁,先得人而为盛。帝尧以则哲垂谟,文王以多士兴咏。取之于正人,鉴之于灵镜。量其器能,审其检行。必宜度机而分职,不可违方以从政。若其惑于听受,暗于知人,则有道者咸屈,无用者必伸。逸谀竞进以求媚,玩好不召而自臻。直言正谏,以忠信而获罪;卖官鬻狱,以货贿而见亲。于是亏我王度,斁②我彝伦。九鼎③遇奸回而远逝,万姓望抚我而归仁。盖造化之至育,惟人灵之为贵。狱讼不理,有生死之异途,冤结不伸,感阴阳之和气。士之通塞,属之以深文;命之修短,悬之于酷吏。

是故,帝尧画像,陈恤隐之言;夏禹泣辜,尽哀矜之志。因取象于《大壮》④,乃峻宇而雕墙。将瑶台与琼室⑤,岂画栋以虹梁。或凌云⑥以遐观,或通天而纳凉⑦。极醉饱而刑人力,命痿蹶而受身殃。是故言惜十家之产,汉帝以昭俭而垂裕⑧;虽成百里之囿,周文以子来而克昌⑨。彼嘉会而礼通,重旨酒之为德⑩。至忘归而受祉,在齐圣而温克。若其酗醟⑪以致昏,酖湎⑫而成惑,痛殷受与灌夫,亦亡身而丧国⑬。是以伊尹以酣歌而作戒,周公以乱邦而贻则。咨幽闲之令淑,实好逑于君子。辞玉辇而割爱,固班姬之所耻⑭;脱簪珥而思愆,亦宣姜之为美⑮。乃有祸晋之骊姬⑯,亡周之褒姒⑰。尽妖妍于图画,极凶悖于人理。倾城倾国,思昭示于后王;丽质冶容,宜永鉴于前史。复有搜狩之礼,弛射之场,不节之以正义,必自致于禽荒。匪外形之疲极,亦中心而发狂⑱。夫高深不惧,胥靡之徒;韦韝缫⑲为娱,小竖之事。以宗社之崇重,持先王之名器,与鹰犬而并驱,凌艰险而逸辔。马有衔橛之理,兽骇不存之地,犹有觊⑳于获多,独无情而内愧。

[注释]①郦《韩子》之所赐:晋元帝好任刑法,以《韩非子》赐太子。②斁(dù):乱。③九鼎:周之宝器,周沉泗水中,始皇求之,不能出。④因取象于《大壮》:《易·大传》曰:"上古穴居而野处,后世圣人易之以宫室,上栋下宇以待风雨,盖取诸《大壮》。"⑤瑶台与琼室:桀作瑶台,纣作琼室。⑥凌云:《世说》,魏作凌云台,极精巧,随风摇动,终无崩陨。⑦通天而纳凉:汉武帝作神明、通天之台于林光明,高三十丈。⑧汉帝以昭俭而垂裕:汉文帝欲造露台,召匠计之,直百金,帝曰:"百金,中人十家之产也,吾奉先帝宫室,常恐羞之,何以台为?"此意为汉文帝听说造露台要耗费十家人的家产而罢手,他以俭约的美名促使了国家的富强。⑨虽成百里之囿,周文以子

来而克昌:周文王虽然修建成了方圆百里的园苑,却因为老百姓的自愿帮助而更加强大。 ⑩重旨酒之为德:语出《战国策》,仪狄作酒,禹饮而甘之,曰:"后世必有以酒亡国者。"遂疏仪狄,而绝旨酒。 ⑪酗蕾(yòng):酗怒。 ⑫酖(dān)湎:嗜饮。 ⑬痛殷受与灌夫,亦亡身而丧国:殷纣名受,以酒为池,竟亡其国。汉灌夫醉酒骂坐,遂诛其身。 ⑭辞玉辇而割爱,固班姬之所耻:汉成帝游于后庭,尝欲与班婕妤同辇,辞曰:"观古图画,圣贤之君,皆有名臣在侧,三代末主,乃有嬖女,今欲同辇,得无近似之乎?"帝善纳其言而后止。 ⑮脱簪珥而思愆,亦宣姜之为美:拔掉簪子思考皇上沉溺后宫的罪过,这也是宣姜的美德。宣姜,周宣王后。王尝晏起,后乃脱簪珥待罪于永巷,使傅母通言与王曰:"王乐色而忘德,失礼而晏起,乱之兴自婢子始,敢请罪。"王曰:"寡人不德,实自生过,非夫人之罪也。"自是勤于政事,早朝宴罢,卒成中兴之主。 ⑯祸晋之骊姬:晋献公伐骊戎,获骊姬,爱之,生奚齐。公有子八人,惟太子申生、重耳、夷吾贤。骊姬佯誉太子,而阴令人近谗言迫太子自杀,又潜二公子,于是重耳走蒲,夷吾走屈,竟以乱晋。 ⑰亡周之褒姒:周幽王嬖爱褒姒,生子伯服。王竟废申后及太子宜臼,以褒姒为后,伯服为太子。后因取褒姒笑失信于诸侯,西夷犬戎杀王骊山下,虏褒姒,尽取周赂而去。 ⑱亦中心而发狂:老子曰:"吃撑田猎,令人心发狂。" ⑲韝绁(gōu xiè):韝,韝以蹲鹰。绁,所以系犬者。借指纨袴子弟放游乐的生活。 ⑳靦:惭愧。

以小臣之愚鄙,忝不赀之恩荣。擢无庸于草泽,齿陋质于簪缨。遇大道行而两仪泰,喜元良盛而万国贞。以监抚之多暇,每讲论而肃成。仰惟神之敏速,叹将圣之聪明。自礼贤于秋实,足归道于春卿。芳年淑景,时和气清。华殿邃兮帘帏静,灌木森兮风云轻,花飘香兮动笑日,娇莺啭兮相哀鸣。以物华之繁靡,尚绝思于将迎。犹蹈道而不倦,极耽玩以研精。命庸才以载笔,谢摛藻于天庭。异洞箫之娱侍①,殊飞盖之缘情②。阙雅言以赞德,思报恩以轻生。敢下拜而稽首,愿永树于风声。奉皇灵之遐寿,冠振古之鸿名。

[注释]①异洞箫之娱侍:汉元帝为太子时,好吹洞箫,自度声被歌调。王褒上《洞箫赋》,乃令后宫贵人皆诵读之。 ②殊飞盖之缘情:魏文帝为世子时,曹植赋诗曰:"清夜游西园,飞盖相追随。"

太宗见而遣使谓百药曰:"朕于皇太子处见卿所作赋,述古来储贰事以诫太子,甚是典要。朕选卿以辅弼太子,正为此事,大称所委,但须善始令终耳。"因赐厩马一匹,彩物三百段。

贞观中,太子承乾数亏礼度,侈纵日甚,太子左庶子于志宁撰《谏苑》二十卷讽之。是时太子右庶子孔颖达①每犯颜进谏。承乾乳母遂安夫人谓颖达曰:"太子成长,何宜屡得面折?"对曰:"蒙国厚恩,死无所恨。"谏诤愈切。承乾令撰《孝经义疏》,颖达又因文见意,愈广规谏之道。太宗并嘉纳之,二人各赐帛五百匹,黄金一斤,以励承乾之意。

[注释]①孔颖达:唐经学家。字仲达,冀州衡水(今属河北)人。生于北朝,少时聪明。隋大业初,选为"明经",授河内郡博士。到唐代,历任国子博士、国子司业、国子祭酒诸职。曾奉唐太宗之命,主编《五经正义》,唐代用其书作为科举取士的标准。

贞观十三年,太子右庶子张玄素以承乾颇以游畋废学,上书谏曰:

臣闻皇天无亲,惟德是辅,苟违天道,人神同弃。然古三驱之礼,非欲教杀,将为百姓除害,故汤罗一面,天下归仁①。今苑内娱猎,虽名异游畋,若行之无恒,终亏雅度②。且傅说曰:"学不师古,匪说攸闻。"然则弘道在于学古,学古必资师训。既奉恩诏,令孔颖达侍讲,望数存顾问,以补万一。仍博选有名行学士,兼朝夕侍奉。览圣人之遗教,察既往之行事,日知其所不足,月无忘其所能。此则尽善尽美,夏启、周诵,焉足言哉!夫为人上者,未有不求其善,但以性不胜情,耽惑成乱。耽惑既甚,忠言遂塞,所以臣下苟顺,君道渐亏。古人有言:"勿以小恶而不去,小善而不为。"故知祸福之来,皆起于渐。殿下地居储两,当须广树嘉猷。既有好畋之淫,何以主斯匕鬯?慎终如始,犹惧渐衰,始尚不慎,终将安保!

[注释]①汤罗一面,天下归仁:汤出,见野张网四面。祝曰:"自天下四方,皆入吾网。"汤曰:"嘻,尽之矣!"乃去其三面,祝曰:"欲左,左;欲右,右。不用命,乃入吾网。"诸侯闻之曰:"汤德至矣,及禽兽。" ②雅度:典章法度。

承乾不纳。玄素又上书谏曰:

臣闻礼称皇太子入学而齿胄①者,欲使太子知君臣、父子、尊卑、长幼之道。然君臣之义,父子之亲,尊卑之序,长幼之节,用之方寸之内,弘之四海之外者,皆因行以远闻,假言以光被。伏惟殿下,睿质已隆,尚须学文以饰其表。窃见孔颖达、赵弘智等,非惟宿德鸿儒②,亦兼达政要。望令数得侍讲,开释物理,览古谕今,增晖睿德。至如骑射畋游,酣歌妓玩,苟悦耳目,终秽心神。渐染既久,必移情性。古人有言："心为万事主,动而无节即乱。"臣恐殿下败德之源,在于此矣。

承乾览书愈怒,谓玄素曰:"庶子患风狂耶?"

[注释]①齿胄:指太子入学与公卿之子依年龄为序。　②宿德鸿儒:很有道德很有学问的人。

贞观十四年,太宗知玄素在东宫频有进谏,擢授银青光禄大夫,行太子左庶子。时承乾尝于宫中击鼓,声闻于外,玄素叩阁请见,极言切谏。承乾乃出宫内鼓,对玄素毁之。遣户奴伺玄素早朝,阴以马檛击之,殆至于死。是时承乾好营造亭观,穷极奢侈,费用日广。玄素上书谏曰:

臣以愚蔽,窃位两宫,在臣有江海之润,于国无秋毫之益,是用必竭愚诚,思尽臣节者也。伏惟皇储之寄,荷戴殊重,如其积德不弘,何以嗣守成业?圣上以殿下亲则父子,事兼家国,所应用物,不为节限。恩旨未逾六旬,用物已过七万,骄奢之极,孰云过此。龙楼之下,惟聚工匠;望苑之内,不睹贤良。今言孝敬,则阙视膳问竖之礼;语恭顺,则违君父慈训之方;求风声,则无爱学好道之实;观举措,则有因缘诛戮之罪。宫臣正士,未尝在侧,群邪淫巧,昵近深宫。爱好者皆游手杂色,施与者并图画雕镂。在外瞻仰,已有此失;居中隐密,宁可胜计哉!宣猷禁门,不异阛阓①,朝入暮出,恶声渐远。右庶子赵弘智经明行修,当今善士,臣每奏请,望数召进,与之谈论,庶广徽猷②。令旨反有猜嫌,谓臣妄相推引。从善如流,尚恐不逮;饰非拒谏,必是招损。古人云:"苦药利病,苦言利行。"伏愿居安思危,日慎一日。

书入,承乾大怒,遣刺客将加屠害,俄属宫废。

[注释]①阛阓(huán huì):泛指市区街巷。　②徽猷:美善之道。猷,道。指修养、本事等。

贞观十四年,太子詹事①于志宁,以太子承乾广造宫室,奢侈过度,耽好声乐,上书谏曰:

臣闻克俭节用,实弘道之源;崇侈恣情,乃败德之本。是以凌云概日②,戎人于是致讥;峻宇雕墙③,《夏书》以之作诫。昔赵盾④匡晋,吕望师周,或劝之以节财,或谏之以厚敛。莫不尽忠以佐国,竭诚以奉君,欲使茂实播于无穷,英声被乎物听。咸著简策,用为美谈。且今所居东宫,隋日营建,睹之者尚讥其侈,见之者犹叹其华。何容于此中更有修造,财帛日费,土木不停,穷斤斧之工,极磨礱⑤之妙?且丁匠官奴入内,比者曾无复监。此等或兄犯国章,或弟罹王法,往来御苑,出入禁闱,钳凿缘其身,槌杵在其手。监门本防非虑,宿卫以备不虞,直长既自不知,千牛⑥又复不见。爪牙在外,厮役在内,所司何以自安,臣下岂容无惧?

[注释]①太子詹事:官名。唐制,东宫置詹事府,掌统三寺、十率府之政。　②凌云概日:形容宫殿高大。　③峻宇雕墙:形容殿堂豪华雕丽。④赵盾:晋灵公大夫,即赵宣子。　⑤磨礱(lóng):雕琢。　⑥千牛:官名。唐代设左右千牛卫,为禁卫之一,所属有千牛备身。

又郑、卫之乐,古谓淫声。昔朝歌①之乡,回车者墨翟②;夹谷之会,挥剑者孔丘③。先圣既以为非,通贤将以为失。顷闻宫内,屡有鼓声,大乐伎儿,入便不出。闻之者股慄,言之者心战。往年口敕,伏请重寻,圣旨殷勤,明诚恳切。在于殿下,不可不思;至于微臣,不得无惧。

[注释]①朝歌:殷之邑名。 ②墨翟(dí):墨子,名翟,鲁国人(今山东省滕州市),墨家学派的创始人。 ③夹谷之会,挥剑者孔丘:夹谷,鲁地名。《家语》曰:"定公与齐侯会于夹谷。孔子摄相事,齐使莱人以兵劫定公,孔子历阶而进,以公退,曰'裔不谋夏,夷不乱华,俘不干盟,兵不逼好。'齐侯心怍,麾而避之。齐奏乐,俳优侏儒戏于前。孔子曰:'匹夫荧惑辱诸侯者,罪应诛。'于是斩侏儒。齐侯惧,有惭色。"

臣自驱驰宫阙,已积岁年,犬马尚解识恩,木石犹能知感,所有管见,敢不尽言。如鉴以丹诚,则臣有生路;若责其忤旨,则臣是罪人。但悦意取容,臧孙方以疾疢①;犯颜逆耳,《春秋》比之药石②。伏愿停工匠之作,罢久役之人,绝郑、卫之音,斥群小之辈。则三善允备,万国作贞矣。

承乾览书不悦。

[注释]①臧孙方以疾疢(chèn):臧孙,鲁大夫,名纥,即臧武仲。疾疢,热病。泛指疾病。 ②药石:良药。

十五年,承乾以盛农之时,召驾士等役,不许分番①,人怀怨苦。又私引突厥群竖入宫。志宁上书谏曰:

臣闻上天盖高,日月光其德;明君至圣,辅佐赞其功。是以周诵升储,见匡毛、毕②;汉盈居震,取资黄、绮③。姬旦抗法于伯禽④,贾生⑤陈事于文帝,咸殷勤于端士,皆恳切于正人。历代贤君,莫不丁宁于太子者,良以地膺上嗣,位处副君。善则率土沾其恩,恶则海内罹其祸。近闻仆寺、司驭、驾士、兽医,始自春初,迄兹夏晚,常居内役,不放分番。或家有尊亲,阙于温清⑥;或室有幼弱,绝于抚养。春既废其耕垦,夏又妨其播殖。事乖存育,恐致怨嗟。倘闻天听,后悔何及?又突厥达哥支等,咸是人面兽心,岂得以礼义期,不可以仁信待。心则未识于忠孝,言则莫辩其是非,近之有损于英声,昵之无益于盛德。引之入阁,人皆惊骇,岂臣愚识,独用不安?殿下必须上副至尊圣情,下允黎元本望,不可轻微恶而不避,无容略小善而不为。理敦杜渐之方,须有防萌之术。屏退不肖,狎近贤良。如此则善道日隆,德音自远。

承乾大怒,遣刺客张师政、纥干承基就杀之。志宁是时丁母忧⑦,起复为詹事。二人潜入其第,正见志宁寝处苫庐,竟不忍而止。

及承乾败,太宗知其事,深勉劳之。

[注释]①分番:轮流换班。 ②毛、毕:毛,毛叔。毕,郑毕公。周之辅臣。 ③黄、绮:黄,夏黄公。绮,绮里季。 ④姬旦抗法于伯禽:姬,周之姓。旦,周公之名。伯禽,周公子。《礼》曰:"成王幼,不能涖阼,周公相,践阼而治,抗世子法于伯禽。成王有过,则挞伯禽,所以示成王世子之道也。"⑤贾生:贾谊。 ⑥温清:《礼记》曰:"子之事父母,冬温而夏清。"冬天温被使暖,夏天扇席使凉。侍奉父母之礼。 ⑦丁母忧:遭遇母丧。

卷　五

## 论仁义第十三

贞观元年，太宗曰："朕看古来帝王，以仁义为治者，国祚延长，任法御人者，虽救弊于一时，败亡亦促。既见前王成事，足为元龟①。今欲专以仁义、诚信为治。望革近代之浇薄②也。"黄门侍郎王珪对曰："天下凋丧日久，陛下承其余弊，弘道移风，万代之福。但非贤不理，惟在得人。"太宗曰："朕思贤之情，岂舍梦寐！"给事中杜正伦进曰："世必有才，随时听用，岂待梦傅说、逢吕尚，然后为治乎？"太宗深纳其言。

[注释]①元龟：大龟，古代用以占卜。引申为借鉴的意思。　②浇薄：刻薄狡诈的社会风气。

贞观初，太宗从容谓侍臣曰："周武王平纣之乱，以有天下；秦始皇乘周之衰，遂吞六国。其得天下不殊，何祚运长短若此之相悬也？"尚书左仆射萧瑀进曰："纣为无道,天下苦之,故八百诸侯不期而会。周室虽微,六国无罪,秦氏专任智力,蚕食诸侯。平定虽同,人情则异。"上曰:"不然,周既克殷,务弘仁义;秦既得志,专任诈力①。非但取之有异,抑亦守之不同。祚之修短②,意在兹矣!"

[注释]①专任诈力:倚仗智诈暴力。 ②祚之修短:国运之所以有长有短。

贞观二年,太宗谓侍臣曰:"朕谓乱离之后,风俗难移,比观百姓渐知廉耻,官人奉法,盗贼日稀,故知人无常俗,但政有治乱耳。是以为国之道,必须抚之以仁义,示之以威信。因人之心,去其苛刻,不作异端,自然安静,公等宜共行斯事也!"

贞观四年,房玄龄奏言:"今阅武库甲仗①,胜隋日远矣。"太宗曰:"饬兵②备寇虽是要事,然朕唯欲卿等存心理道,务尽忠贞,使百姓安乐,便是朕之甲仗。隋炀帝岂为甲仗不足,以至灭亡?正由仁义不修,而群下怨叛故也。宜识此心。常以德义相辅。"

[注释]①甲仗:泛指武器。 ②饬兵:整顿军队。

贞观五年,太宗谓侍臣曰:"天道福善祸淫,事犹影响。昔启人①亡国奔隋文帝,文帝不惜粟帛,大兴士众,营卫安置,乃得存立。既而强盛,当须子子孙孙长思报德,才至失毕②,既起兵围炀帝于雁门。及隋国乱,又恃强深入,遂使昔安立其国家者,身及子孙,并为颉利③兄弟之所屠戮。今颉利破亡,岂非背恩忘义所至也?"群臣咸曰:

"诚如圣旨。"

[注释]①启人:指突厥启民可汗部落。 ②失毕:指始毕可汗。 ③颉利:指颉利可汗。

贞观十三年,太宗谓侍臣曰:"林深则鸟栖,水广则鱼游,仁义积则物自归之①。人皆知畏避灾害,不知行仁义则灾害不生。夫仁义之道,当思之在心,常令相继,若斯须懈怠,去之已远。犹如饮食资身,恒令腹饱,乃可存其性命。"王珪顿首曰:"陛下能知此言,天下幸甚!"

[注释]①仁义积则物自归之:多施仁义百姓自然会归顺。

## 论忠义第十四

冯立,武德中为东宫率①,甚被隐太子亲遇。太子之死也,左右多逃散,立叹曰:"岂有生受其恩,而死逃其难!"于是率兵犯玄武门,苦战,杀屯营将军敬君弘②。谓其徒曰:"微以报太子矣。"遂解兵遁于野。俄而来请罪,太宗数之曰:"汝昨者出兵来战,大杀伤我兵,将何以逃死?"立饮泣而对曰:"立出身事主,期之效命,当战之日,无所顾惮。"因歔欷③悲不自胜,太宗慰勉之,授左屯卫中郎将④。立谓所亲曰:"逢莫大之恩,幸而获免,终当以死奉答。"未几,突厥至便桥,立率数百骑与虏战于咸阳,杀获甚众,所向皆披靡,太宗闻而嘉叹之。

[注释]①东宫率:唐制,东宫置左右率府,掌兵仗宿卫之政令,总诸曹之事。 ②敬君弘:绛州人。 ③歔欷:悲叹貌。 ④左屯卫中郎将:唐制,掌

宿卫之属。

时有齐王元吉府左车骑谢叔方①率府兵与冯立合军拒战，及杀敬君弘、中郎将吕衡，王师不振。秦府护军尉迟敬德②乃传元吉首以示之，叔方下马号哭，拜辞而遁。明日出首，太宗曰："义士也。"命释之，授右翊卫郎将③。

[注释]①谢叔方：万年人。　②尉迟敬德：名恭，朔州人，为刘武周将。武德初，举地降，为右府统军。后从讨隐、巢有功，封鄂国公。　③右翊卫郎将：唐制，掌供奉侍卫之职。

贞观元年，太宗尝从容言及隋亡之事，慨然叹曰："姚思廉不惧兵刃，以明大节，求诸古人，亦何以加也！"思廉时在洛阳，因寄物三百段，并遗其书曰："想卿节义之风，故有斯赠。"初，大业末，思廉为隋代王侑①侍读，及义旗克京城时，代王府僚多骇散，惟思廉侍王，不离其侧。兵士将升殿，思廉厉声谓曰："唐公②举义兵，本匡王室，卿等不宜无礼于王！"众服其言，于是稍却，布列阶下。须臾，高祖至，闻而义之，许其扶侑至顺阳阁下，思廉泣拜而去。见者咸叹曰："忠烈之士，仁者有勇，此之谓乎！"

[注释]①代王侑：隋元德太子之子，炀帝十三年（617年）南巡，以侑留守长安，李渊攻克长安，立侑为帝。　②唐公：唐高祖起初的封号。

贞观二年，将葬故息隐王建成、海陵王元吉，尚书右丞魏征与黄门侍郎王珪请预陪送①。上表曰："臣等昔受命太上，委质东宫，出入龙楼，垂将一纪。前宫结衅宗社，得罪人神,臣等不能死亡,甘从夷戮②,负其罪戾③,置录周行④,徒竭生涯,将何上报?陛下德光四海,道冠前王,陟冈有感⑤,追怀棠棣,明社稷之大义,申骨肉之深恩,卜葬二王,远期有日。臣等永惟畴昔⑥,忝曰旧臣⑦,丧君有君,虽展事君之礼;宿草将列,未申送往之哀。瞻望九原,义深凡百,望于葬日,送至墓所。"太宗义而许之,于是宫府旧僚吏,尽令送葬。

[**注释**]①陪送:陪灵送葬的意思。 ②夷戮:被杀死。 ③罪戾(lì):罪过。 ④周行(háng):这里指仕宦的行列。 ⑤陟冈有感:意谓思念兄弟。《诗经·陟岵》:"陟彼冈兮,瞻望兄兮。兄曰嗟,予弟行役,夙夜必偕。" ⑥畴(chóu)昔:往昔。 ⑦忝(tiǎn)曰旧臣:有愧于称为旧臣。

贞观五年,太宗谓侍臣曰:"忠臣烈士,何代无之,公等知隋朝谁为忠贞?"王珪曰:"臣闻太常丞元善达在京留守,见群贼纵横,遂转骑远诣江都,谏炀帝,令还京师。既不受其言,后更涕泣极谏,炀帝怒,乃远使追兵,身死瘴疠之地①。有虎贲郎将②独孤盛在江都宿卫,宇文化及起逆,盛惟一身,抗拒而死。"太宗曰:"屈突通③为隋将,共国家战于潼关,闻京城陷,乃引兵东走。义兵追及于桃林,朕遣其家人往招慰,遽杀其奴。又遣其子往,乃云:'我蒙隋家驱使,已事两帝,今者吾死节之秋,汝旧于我为父子,今则于我为仇雠。'因射之,其子避走,所领士卒多溃散。通惟一身,向东南恸哭尽哀,曰:'臣荷国恩,任当将帅,智力俱尽,致此败亡,非臣不竭诚于国。'言尽,追兵擒之。太上皇授其官,每托疾固辞。此之忠节,足可嘉尚。"因敕所司,采访大业中直谏被诛者子孙闻奏。

[注释]瘴疠(zhàng lì)之地:湿热疫病地区。 ②虎贲郎将:在皇帝身边担任卫戍的官员。 ③屈突通:仕隋为虎贲郎将。初,代王遣通守河东,高祖兵围之,通守节不降。后被擒,帝劳之。以其忠臣授兵部尚书。

贞观六年,授左光禄大夫陈叔达①礼部尚书,因谓曰:"武德中,公曾进直言于太上皇,明朕有克定大功,不可黜退云。朕本性刚烈,若有抑挫,恐不胜忧愤,以致疾疢之危。今赏公忠謇②,有此迁授。"叔达对曰:"臣以隋氏父子自相诛戮,以致灭亡,岂容目睹覆车③,不改前辙?臣所以竭诚进谏。"太宗曰:"朕知公非独为朕一人,实为社稷之计。"

[注释]①陈叔达:字子聪,陈宣帝子。武德初,判纳言。始,建成兄弟阋间太宗,帝惑之,叔达极意救辨。及建成诛,高祖为裴寂曰:"不图今日乃见此事,当如之何?"萧瑀、陈叔达曰:"建成、元吉,本不预义谋,又无功于天下,疾秦王功高望重,共为奸谋,今秦王已讨而诛之。秦王功盖宇宙,率土归心,陛下若处以元良,委之国务,无复事矣。"上曰:"善,此吾之夙心也。" ②忠謇:忠诚正直。 ③覆车:翻车。比喻失败的教训。

贞观中,特进①萧瑀与房玄龄等,尝因宴集,太宗谓房玄龄曰:"武德六年已后,太上皇有废立之心,我当此日,不为兄弟所容,实有功高不赏之惧。萧瑀不可以厚利诱之,不可以刑戮惧之,真社稷臣也。"乃赐瑀诗曰:"疾风知劲草,板荡识诚臣。"②顾谓瑀曰:"卿之守道耿介,古人无以过也。然则善恶太分明,亦有时而失。"瑀再拜谢曰:"臣特蒙诫训,又许臣以忠谅,虽死之日,犹生之年。"寻进拜太子太保。

[注释]①特进：官名。始设于西汉末年。授予列侯中有特殊地位的人，位在三公下。东汉至南北朝仅为加官，无实职。隋唐以后为散官。明代以特进光禄大夫为正一品。清废。　②疾风知劲草，板荡识诚臣：唐太宗李世民《赐萧瑀》诗："疾风知劲草，板荡识诚臣。勇夫安识义，智者必怀仁。"板荡识诚臣，比喻危急动乱中能识别忠贞。

贞观八年，太宗将发诸道①黜陟使②，畿内道③未有其人，太宗亲定，问于房玄龄等曰："此道事最重，谁可充使？"右仆射李靖曰："畿内事大，非魏征莫可。"太宗作色曰："朕今欲向九成宫，事亦非小，宁可遣魏征出使？朕每行不欲与其相离者，适为其见朕是非，必无所隐。今欲从公等语遣去，朕若有是非得失，公等能正朕否？何因辄有所言，大非道理④。"乃即令李靖充使。

[注释]①诸道：唐分天下为十道：一曰关内，二曰河南，三曰河东，四曰河北，五曰山南，六曰陇右，七曰淮南，八曰江南，九曰剑南，十曰岭南。②黜陟使：皇帝特派到各道去考察官吏好坏，给予升降的大员。因掌黜之臧否，故曰黜陟使。　③畿(jī)内道：唐建都的地方，即关内道。　④大非道理：太没有道理。

贞观八年，太宗谓侍臣曰："隋时百姓纵有财物，岂得自保？自朕有天下已来，存心抚养，无有所科差，人人皆得营生，守其资财，即朕所赐。向使朕科唤不已，虽数赏赐，亦不如不得。"魏征对曰："尧、舜在上，百姓亦云'耕田而食，凿井而饮'①，含哺鼓腹，而云'帝何力'于其间矣。今陛下如此含养，百姓可谓日用而不知。"又奏称："晋文公②出田,逐兽于砀,入大泽,迷不知所出。其中有渔者,文公谓曰:'我,若君也,道将安出?我且厚赐若。'渔者曰:'臣愿有献。'文公曰:'出泽而受之。'于是送出泽。文公曰:'今子之所欲教寡人者,何也?愿受之。'渔者曰:'鸿鹄保河海之中,厌而移徙之小泽,则必有矰③丸之忧。鼋鼍保深渊,厌而出之浅渚,则必有罗网钓射之忧。今君逐兽砀,入至此,何行之太远也?'文公曰:'善哉!'谓从者曰,记渔者名。渔者曰:'君何以名为?君尊天事地,敬社稷,保四国,慈爱万人,薄赋敛,轻租税者,臣亦与焉。君不尊天,不事地,不敬社稷,不固四海,外失礼于诸侯,内逆人心,一国流亡,渔者虽有厚赐,不得保也。'遂辞不受。"太宗曰:"卿言是也。"

[注释]①尧、舜在上,百姓亦云"耕田而食,凿井而饮":尧时有老人击壤于路曰:"吾日出而作,日入而息,凿井而饮,耕田而食,帝何力于我哉!"②晋文公:指晋君,名重耳。 ③矰:矢,是古代用来射鸟的拴着丝绳的短箭。

贞观十一年,太宗行至汉太尉杨震①墓,伤其以忠非命,亲为文以祭之。房玄龄进曰:"杨震虽当年夭枉,数百年后方遇圣明,停舆驻跸,亲降神作,可谓虽死犹生,没而不朽。不觉助伯起幸赖欣跃于九泉之下矣。伏读天文,且感且慰,凡百君子,焉可不勖励名节,知为善之有效!"

[注释]①杨震:东汉弘农华阴(今属陕西)人,字伯起。少好学,博览群书,当时称为"关西孔子"。历任荆州刺史、涿郡太守、司徒、太尉等职。他曾多次上书切谏,后被诬自杀。

贞观十一年，太宗谓侍臣曰："狄人杀卫懿公①，尽食其肉，独留其肝。懿公之臣弘演呼天大哭，自出其肝，而内懿公之肝于其腹中。今觅此人，恐不可得。"特进魏征对曰："在君待之而已。昔豫让②为智伯③报仇，欲刺赵襄子④，襄子执而获之，谓让曰：'子昔不事范、中行氏⑤乎？智伯尽灭之，子乃委质智伯，不为报仇；今即为智伯报仇，何也？'让答曰：'臣昔事范、中行，范、中行以众人遇我，我以众人报之。智伯以国士⑥遇我，我以国士报之。'在君礼之而已。亦何谓无人焉？"

[注释]①卫懿公：名赤。 ②豫让：智伯之臣。 ③智伯：名瑶，号襄子，晋智宣子之后，为韩、赵、魏所灭。 ④赵襄子：名无恤，晋赵简子之后。 ⑤范、中行氏：春秋之世，晋有范氏、中行氏、智氏、韩氏、魏氏、赵氏，称为六卿。春秋末年，六卿日强，各据采地，互相攻伐。 ⑥国士：旧称一国杰出的人物。

贞观十二年，太宗幸蒲州，因诏曰："隋故鹰击郎将①尧君素②，往在大业，受任河东，固守忠义，克终臣节。虽桀犬吠尧③，有乖倒戈之志④，疾风劲草，实表岁寒之心。爰践兹境，追怀往事，宜锡宠命，以申劝奖。可追赠蒲州刺史，仍访其子孙以闻。"

[注释]①鹰击郎将：隋制，亲侍置鹰扬府，设鹰扬郎将之职，后将副将改为鹰击郎将。 ②尧君素：魏郡人。隋炀帝为晋王时，尧君素守侍左右。炀帝嗣位后，擢为鹰击郎将，及至天下大乱，尧君素所部独全。后来屈突通守河东，败后诱尧君素投降，君素指斥屈突通不义，其妻来劝，又引弓将她射死。后为左右所害。 ③桀犬吠尧：《汉书》曰："桀犬吠尧，尧非不仁，特吠非其主耳。"桀为夏代暴君，他养的狗也会向尧这样圣明之君狂吠，因为它只听命于

自己的主子，不问谁善谁恶。　④倒戈之志：《周书》曰："前徒倒戈。"言众服周仁政，无有战心，前徒倒戈，自攻于后。

　　贞观十二年，太宗谓中书侍郎岑文本曰："梁、陈名臣，有谁可称？复有子弟堪招引否？"文本奏言："隋师入陈，百司奔散，莫有留者，惟尚书仆射袁宪独在其主之傍。王世充将受隋禅，群僚表请劝进，宪子国子司业承家，托疾独不署名。此之父子，足称忠烈。承家弟承序，今为建昌令，清贞雅操，实继先风。"由是召拜晋王友①，兼令侍读②，寻授弘文馆③学士。

　　[注释]①晋王友：唐制，诸王友掌陪侍游居，规讽道义。　②侍读：侍读掌讲道经学。　③弘文馆：唐武德四年（621年）置修文馆于门下省。九年（626年），太宗即位，改名弘文馆。聚书二十余万卷。置学士，掌校正图籍，教授生徒，并参议政事。置校书郎，掌校理典籍，勘正错谬。设馆主二人，总领馆务。学生皆选自皇族贵戚及高级京官子弟。

　　贞观十九年，太宗攻辽东安市城，高丽人众皆死战，诏令耨萨延寿、惠真①等降众，止其城下以招之，城中坚守不动。每见帝幡旗，必乘城鼓噪。帝怒甚，诏江夏王道宗筑土山以攻其城，竟不能克。太宗将旋师，嘉安市城主坚守臣节，赐绢三百匹，以励事君者。

　　[注释]①耨萨延寿、惠真：耨萨高延寿，北部；耨萨高惠真，南部。耨萨，即傉萨，高丽地方长官，大城置傉萨一人，比都督。高丽北部傉萨高延寿，南部傉萨高惠真，率众援安市城，为太宗所降。太宗命其率众至安市城，招降城中守将。

## 论孝友第十五

司空房玄龄事继母，能以色养①，恭谨过人。其母病，请医人至门，必迎拜垂泣。及居丧，尤甚柴毁②。太宗命散骑常侍刘洎就加宽譬③，遗寝床、粥食、盐菜。

[**注释**]①色养：顺承脸色，态度亲切。　②柴毁：面容憔悴、骨瘦如柴的样子。　③宽譬：宽慰劝解。

虞世南，初仕隋，历起居舍人①。宇文化及弑逆之际，其兄世基时为内史侍郎②，将被诛，世南抱持号泣，请以身代死，化及竟不纳。世南自此哀毁骨立者数载，时人称重焉。

[**注释**]①起居舍人：隋制，负责记录帝王言行的官职。　②内史侍郎：隋改中书为内史。

韩王元嘉①，贞观初，为潞州刺史。时年十五，在州闻太妃②有疾，便涕泣不食，及至京师发丧，哀毁过礼。太宗嗟其至性，屡慰勉之。元嘉闺门修整，有类寒素士大夫，与其弟鲁哀王灵夔③甚相友爱，兄弟集见，如布衣之礼。其修身洁己，内外如一，当代诸王莫能及者。

[**注释**]①元嘉：唐高祖第十一子。少年好学，藏书万卷，皆以古文参定同异，当世称之。　②太妃：韩王李元嘉之母，隋大将军宇文述之女。为昭仪有宠。高祖即位，欲立为后，固辞不受。韩王以母有宠，而为帝所爱。　③灵夔(kuí)：唐高祖第十九子。韩王李元嘉的同母弟弟，好学，善音律。后以谋

欲起兵应接越王贞父子，事泄，自缢。

霍王元轨①，武德中，初封为吴王②。贞观七年，为寿州刺史，属高祖崩，去职，毁瘠过礼。自后常衣布服，示有终身之戚。太宗尝问侍臣曰："朕子弟孰贤？"侍中魏征对曰："臣愚暗，不尽知其能，惟吴王数与臣言，臣未尝不自失。"太宗曰："卿以为前代谁比？"征曰："经学文雅，亦汉之间、平③，至如孝行，乃古之曾、闵④也。"由是宠遇弥厚，因令妻征女焉。

[注释]①元轨：唐高祖第十四子。好读书，多才艺，出为刺史。 ②初封为吴王：武德六年（623年）封蜀王，八年（625年）徙封吴王。 ③间、平：汉河间献王刘德、东平献王刘苍。 ④曾、闵：指孔子弟子曾参和闵子骞。

贞观中，有突厥史行昌①直玄武门②，食而舍肉，人问其故，曰："归以奉母。"太宗闻而叹曰："仁孝之性，岂隔华夷？"赐尚乘③马一匹，诏令给其母肉料。

[注释]①史行昌：突厥阿史那氏，此因以史为姓，行昌，为其名。②玄武门：玄武，北方宿名，取以名门。 ③尚乘：主车乘之官。

# 论公平第十六

太宗初即位，中书令房玄龄奏言："秦府旧左右未得官者，并怨前宫及齐府左右处分之先己。"太宗曰："古称至公者，盖谓平恕无私。丹朱、商均，子也，而尧、舜废之①。管叔、蔡叔，兄弟也，而周公诛之②。故知君人者，以天下为心，无私于物。昔诸葛孔明③，小国之相，犹曰'吾心如秤，不能为人作轻重'，况我今理大国乎？朕与公等衣食出于百姓，此则人力已奉于上，而上恩未被于下，今所以择贤才者，盖为求安百姓也。用人但问堪否，岂以新故异情？凡一面尚且相亲，况旧人而顿忘也！才若不堪，亦岂以旧人而先用？今不论其能不能，而直言其怨嗟，岂是至公之道耶？"

[注释]①丹朱、商均，子也，而尧、舜废之：尧知道儿子丹朱不肖，不足授天下，所以将帝位传给了舜。舜之子商均亦不肖，舜就将帝位传给了禹。②管叔、蔡叔，兄弟也，而周公诛之：管叔名鲜，蔡叔名度，都是文王的儿子。后因挟商纣之子武庚作乱，周公便杀了管叔，流放了蔡叔。 ③诸葛孔明：名亮，琅琊人，为蜀丞相。

贞观元年，有上封事者，请秦府旧兵并授以武职，追入宿卫。太宗谓曰："朕以天下为家，不能私于一物，惟有才行是任，岂以新旧为差？况古人云：'兵犹火也，弗戢将自焚①。'汝之此意，非益政理。"

[注释]①兵犹火也，弗戢将自焚：语出《左传·隐公四年》，"兵犹火也，弗戢将自焚也"。戢，停；焚，烧。战争就像玩火，不在适当的情况下停止就会烧死自己。

贞观元年，吏部尚书长孙无忌尝被召，不解佩刀入东上阁门，出后，监门校尉始觉。尚书右仆射封德彝议，以监门校尉不觉，罪当死；无忌误带刀入，徒二年，罚铜二十斤。太宗从之。大理少卿戴胄驳曰："校尉不觉，无忌带刀入内，同为误耳。臣子之于尊极，不得称误，准律①云：'供御汤药、饮食、舟船，误不如法者，皆死。'陛下若录其功，非宪司所决；若当据法，罚铜未为得衷。"太宗曰："法者非朕一人之法，乃天下之法，何得以无忌国之亲戚，便欲挠法②耶？"更令定议。德彝执议如初，太宗将从其议，胄又驳奏曰："校尉缘无忌以致罪，于法当轻，若论其过误，则为情一也，而生死顿殊，敢以固请。"太宗乃免校尉之死。

是时，朝廷盛开选举，或有诈伪阶资者，太宗令其自首，不首，罪至于死。俄有诈伪者事泄，胄据法断流以奏之。太宗曰："朕下敕不首者死，今断从流，是示天下以不信矣。"胄曰："陛下当即杀之，非臣所及，既付所司，臣不敢亏法。"太宗曰："卿自守法，而令朕失信耶？"胄曰："法者，国家所以布大信于天下；言者，当时喜怒之所发耳。陛下发一朝之忿而许杀之，既知不可而置之以法，此乃忍小忿而存大信也。若顺忿违信，臣窃为陛下惜之。"太宗曰："法有所失，卿能正之，朕何忧也？"

[注释]①准律：法律规定。　②挠法：徇私枉法。

贞观二年，太宗谓房玄龄等曰："朕比见隋代遗老咸称高颎①善为相者，遂观其本传，可谓公平正直，尤识治体，隋室安危，系其存没。炀帝无道，枉见诛夷，何尝不想见其人，废书钦叹！又汉、魏已来，诸葛亮为丞相，亦甚平直，亮尝表废廖立②、李严③于南中。立闻亮卒，泣曰：'吾其左衽矣！'严闻亮卒，发病而死。故陈寿④称：'亮之为政,开诚心,布公道,尽忠益时者,虽仇必赏;犯法怠慢者,虽亲必罚。'卿等岂可不企慕及之?朕今每慕前代帝王之善者,卿等亦可慕宰相之贤者。若如是,则荣名高位,可以长守。"玄龄对曰:"臣闻理国要道,实在于公平正直,故《尚书》云:'无偏无党,王道荡荡。无党无偏,王道平平。'又孔子称'举直错诸枉,则民服'。今圣虑所尚,诚足以极政教之源,尽至公之要,囊括区宇,化成天下。"太宗曰:"此直朕之所怀,岂有与卿等言之而不行也?"

[注释] 高颎(jiǒng):隋渤海蓨(今河北景县)人,一名敏,字昭玄。北周末,受隋文帝罗致,为相府司录。隋建立后,任尚书左仆射,执掌朝政。炀帝即位后,任太常卿。后因议论朝政,为人告发,被炀帝诛杀。 ②廖立:字公渊,武陵人,仕蜀为长水使者。 ③李严:字正方,南阳人,仕蜀为中都护。 ④陈寿:西晋史学家。字承祚,安汉(今四川南充北)人。少好学,在蜀汉为观阁令史,因不愿屈事宦官黄皓,多次遭谴黜。入晋后,历任著作郎、治书侍御史。晋灭吴后,集合三国时官私著作,著成《三国志》,还编有《蜀相诸葛亮集》等书。

长乐公主①,文德皇后所生也,太宗犹加钟爱。贞观中将出降②,敕所司资送倍于长公主③。魏征奏言:"昔汉明帝欲封其子,帝曰:'朕子岂得同于先帝子乎?可半楚、淮阳王④。'前史以为美谈。天子姊妹为长公主,天子之女为公主,既加长字,良以尊于公主也。情虽有殊,义无等别。若令公主之礼有过长公主,理恐不可,愿陛下思之。"太宗称善。乃以其言告后,后叹曰:"尝闻陛下敬重魏征,殊未知其故,而今闻其谏,乃能以义制主之情,真社稷臣矣!妾与陛下结发为夫妻,曲蒙礼敬,情义深重,每将有言,必候颜色,尚不敢轻犯威严,况在臣下,情疏礼隔?故韩非谓之说难,东方朔⑤称其不易,良有以也。忠言逆耳而利于行,有国有家者深所要急,纳之则世治,杜之则政乱,诚愿陛下详之,则天下幸甚!"因请遣中使赍帛五百匹,诣征宅以赐之。

[**注释**]①长乐公主:太宗第五女,封长乐郡,下嫁长孙冲。 ②出降:下嫁。 ③长公主:指永嘉长公主,高祖之女。 ④楚、淮阳王:楚王英与淮阳王昞,皆光武帝子。 ⑤东方朔:字曼倩,平原人,汉武帝时为大夫。

刑部尚书张亮①坐谋反下狱,诏令百官议之,多言亮当诛,惟殿中少监②李道裕奏亮反形未具,明其无罪。太宗既盛怒,竟杀之。俄而刑部侍郎有阙,令宰相妙择其人,累奏不可。太宗曰:"吾已得其人矣,往者李道裕议张亮云'反形未具',可谓公平矣。当时虽不用其言,至今追悔。"遂授道裕刑部侍郎。

[**注释**]①张亮:亮为相州刺史,假子公孙节以谶有"弓长之主当别都",亮自以相旧都,弓长其姓,阴有怪谋。陕人常德告发其谋,并言亮养假子五百。太宗乃斩之,籍其家。 ②殿中少监:唐制,殿中监掌天子服御之事,少监是其副职。

贞观初,太宗谓侍臣曰:"朕今孜孜求士,欲专心政道,闻有好人,则抽擢①驱使。而议者多称'彼者皆宰臣亲故',但公等至公行事,勿避此言,便为形迹。古人'内举不避亲,外举不避仇',而为举得其真贤故也。但能举用得才,虽是子弟及有仇嫌,不得不举。"

[**注释**]①抽擢:拔擢;提拔。

## 论诚信第十七

贞观初,有上书请去佞臣①者,太宗谓曰:"朕之所任,皆以为贤,卿知佞者谁耶?"对曰:"臣居草泽,不的知佞者,请陛下佯怒以试群臣,若能不畏雷霆,直言进谏,则是正人,顺情阿旨②,则是佞人。"太宗谓封德彝曰:"流水清浊,在其源也。君者政源,人庶犹水,君自为诈,欲臣下行直,是犹源浊而望水清,理不可得。朕常以魏武帝多诡诈,深鄙其为人。如此,岂可堪为教令?"谓上书人曰:"朕欲使大信行于天下,不欲以诈道训俗,卿言虽善,朕所不取也。"

[**注释**]①佞臣:奸佞的臣子。 ②顺情阿旨:顺,遵从;情,情况、情形、趋势;阿,阿谀奉承;旨,领导的命令或发言。

太宗尝谓长孙无忌等曰:"朕即位之初,有上书者非一,或言人主必须威权独运,不得委任群下;或欲耀兵振武,慑服四夷。惟有魏征劝朕'偃革兴文,布德施惠,中国既安,远人自服'。朕从其语,天下大宁,绝域君长,皆来朝贡,九夷重译①,相望于道。凡此等事,皆魏征之力也。朕之任用,岂不得人?"征拜谢曰:"陛下圣德自天,留心政术。臣以庸短②,承受不暇,岂有益于圣明?"

[**注释**]①九夷重译:亦泛指异域之人。重译,指译使。②庸短:犹庸浅,指平庸浅陋之才。用作谦词。

贞观十一年，时屡有阉宦①充外使，妄有所奏，事②发，太宗怒。魏征进曰："阉竖虽微，狎近③左右，时有言语，轻而易信，浸润之谮，为患特深。今日之明，必无所虑，为子孙教，不可不杜绝其源。"太宗曰："非卿，朕安得闻此语？自今已后，充使宜停。"魏征因上疏曰：

臣闻为人君者，在乎善善而恶恶，近君子而远小人。善善明，则君子进矣；恶恶著，则小人退矣。近君子，则朝无秕政④；远小人，则听不私邪。小人非无小善，君子非无小过。君子小过，盖白玉之微瑕；小人小善，乃铅刀之一割。铅刀一割，良工之所不重，小善不足以掩众恶者；白玉微瑕，善贾之所不弃，小疵不足以妨大美也。善小人之小善，谓之善善，恶君子之小过，谓之恶恶，此则蒿兰同臭⑤，玉石不分，屈原所以沉江，卞和所以泣血者⑥也。既识玉石之分，又辨蒿兰之臭，善善而不能进，恶恶而不能去，此郭氏所以为墟⑦，史鱼所以遗恨⑧也。

陛下聪明神武，天姿英睿，志存泛爱，引纳多途，好善而不甚择人，疾恶而未能远佞。又出言无隐，疾恶太深，闻人之善或未全信，闻人之恶以为必然。虽有独见之明，犹恐理或未尽。何则？君子扬人之善，小人讦人之恶，闻恶必信，则小人之道长矣；闻善或疑，则君子之道消矣。为国家者，急于进君子而退小人，乃使君子道消，小人道长，则君臣失序，上下否隔，乱亡不恤，将何以理乎？且世俗常人，心无远虑，情在告讦，好言朋党。夫以善相成谓之同德，以恶相济谓之朋党。今则清浊共流，善恶无别，以告讦为诚直，以同德为朋党。以之为朋党，则谓事无可信；以之为诚直，则谓言皆可取。此君恩所以不结于下，臣忠所以不达于上。大臣不能辩正，小臣莫之敢论，远近承风，混然成俗，非国家之福，非为理之道。适足以长奸邪、乱视听，使人君不知所信，臣下不得相安。若不远虑，深绝其源，则后患未之息也。今之幸而未败者，由乎君有远虑，虽失之于始，必得之于终故也。若时逢少隳⑨，往而不返，虽欲悔之，必无所及。既不可以传诸后嗣，复何以垂法将来？且夫进善黜恶，施于人者也；以古作鉴，施于己者也。鉴貌在乎止水，鉴己在乎哲人。能以古之哲王，鉴于己之行事，则貌之妍丑宛然在目，事之善恶自得于心，无劳司过之史，不假刍荛⑩之议，巍巍之功日著，赫赫之名弥远。为人君者，不可务乎？

[注释]①阉（yān）宦：宦官。　②事：原无此字，据其他版本补。　③狎近：习熟亲近。　④秕政：不良的政治措施。　⑤蒿兰同臭：蒿，蒿草，有臭味。兰，草名，有香味。蒿兰同臭，比喻香臭不分，好坏不辨。　⑥卞和所以泣血者：卞和，楚人。得玉璞献厉王，王以为伪，刖其足。和抱璞而泣，继之以血。　⑦郭氏所以为墟：郭国本是春秋时期的一个小国，被齐桓公所灭。齐桓公问郭国父老郭为什么亡，郭国父老说因为郭君善善而不能用，恶恶而不能去。　⑧史鱼所以遗恨：春秋时卫国大夫史鱼临死前因未能规劝君王进贤而抱恨。事见《家语》，"史鱼病将卒，命其子曰，'吾不能进蘧伯玉，退弥子瑕，是吾为臣不能正其君也。生不能正其君，则死无疑ындай礼。我死，汝置尸牖下'。其子从之。灵公吊，其子以告公，公曰：'寡人之过也。'命殡之客位。进蘧伯玉而用，退弥子瑕而远之。孔子曰：'古之谏者，死则已矣，未有如史鱼死而尸谏，忠感其君者也，可不谓直乎？'"　⑨隳：毁坏。　⑩刍荛（chú ráo）：割草打柴的人，这里代指百姓。

臣闻道德之厚,莫尚于轩、唐;仁义之隆,莫彰于舜、禹。欲继轩、唐之风,将追舜、禹之迹,必镇之以道德,弘之以仁义,举善而任之,择善而从之。不择善任能,而委之俗吏,既无远度,必失大体。惟奉三尺之律,以绳四海之人,欲求垂拱无为,不可得也。故圣哲君临,移风易俗,不资严刑峻法,在仁义而已。故非仁无以广施,非义无以正身。惠下以仁,正身以义,则其政不严而理,其教不肃而成矣。然则仁义,理之本也;刑罚,理之末也。为理之有刑罚,犹执御之有鞭策也。人皆从化,而刑罚无所施;马尽其力,则有鞭策无所用。由此言之,刑罚不可致理,亦已明矣。故《潜夫论》曰:"人君之理,莫大于道德教化也。民有性、有情、有化、有俗。情性者,心也,本也;化俗者,行也,末也。是以上君抚世,先其本而后其末,顺其心而履其行。心情苟正,则奸慝①无所生,邪意无所载矣。是故上圣无不务理民心,故曰:'听讼,吾犹人也,必也使无讼乎?②'导之以礼,务厚其性而明其情。民相爱,则无相伤害之意;动思义,则无畜奸邪之心。若此,非律令之所理也,此乃教化之所致也。圣人甚尊德礼而卑刑罚,故舜先敕契以敬敷五教③,而后任咎繇以五刑④也。凡立法者,非以司民短而诛过误也,乃以防奸恶而救祸患,检淫邪而内正道。民蒙善化,则人有士君子之心;被恶政,则人有怀奸乱之虑。故善化之养民,犹工之为曲豉⑤也。六合之民,犹一荫也。黔首⑥之属,犹豆麦也。变化云为,在将者耳!遭良吏,则怀忠信而履仁厚;遇恶吏,则怀奸邪而行浅薄。忠厚积,则致太平;浅薄积,则致危亡。是以圣帝明王，皆敦德化而薄威刑也。德者，所以修己也；威者，所以理人也。民之生也，犹铄金在炉，方圆薄厚，随镕制耳！是故世之善恶，俗之薄厚，皆在于君。世主诚能使六合之内、举世之人，咸怀方厚之情而无浅薄之恶，各奉公正之心而无奸险之虑，则醇酽之俗⑦，复见于兹矣。"后王虽未能遵古，专尚仁义，当慎刑恤典，哀敬无私，故管子曰："圣君任法不任智，任公不任私。"故王天下，理国家。

[注释]①奸慝(tè)：奸诈邪恶。　②听讼，吾犹人也，必也使无讼乎：孔子之辞。　③五教：古代指父子有亲，君臣有义，夫妇有别，长幼有序，朋友有信。　④五刑：古代指墨、劓、刖、宫、大辟五刑。　⑤曲蘖：发酵的曲子。　⑥黔首：秦称民曰黔首。　⑦醇酽之俗：言俗如酒味之和。

贞观之初，志存公道，人有所犯，一一于法。纵临时处断，或有轻重，但见臣下执论，无不忻然①受纳。民知罪之无私，故甘心而不怨；臣下见言无忤，故尽力以效忠。顷年以来，意渐深刻，虽开三面之网，而察见川中之鱼，取舍在于爱憎，轻重由乎喜怒。爱之者，罪虽重而强为之辞；恶之者，过虽小而深探其意。法无定科，任情以轻重；人有执论，疑之以阿伪。故受罚者无所控告，当官者莫敢正言。不服其心，但穷其口，欲加之罪，其无辞乎？又五品已上有犯，悉令曹司闻奏。本欲察其情状，有所哀矜②；今乃曲求小节，或重其罪，使人攻击，惟恨不深。事无重条，求之法外，所加十有六七，故顷年犯者惧上闻，得付法司，以为多幸。告讦无已，穷理不息，君私于上，吏奸于下，求细过而忘大体，行一罚而起众奸，此乃背公平之道，乖③泣辜之意,欲其人和讼息,不可得也。

[注释]①忻然:喜悦貌;愉快貌。　②哀矜:指哀怜;怜悯。　③乖:背弃。

　　故《体论》①云:"夫淫泆盗窃,百姓之所恶也,我从而刑罚之,虽过乎当,百姓不以我为暴者,公也。怨旷饥寒,亦百姓之所恶也,遁而陷之法,我从而宽宥之,百姓不以我为偏者,公也。我之所重,百姓之所憎也;我之所轻,百姓之所怜也。是故赏轻而劝善,刑省而禁奸。"由此言之,公之于法,无不可也,过轻亦可。私之于法,无可也,过轻则纵奸,过重则伤善。圣人之于法也公矣,然犹惧其未也,而救之以化,此上古所务也。后之理狱者则不然,未讯罪人,则先为之意,及其讯之,则驱而致之意,谓之能;不探狱之所由,生为之分,而上求人主之微旨以为制,谓之忠。其当官也能,其事上也忠,则名利随而与之,驱而陷之,欲望道化之隆,亦难矣。

[注释]①《体论》:三国魏杜恕著,唐初辑录入《群书治要》卷四八。

　　凡听讼理狱,必原父子之亲,立君臣之义,权轻重之序,测浅深之量。悉其聪明,致其忠爱,然后察之,疑则与众共之。疑则从轻者,所以重之也,故舜命咎繇曰:"汝作士,惟刑之恤①。"又复加之以三讯②,众所善,然后断之。是以为法,参之人情。故《传》曰:"小大之狱,虽不能察,必以情。"而世俗拘愚苛刻之吏,以为情也者,取货者也,立爱憎者也,右亲戚者也,陷怨仇者也。何世俗小吏之情,与夫古人之悬远乎?有司以此情疑之群吏,人主以此情疑之有司,是君臣上下通相疑也,通相疑,欲其尽忠立节,难矣。

[注释]①汝作士,惟刑之恤:语出《虞书》。 ②三讯:《周礼》以三刺断庶民狱讼之中,一曰讯群臣,二曰讯群吏,三曰讯万民。

凡理狱之情,必本所犯之事以为主,不严讯,不旁求,不贵多端,以见聪明,故律正其举劾之法,参伍①其辞,所以求实也,非所以饰实也。但当参伍明听之耳,不使狱吏锻炼饰理成辞于手。孔子曰:"古之听狱,求所以生之也;今之听狱,求所以杀之也。"故析言以破律,诋案以成法,执左道乱政,皆王诛之,所以必加也。又《淮南子》曰:"丰水之深十仞,金铁在焉,则形见于外。非不深且清,而鱼鳖莫之归也。"故为政者以苛为察,以切为明,以刻下为忠,以讦多为功,譬犹广革,大则大矣,裂之道也。夫赏宜从重,罚宜从轻,君居其厚,百王通制。故臧孙②严猛,鲁邦患其不亡;子产宽仁,郑国忧其将死。刑之轻重,恩之厚薄,见思与见疾,其可同日言哉!且法者,国之权衡也,时之准绳也。权衡所以定轻重,准绳所以正曲直,今作法贵其宽平,罪人欲其严酷,喜怒肆志③,高下在心,是则舍准绳以正曲直,弃权衡而定轻重者也,不亦惑哉?诸葛孔明,小国之相,犹曰:"吾心如秤,不能为人作轻重。"况万乘之主,当可封之日④,而任心弃法,取怨于人乎?

[注释]①参伍:交互错杂,综合比较。 ②臧孙:鲁大夫,行猛政,自贡非之,见《后汉书·陈宠传》注引《新序》。 ③肆志:随心所欲。 ④当可封

之曰:唐虞之世,比屋可封。

又时有小事,不欲人闻,则暴作威怒,以弭谤议。若所为是也,闻于外,其何伤?若所为非也,虽掩之,其何益?故谚曰:"欲人不知,莫若不为;欲人不闻,莫若勿言。"为之而欲人不知,言之而欲人不闻,此犹捕雀而掩目,盗钟而掩耳者,只以取诮,将何益乎?臣又闻之,无常乱之国,无不可理之民。在乎君之善恶,由乎化之薄厚,故禹、汤以之理,桀、纣以之乱;文、武以之安,幽、厉以之危。是以古之哲王,尽己而不以尤人,求身而不以责下。故曰:"禹、汤罪己,其兴也勃焉;桀、纣罪人,其亡也忽焉。"今罪己之事未闻,罪人之心无已,既乖恻隐之情,实启奸邪之路。温舒①恨于曩日②,臣亦欲恨于当今。恩不结于人心,而望刑措不用,非所闻也。臣闻尧有敢谏之鼓③,舜有诽谤之木④,汤有司过之史⑤,武有戒慎之铭⑥。此皆听之于无形,求之于未有,虚己心以待下,庶下情之达上,上下无私,君臣合德者也。魏文帝云:"有德之君所以乐闻逆耳之言、犯颜之净,亲忠臣,厚谏士,斥谗慝、远佞人者,诚欲全身保国,远避灭亡者也。"凡百君子,膺期统运⑦,纵未能上下无私,君臣合德,可不欲全身保国,远避灭亡乎?《书》曰:"木从绳则正,君从谏则圣。"然自古圣哲之君,功成事立,未有不资同德同心,予违汝弼者⑧也。

[注释]①温舒:西汉人,尝上书言狱吏之害。 ②曩(nǎng)日:以往的时日。 ③尧有敢谏之鼓:《通历》曰:"尧定四岳,置谏鼓。" ④舜有诽谤之

木:《淮南子》曰:"舜立诽谤之木。" ⑤汤有司过之史:《淮南子》曰:"汤有司直之人。" ⑥武有戒慎之铭:太公述《丹书》之言曰:"敬胜怠者吉,怠胜敬者灭,义胜欲者从,欲胜义者凶。"武王闻之,退而为戒,乃书于几、鑑、盂、盘为铭。出《大戴礼》。 ⑦膺期统运:治理天下。 ⑧予违汝弼:我违背了纲纪法制,你来匡正辅弼。

昔在贞观之初,侧身励行①,谦以受益,闻善必改。时有小过,引纳忠规,每听直言,喜形颜色。故凡在忠烈,咸竭其辞。自顷年海内无虞,远夷慑服,志意盈满,事异厥初。高谈疾邪,而喜闻顺旨之说;空论忠谠②,而不悦逆耳之言。私嬖③之径渐开,至公之道日塞,往来行路,咸知之矣。故使埋轮坏疏之士,徒怀谔谔之心;牵裾折槛之臣,未申懔懔之气。邦之兴丧,实由斯道。为人上者,可不勉乎?臣数年以来,每奉明旨,深惧群臣莫肯尽言。臣窃思之,抑有由来矣。比者人或上书,事有得失,惟见述其所短,未有称其所长。又天居自高,龙鳞难犯,在于造次,不敢尽言。时有所陈,不能尽意,由思重竭,其道无因。且所言当理,未必加于宠秩;意或乖忤,将有耻辱随之。莫能尽节,实由于此。虽左右近侍,朝夕阶墀④,事或犯颜,咸怀顾望。况疏远不接,将何以极其忠款哉?又时或宣言云:"臣下见事,只可来道,何因所言,即望我用?"此乃拒谏之辞,诚非纳忠之意。何以言之?犯主严颜,献可替否,所以成主之美,匡主之过。若主听有惑,事有不行,使其尽忠谠之言,竭股肱之力,犹恐临事而惧,莫肯效其诚款。若如明诏所道,便是许其面从,而又责其未尽言,进退将何所据?必欲使其致谏,在乎好之而已。故齐桓好服紫,而合境无异色;楚王好细腰,而后宫多饿死。⑤夫以耳目之玩,人犹死而不违,况圣明之君求忠正之士,千里斯应,信不为难。若徒有其言,而内无其实,欲其必至,不可得也。

[注释]①侧身励行:倾斜身体,忧惧不安,谨慎小心,砥砺言行。②忠谠:忠诚忠直。 ③私嬖(bì):营私偏爱。 ④朝夕阶墀(chí):墀,台阶,也指阶面。这里指早晚守在帝王身旁。 ⑤故齐桓好服紫,而合境无异色;楚王好细腰,而后宫多饿死:言上有所好,下必有甚之意。

太宗手诏曰:

省前后讽谕,皆切至之言,固所望于卿也。朕昔在衡门①,尚惟童幼,未渐师保之训,罕闻先达之言。值隋氏分崩,万邦涂炭,慄慄②黔黎,庇身无所。朕自二九之年,有怀拯溺,发愤投袂,便事干戈,蒙犯霜露,东西征伐,日不暇给,居无宁岁。降苍昊之灵,禀庙堂之略,义旗所指,触向平夷。弱水、流沙,并通辀轩③之使;被发左衽④,皆为衣冠之域。正朔所班,无远不届。及恭承宝历,寅奉帝图,垂拱无为,氛埃靖息⑤,于兹十有余年,斯盖股肱罄帷幄之谋,爪牙竭熊罴之力,协德同心,以致于此。岂其寡薄,独享斯休,每以大宝神器,忧深责重,常惧万机多旷,四聪不达,何尝不战战兢兢,坐以待旦。询于公卿,以至隶皂,推以赤心。庶几刑措。昔者徇齐睿智,资风牧以致隆平;翼善钦明,赖稷、契以康至道。然后文德武功,载勒于钟石;淳风至德,以传于竹素。克播鸿名,常为称首。朕以虚薄,多惭往代,若不任舟楫,岂得济彼巨川?不藉盐梅,安得调夫鼎味?赐绢三百匹。

[注释]①衡门:寒舍陋室,这里是自谦之词。 ②惵惵(dié dié):恐惧的样子。 ③辎轩:古代使臣乘坐的一种轻车。 ④被发左衽:指四夷之人。 ⑤氛埃靖息:天下太平。

贞观十一年,魏征上疏曰:

臣闻为国之基,必资于德礼;君之所保,惟在于诚信。诚信立则下无二心,德礼形则远人斯格①。然则德礼、诚信,国之大纲,在于父子君臣,不可斯须②而废也。故孔子曰:"君使臣以礼,臣事君以忠③。"又曰:"自古皆有死,民无信不立④。"文子⑤曰:"同言而信,信在言前;同令而行,诚在令外。"然则言而不行,言不信也;令而不从,令无诚也。不信之言,无诚之令,为上则败德,为下则危身,虽在颠沛之中,君子所不为也。

[注释]①格:来,至。意谓信服,归顺。 ②斯须:须臾,一会儿。 ③君使臣以礼,臣事君以忠:孔子对鲁定公之辞。 ④自古皆有死,民无信不立:孔子答子贡之辞。 ⑤文子:姓辛,名钘,一名计然。濮上人,师事老子。著书《通玄真经》十二篇。

自王道休明①,十有余载,威加海外,万国来庭,仓廪日积,土地日广,然而道德未益厚,仁义未益博者,何哉?由乎待下之情未尽于诚信,虽有善始之勤,未睹克终之美故也。其所由来有渐,非一朝一夕。昔贞观之始,乃闻善惊叹,暨八九年间,犹悦以从谏。自兹厥后,渐恶直言,虽或勉强,时有所容,非复曩时之豁如②。謇谔之辈③,稍避龙鳞;便佞之徒,肆其巧辩。谓同心者为朋党,谓告讦者为至公,谓强直者为擅权,谓忠谠者为诽谤。谓之为朋党,虽忠信而可疑;谓之为至公,虽矫伪而无咎。强直者畏擅权之议,忠谠者虑诽谤之尤。至于窃斧生疑④,投杼致惑⑤。正人不得尽其言,大臣莫能与之争。荧惑视听,郁于大道,妨政损德,其在此乎?故孔子曰"恶利口之覆邦家者",盖为此也。

[注释]①休明:原意是美而明,这里是太平盛世的意思。 ②豁如:豁然旷达,聪明大度。 ③謇(jiǎn)谔之辈:忠诚正直、敢于直言的人。 ④窃斧生疑:疑邻窃斧。语出《列子·说符》,"人有亡铁者,意其邻之子。视其行步,窃铁也;颜色,窃铁也;言语,窃铁也;动作态度,无为而不窃铁也。俄而抇其谷而得其铁。他日复见其邻人之子,动作态度,无似窃铁者"。后以为目随心乱的典故。意指情感的变化往往对理性的判断起着重要的影响作用。⑤投杼致惑:比喻一再传播的流言动摇了原有的信念,从而产生疑惑。

且君子小人,貌同心异。君子掩人之恶,扬人之善,临难无苟免,杀身以成仁。小人不耻不仁,不畏不义,唯利之所在,危人自安。夫苟在危人,则何所不至?今欲将求致理,必委之于君子;事有得失,或访之于小人。其待君子也则敬而疏,遇小人也必轻而狎。狎则言无不尽,疏则情不上通。是则毁誉①在于小人,刑罚加于君子,实兴丧之所在,可不慎哉!此乃孙卿所谓"使智者谋之,与愚者论之,使修洁之士行之,与污鄙之人疑之,欲其成功,可得乎哉?"夫中智之人,岂无小慧,然才非经国②,虑不及远,虽竭力尽诚,犹未免于倾败;况内怀奸利,承颜顺旨,其为祸患,不亦深乎?夫立直木而疑影之不直,虽竭精神,劳思虑,其不得亦已明矣。

[注释]①毁誉:诋毁或赞誉。 ②经国:治理国家。

夫君能尽礼,臣得竭忠,必在于内外无私,上下相信。上不信则无以使下,下不信则无以事上,信之为道大矣。故自天祐之,吉无不利。昔齐桓公问于管仲曰:"吾欲使酒腐于爵,肉腐于俎,得无害于霸乎?"管仲曰:"此极非其善者,然亦无害霸也。"公曰:"如何而害霸乎?"管仲曰:"不能知人,害霸也;知而不能任,害霸也;任而不能信,害霸也;既信而又使小人参之,害霸也。"晋中行穆伯①攻鼓,经年而不能下,馈间伦曰:"鼓之啬夫②,间伦知之。请无疲士大夫,而鼓可得。"穆伯不应,左右曰:"不折一戟,不伤一卒,而鼓可得,君奚为不取?"穆伯曰:"间伦之为人也,佞而不仁。若使间伦下之,吾可以不赏之乎?若赏之,是赏佞人也。佞人得志,是使晋国之士舍仁而为佞。虽得鼓,将何用之?"夫穆伯,列国大夫,管仲,霸者之佐,犹能慎于信任,远避佞人也如此,况乎为四海之大君,应千龄之上圣,而可使巍巍之盛德,复将有所间然乎?

若欲令君子小人是非不杂,必怀之以德,待之以信,厉之以义,节之以礼,然后善善而恶恶,审罚而明赏。则小人绝其佞邪,君子自强不息,无为之治,何远之有?善善而不能进,恶恶而不能去,罚不及于有罪,赏不加于有功,则危亡之期,或未可保,永锡祚胤③,将何望哉!

太宗览疏叹曰:"若不遇公,何由得闻此语?"

[注释]①晋中行穆伯：中行氏穆伯，晋卿。 ②啬（sè）夫：掌诉讼赋税的地方官。 ③永锡祚胤：锡，赐。祚，皇位。胤，子孙后代。此意为把帝位长久传下去。

贞观十七年，太宗谓侍臣曰："《传》称'去食存信'，孔子曰'民无信不立①'。昔项羽既入咸阳，已制天下，向能力行仁信，谁夺耶②？"房玄龄对曰："仁、义、礼、智、信，谓之五常，废一不可。能勤行之，甚有裨益。殷纣狎侮五常，武王伐之③；项氏以无仁、信为汉高祖所夺，诚如圣旨。"

[注释]①"去食存信"，孔子曰"民无信不立"：皆为孔子答子贡之辞。②昔项羽既入咸阳，已制天下，向能力行仁信，谁夺耶：项羽引兵屠咸阳，杀秦降王子婴，烧秦宫室，收其货宝、妇女而东，秦民大失所望。 ③殷纣狎侮五常，武王伐之：《周书》武王誓师之言曰："今商王受狎侮五常。"

# 卷 六

## 论俭约第十八

贞观元年,太宗谓侍臣曰:"自古帝王凡有兴造,必须贵顺物情①。昔大禹凿九山②,通九江③,用人力极广,而无怨讟者,物情所欲,共众所有故也。秦始皇营建宫室而人多谤议者,为徇其私欲,不与众共故也。朕今欲造一殿,材木已具,远想秦皇之事,遂不复作也。古人云'不作无益害有益④','不见可欲,使人心不乱⑤'。固知见可欲,其心必乱矣。至如雕镂器物,珠玉服玩,若恣其骄奢,则危亡之期可立待也。自王公已下,第宅、车服、婚娶、丧葬,准品秩⑥。不合服用者,宜一切禁断。"由是二十年间,风俗简朴,衣无锦绣,财帛富饶,无饥寒之弊。

[注释]①贵顺物情:顺乎事理人情。 ②九山:指九州之山。 ③九江:传说夏禹治水,疏通九江。具体所指,历来说法不一。一说今之洞庭,今沅水、渐水、元水、辰水、叙水、酉水、沣水、资水、湘水,皆合于洞庭,故曰九江。 ④不作无益害有益:《周书·旅獒》之辞。 ⑤不见可欲,使人心不乱:《老子》之辞。 ⑥品秩:品级身份。

贞观二年,公卿奏曰:"依《礼》,季夏之月,可以居台榭。今夏暑未退,秋霖①方始,宫中卑湿②,请营一阁以居之。"太宗曰:"朕有气病,岂宜下湿?若遂来请,糜费③良多。昔汉文将起露台,而惜十家之产,朕德不逮于汉帝,而所费过之,岂谓为人父母之道也?"固请至于再三,竟不许。

[注释]①秋霖:秋雨。 ②卑湿:潮湿。 ③糜费:耗费过度。

贞观四年,太宗谓侍臣曰:"崇饰宫宇,游赏池台,帝王之所欲,百姓之所不欲。帝王所欲者放逸①,百姓所不欲者劳弊。孔子云:'有一言可以终身行之者,其恕乎!己所不欲,勿施于人。'劳弊之事,诚不可施于百姓。朕尊为帝王,富有四海,每事由己,诚能自节,若百姓不欲,必能顺其情也。"魏征曰:"陛下本怜百姓,每节己以顺人。臣闻:'以欲从人者昌,以人乐己者亡。'隋炀帝志在无厌,惟好奢侈,所司每有供奉营造,小不称意,则有峻罚严刑②。上之所好,下必有甚,竞为无限③,遂至灭亡。此非书籍所传,亦陛下目所亲见。为其无道,故天命陛下代之。陛下若以为足,今日不啻足矣;若以为不足,更万倍过此亦不足。"太宗曰:"公所奏对甚善。非公朕安得闻此言?"

[注释]①放逸:游赏玩乐之意。 ②峻罚严刑:严酷的刑罚。 ③竞为无限:都争着这样来做而无限度。

贞观十六年,太宗谓侍臣曰:"朕近读《刘聪①传》,聪将为刘后②起凰仪殿,廷尉陈元达③切谏,聪大怒,命斩之。刘后手疏启请,辞情甚切,聪怒乃解,而甚愧之。人之读书,欲广闻见以自益耳,朕见此事,可以为深诫。比者欲造一小殿,仍构重阁,令于蓝田采木,并已备具,远想聪事,斯作遂止。"

[注释]①刘聪:十六国时期汉赵(前赵)国君。310～318年在位。匈奴族,一名载,字玄明,刘渊之子。河瑞二年(310年)刘渊死后,杀兄夺位。在位时穷兵黩武,广建宫殿,浪费民力,沉湎酒色,激起各族人民的反抗。②刘后:太保刘殷之女,为左贵嫔,后立为后。 ③陈元达:字长宏,本姓高,因生月妨父,改姓陈。刘聪时官至御史大夫。

## 论谦让第十九

贞观二年,太宗谓侍臣曰:"人言作天子则得自尊崇,无所畏惧,朕则以为正合自守谦恭,常怀畏惧。昔舜诫禹曰:'汝惟不矜,天下莫与汝争能;汝惟不伐,天下莫与汝争功①。'又《易》曰:'人道恶盈而好谦。'凡为天子,若惟自尊崇,不守谦恭者,在身倘有不是之事,谁肯犯颜谏奏?朕每思出一言,行一事,必上畏皇天,下惧群臣。天高听卑,何得不畏?群公卿士,皆见瞻仰,何得不惧?以此思之,但知常谦常惧,犹恐不称天心及百姓意也。"魏征曰:"古人云:'靡不有初,鲜克有终②。'愿陛下守此常谦常惧之道,日慎一日,则宗社永固,无倾覆矣。尧、舜所以太平,实用此法。"

[注释]①汝惟不矜,天下莫与汝争能;汝惟不伐,天下莫与汝争功:《虞

书·大禹谟》之辞。伐,自我夸耀功劳。　②靡不有初,鲜克有终:《诗·大雅·荡》之辞。

　　贞观三年,太宗问给事中孔颖达曰:"《论语》云:'以能问于不能,以多问于寡,有若无,实若虚。'何谓也?"颖达对曰:"圣人设教,欲人谦光①。己虽有能,不自矜大,仍就不能之人,求访能事。己之才艺虽多,犹以为少,仍就寡少之人更求所益。己之虽有,其状若无,己之虽实,其容若虚。非惟匹庶②,帝王之德,亦当如此。夫帝王内蕴神明,外须玄默,使深不可测,远不可知。故《易》称'以蒙养正,以明夷莅众'③。若其位居尊极,炫耀聪明,以才陵人,饰非拒谏,则上下情隔,君臣道乖。自古灭亡,莫不由此也。"太宗曰:"《易》云:'劳谦,君子有终,吉④。'诚如卿所说。"诏赐物二百段。

　　[注释]①谦光:因谦虚而愈有光辉。　②匹庶:平民百姓。　③以蒙养正,以明夷莅众:《易·蒙卦》象辞曰:"蒙以养正";《易·象传》曰:"明入地中,明夷,君子以莅众,用晦而明"。　④劳谦,君子有终,吉:《易·谦卦》九三爻辞。

　　河间王孝恭①,武德初封为赵郡王,累授东南道行台尚书左仆射。孝恭既讨平萧铣、辅公祏,遂领江、淮及岭南,皆统摄之。专制一方,威名甚盛,累迁礼部尚书。孝恭性惟退让,无骄矜自伐之色。时有特进江夏王道宗,尤以将略②驰名,兼好学,敬慕贤士,动修礼让,太宗并加亲待。诸宗室中,惟孝恭、道宗莫与为比,一代宗英③云。

[注释]①河间王孝恭:太祖之子。佐高祖,多进图策,宗室诸王中,独存军功,宽恕退让。太宗亲重之,宗室莫比。 ②将略:精通武事,雄才大略。③一代宗英:宗室中出类拔萃的人物。

## 论仁恻第二十

贞观初,太宗谓侍臣曰:"妇人幽闭深宫,情实可愍①。隋氏末年,求采无已,至于离宫别馆,非幸御之所,多聚宫人。此皆竭人财力,朕所不取。且洒扫之余,更何所用?今将出之,任求伉俪②,非独以省费,兼以息人,亦各得遂其性。"于是后宫及掖庭③前后所出三千余人。

[注释]①愍(mǐn):哀怜,可怜。 ②伉俪:指的是夫妻。伉,对等、匹敌之意;俪,结缘、配偶之意。 ③掖庭:皇宫中的旁舍,宫嫔所住之地。

贞观二年,关中旱,大饥。太宗谓侍臣曰:"水旱不调,皆为人君失德。朕德之不修,天当责朕,百姓何罪,而多困穷!闻有鬻①男女者,朕甚愍焉。"乃遣御史大夫杜淹②巡检,出御府金宝赎之,还其父母。

[注释]①鬻:卖。 ②杜淹:字执礼,杜如晦的叔父。才辩多闻,起初为秦王府文学馆学士。及秦王即帝位后,召为御史大夫,俄检校吏部尚书。所荐引赢四十人,后皆知名。

贞观七年,襄州都督张公谨卒。太宗闻而嗟悼①,出次发哀②。有司奏言:"准阴阳书云:'日子在辰,不可哭泣。'此亦流俗所忌。"太宗曰:"君臣之义,同于父子,情发于衷,安避辰日?"遂哭之。

[注释]①嗟悼:悲悼。 ②出次发哀:到郊外致以哀悼。

贞观十九年,太宗征高丽,次定州,有兵士到者,帝御州城北门楼抚慰之。有从卒一人病,不能进。招至床前,问其所苦,仍敕州县医疗之。是以将士莫不欣然愿从。及大军回次柳城,诏集前后战亡人骸骨,设太牢①致祭,亲临,哭之尽哀,军人无不洒泣。兵士观祭者,归家言其父母,父母曰:"吾儿之丧,天子哭之,死无所恨。"太宗征辽东,攻白岩城,右卫大将军李思摩②为流矢所中,帝亲为吮血,将士莫不感励。

[注释]①太牢:古代帝王祭祀社稷时,牛、羊、豕三牲全备为太牢。②李思摩:颉利族人。高祖时封和顺郡王,与秦王结为兄弟,赐姓李,为化州都督,统颉利故部为可汗。

## 慎所好第二十一

贞观二年,太宗谓侍臣曰:"古人云:'君犹器也,人犹水也,方圆在于器,不在于水。'故尧、舜率天下以仁,而人从之;桀、纣率天下以暴,而人从之。下之所行,皆从上之所好。至如梁武帝父子,志尚浮华,惟好释氏、老氏之教,武帝末年,频幸同泰寺,亲讲佛经,百寮皆大冠高履,乘车扈从①,终日谈说苦空②,未尝以军国典章为意。及侯景率兵向阙,尚书郎以下,多不解乘马,狼狈步走,死者相继于道路。武帝及简文卒被侯景幽逼而死。孝元帝③在江陵,为万纽于谨所围,帝犹讲《老子》不辍,百寮皆戎服以听。俄而城陷,君臣俱被囚挚。庾信④亦叹其如此,及作《哀江南赋》,乃云:'宰衡⑤以干戈为儿戏,缙绅⑥以清谈为庙略。'此事亦足为鉴戒。朕今所好者,惟在尧、舜之道,周、孔之教,以为如鸟有翼,如鱼依水,失之必死,不可暂无耳。"

[注释]①扈从:皇帝出巡时护驾侍从。 ②苦空:指佛教教义。 ③孝元帝:名绎,梁武帝第七子,起兵讨侯景,即帝位。 ④庾信:字子山,因受封"开府仪同三司",故人称"庾开府",南阳新野人。先世在周代曾为掌庾官(管理仓库之官),故以庾为姓。他自幼随父亲、梁代诗人庾肩吾出入于萧纲的宫廷,后来又与徐陵一起任萧纲的东宫学士,成为宫体文学的代表作家。 ⑤宰衡:本是汉平帝时加于王莽的称号。后泛指宰相。 ⑥缙绅:古代官员垂绅(束腰大带)插(缙)笏(手板)。故缙绅为官僚士大夫的代称。

贞观二年,太宗谓侍臣曰:"神仙事本是虚妄,空有其名。秦始皇非分①爱好,遂为方士所诈,乃遣童男童女数千人,随其入海求仙药。方士避秦苛虐,因留不归,始皇犹海侧踟蹰②以待之,还至沙丘而死。汉武帝为求神仙,乃将女嫁道术之人,事既无验,便行诛戮。据此二事,神仙不烦妄求也。"

[注释]①非分:背乎常理。 ②踟蹰(chí chú):来回徘徊。

贞观四年,太宗曰:"隋炀帝性好猜防,专信邪道,大忌胡人,乃至谓胡床为交床,胡瓜为黄瓜,又筑长城以备胡。终被宇文化及使令狐行达①杀之。又诛戮李金才②,及诸李殆尽,卒何所益?且君天下者,惟须正身修德而已,此外虚事,不足在怀。"

[注释]①令狐行达:令狐,复姓,行达为名。当时任校尉之职。 ②李金才:名浑,为将军。有方士言晓图谶,谓帝曰:"当有李氏为天子。"浑与宇文述有隙,述因诬之,于是尽诛浑族。

贞观五年,有人上注解图谶①。太宗曰:"此诚不经之事,不能爱好。朕杖德履义,救天下苍生,蒙上天眷命,为四海主,安用图谶。"命焚之。

[注释]①图谶:古代关于宣扬迷信的预言、预兆的书籍。谶,是秦汉间巫师、方士编造的预示吉凶的隐语,本义为将来能应验的预言、预兆。

## 慎言语第二十二

贞观二年,太宗谓侍臣曰:"朕每日坐朝,欲出一言,即思此言于百姓有利益否,所以不敢多言。"给事中兼知起居事①杜正伦进曰:"君举必书,言存左史②。臣职当兼修起居注,不敢不尽愚直。陛下若一言乖于道理,则千载累于圣德,非止当今损于百姓,愿陛下慎之。"太宗大悦,赐彩百段。

[注释]①起居事:唐制,起居郎及舍人掌天子起居法度。贞观初,以给事中、谏议大夫兼之,执事记录。 ②左史:指《春秋左传》。

贞观八年,太宗谓侍臣曰:"言语者,君子之枢机,谈何容易?凡在众庶,一言不善,则人记之,成其耻累,况是万乘之主,不可出言有所乖失①。其所亏损至大,岂同匹夫哉？朕当以此为戒。隋炀帝初幸甘泉宫②,泉石称意,而怪无萤火,敕云:'捉取萤火,于宫中照夜。'所司遽遣数千人采拾,送五百舆于宫侧,小事尚尔,况其大事乎？"魏征对曰:"人君居四海之尊,若有亏失,古人以为如日月之蚀,人皆见之,实如陛下所戒慎。"

[注释]①乖失:差错,过失。 ②甘泉宫:秦宫,汉武帝扩建后名甘泉宫。

贞观十六年,太宗每与公卿言及古道,必诘难往复。散骑常侍刘洎上书谏曰:"帝王之与凡庶,圣哲之与庸愚,上下相悬,拟伦斯绝。是知以至愚而对至圣,以极卑而对极尊,徒思自强,不可得也。陛下降恩旨,假慈颜,凝旒①以听其言,虚襟以纳其说,犹恐群下未敢对扬,况动神机,纵天辩,饰辞以折其理,援古以排其议,欲令凡庶何阶应答？臣闻皇天以无言为贵,圣人以不言为德,老君称'大辩若讷',庄生称'至道无文',此皆不欲烦也。是以齐侯读书,轮扁窃议②,汉皇慕古,长孺陈讥③,此亦不欲劳也。且多记则损心,多语则损气,心气内损,形神外劳,初虽不觉,后必为累。须为社稷自爱,岂为性好自伤乎？窃以今日升平,皆陛下力行所至。欲其长久,匪由辩博,但当忘彼爱憎,慎兹取舍,每事敦朴,无非至公,若贞观之初,则可矣。至如秦政强辩,失人心于自矜,魏文宏才,亏众望于虚说。此才辩之累,较然可知矣。伏愿略兹雄辩,浩然养气,简彼缃图④,淡焉怡悦⑤,固万寿于南岳,齐百姓于东户,则天下幸甚,皇恩斯毕。"太宗手诏答曰:"非虑无以临下,非言无以述虑。比有谈论,遂至烦多。轻物骄人,恐由兹道。形神心气,非此为劳。今闻谠言,虚怀以改。"

[注释]①凝旒(liú):这里有凝神倾听之意。旒,古代帝王礼帽前后的玉串。 ②齐侯读书,轮扁窃议:语出《庄子》。齐桓公读书于堂上,轮扁斫轮于堂下,释椎凿而上,曰:"君之所读者,古人之糟粕已夫!以臣之事观之,斫轮徐则甘而不固,疾则苦而不入,不徐不疾,得之于手,应之于心,口不能言,有数存焉。古之人与?不可传也。" ③汉皇慕古,长孺陈讥:长孺,汲黯字。汉武帝时召为主爵都尉,位列九卿。治务在无为。其谏,犯主之颜色。 ④缃图:书籍。缃,浅黄色。图,书。 ⑤怡悦:安适愉快。

## 杜谗佞第二十三

贞观初,太宗谓侍臣曰:"朕观前代谗佞之徒,皆国之蟊贼①也。或巧言令色,朋党比周。若暗主庸君,莫不以之迷惑;忠臣孝子所以泣血衔冤。故丛兰欲茂,秋风败之;王者欲明,谗人蔽之。此事著于史籍,不能具道。至如齐、隋间谗谮事,耳目所接者,略与公等言之。斛律明月②,齐朝良将,威震敌国,周家每岁斫汾河冰,虑齐兵之西渡。及明月被祖孝征③谗构伏诛,周人始有吞齐之意。高颎④有经国大才,为隋文帝赞成霸业,知国政者二十余载,天下赖以康宁。文帝惟妇言是听,特令摈斥。及为炀帝所杀,刑政由是衰坏。又隋太子勇⑤抚军监国,凡二十年间,固亦早有定分。杨素⑥欺主罔上,贼害良善,使父子之道一朝灭于天性,逆乱之源,自此开矣。隋文既混淆嫡庶,竟祸及其身,社稷寻亦覆败。古人云'代乱则谗胜',诚非妄言。朕每防微杜渐,用绝谗构之端,犹恐心力所不至,或不能觉悟。前史云:'猛兽处山林,藜藿⑦为之不采;直臣在朝廷,奸邪为之寝谋。'此实朕所望于群公也。"魏征曰:"《礼》云:'戒慎乎其所不睹,恐惧乎其所不闻。'《诗》云:'恺悌君子,无信谗言。谗言罔极,交乱四国。'又孔子'恶利口之覆邦家',盖为此也。臣尝观自古有国有家者,若曲受谗谮,妄害忠良,必宗庙丘墟,市朝霜露矣。愿陛下深慎之!"

[注释]①蟊(máo)贼:吃禾苗的两种害虫。比喻危害人民或国家的人。 ②斛律明月:斛律,复姓。明月是字,名光。北齐朝兼行将相,善骑射,长期从事对北周的战争,为邻敌所惧。 ③祖孝征:名珽。密为谣言,谗斛律光,杀之。 ④高颎:隋朝开国重臣,贤相。被封为渤海郡公。 ⑤隋太子勇:杨勇,隋文帝长子,后废为庶人。 ⑥杨素:杨玄感之父,为隋相。 ⑦藜藿(lí huò):野菜。


尚书右仆射杜如晦奏言:"监察御史陈师合上《拔士论》,兼言人之思虑有限,一人不可总知数职,以论臣等。"太宗谓戴胄曰:"朕以至公理天下,今任玄龄、如晦,非为勋旧,以其有才故也。此人妄事毁谤,止欲离间我君臣。昔蜀后主①昏弱,齐文宣②狂悖,然国称理者,以任诸葛亮、杨遵彦不猜之故也。朕今任如晦等,亦复如此。"于是流师合于岭外。

[注释]①蜀后主:名禅,刘备之子。 ②齐文宣:指北齐显祖文宣皇帝高洋。


贞观中,太宗谓房玄龄、杜如晦曰:"朕闻自古帝王上合天心,以致太平者,皆股肱之力。朕比开直言之路者,庶知冤屈,欲闻规谏。所有上封事人,多告讦百官,细无可采。朕历选前王,但有君疑于臣,则下情不能上达,欲求尽忠极虑,何可得哉?而无识之人,务行谗毁,交乱君臣,殊非益国。自今以后,有上书讦人小恶者,朕当以谗人之罪罪之。"

魏征为秘书监,有告征谋反者。太宗曰:"魏征,昔吾之仇,只以忠于所事,吾遂拔而用之,何乃妄生谗构①?"竟不问征,遽②斩所告者。

[注释]①谗构:谗害构陷。 ②遽(jù):急,急速,仓猝,匆忙。

贞观十年,权贵有疾①魏征者,每言于太宗曰:"魏征凡所谏诤,委曲反覆,不从不止,竟欲以陛下为幼主,不同于长君②。"太宗曰:"朕是达官子弟,少不学问,唯好弓马。至于起义,即有大功。既封为王,偏蒙宠爱。理道政术,都不留心,亦非所解。及为太子,初入东宫,思安天下,欲克己为理。唯魏征与王珪导我以礼义,弘我以政道。我勉强从之,大觉其利益,力行不息,以致今日安宁,并是魏征等之力。所以特加礼重,每事听从,非私之也。"言者乃惭而止,太宗呵而出之。

[注释]①疾:痛恨。 ②长君:谓以年长者为君。

贞观十一年,长安县人霍行斌告变,言尚书右丞魏征预事。太宗览之,谓侍臣曰:"此言太无由绪①,并不须问,行斌宜付所司理罪。"征曰:"臣蒙近侍,未以善闻,而有大逆之名,罪合万死。纵陛下曲垂矜照②,臣将何以自安?"请鞫。寻仍顿首拜谢。太宗曰:"卿累仁积行,朕所悉知。愚人相谤,岂能由己,不须致谢。"

[注释]①由绪:来历,来由。 ②曲垂矜照:曲垂,敬辞。用于称君上的颁赐。犹言俯赐;俯降。矜照,怜悯照顾。

太宗谓房玄龄等曰:"昨日皇甫德参①上书,言朕修营洛州宫殿是劳民也,收地租是厚敛也,俗高髻②是宫中所化也。观此人心,必欲使国家不役一人,不收一租,宫人皆无髮,乃称其意耳。事既讪谤,当须论罪。③"魏征进曰:"贾谊当汉文之时,上书云:'可为痛哭者三,可为长叹息者五。'自古上书,率多激切,若不激切,则不能起人主心,激切即似讪谤,所谓'狂夫之言,圣人择焉',唯在陛下裁察,不可责也。"太宗曰:"朕初欲责此人,但已许进直言。若责之,则于后谁敢言者?"赐绢二十匹,令归。

[注释]①皇甫德参:陕县丞。 ②高髻:古代妇女发式,又称"峨髻",是相对指髻式高耸的称谓。唐代,高髻极为流行,式样众多。 ③事既讪谤,当须论罪:原文无此八字,据《日本访书志》补。

贞观十六年,太宗谓谏议大夫褚遂良①曰:"卿兼知起居,比来记我行事善恶否?"遂良曰:"史官之设,君举必书。善既必书,过亦无隐。"太宗曰:"朕今勤行三事,亦望史官不书吾恶。一则鉴前代成败事,以为元龟②;二则进用善人,共成政道;三则斥弃群小,不听谗言。吾能守之,终不转也。"

[注释]①褚遂良：字登善，唐朝政治家、书法家，阳翟（今河南禹州）人。博学多才，精通文史，历任谏议大夫、中书令等职。　　②元龟：比喻可资借鉴的往事。

## 论悔过第二十四

贞观二年，太宗谓房玄龄曰："为人大须学问。朕往为群凶未定①，东西征讨，躬亲戎事②，不暇③读书。比来四海安静，身处殿堂，不能自执书卷，使人读而听之。君臣父子，政教之道，并在书内。古人云：'不学，墙面，莅事惟烦。'④不徒言⑤也。却思少小时行事，大觉非也。"

[注释]①群凶未定：指隋末农民起义军及与唐敌对的各派势力尚未平定。　　②躬亲戎事：亲自参加征战。　　③不暇：没有空闲。暇：空闲。　　④不学，墙面，莅事惟烦：语出《周书·周官》，意为不学习，一无所知，处理事会麻烦。墙面，面对墙壁，比喻一无所知。莅事惟烦，处理事情只会（感到）麻烦。莅事，处事。　　⑤不徒言：不只是虚言或不只是白说的话。徒，白白地。

贞观中，太子承乾多不修法度，魏王泰尤以才能为太宗所重，特诏泰移居武德殿。魏征上疏谏曰："此殿在内，处所宽闲，参奉往来，实为稳近。但魏王既是陛下爱子，陛下须使知定分①，常保安全，每事抑其骄奢，不处嫌疑之地。今移居此殿，使在东宫之西，海陵②昔居，时人以为不可。虽时移事异，犹恐人之多言。又王之本心，亦不宁息。既能以宠为惧，伏愿成人之美。"太宗曰："朕几不思量，大是错误。"遂遣泰归于本第。

[注释]①定分：固定的名分。意指魏王泰应明白太子承乾与自己之间

的君臣名分。　②海陵：海陵王李元吉，唐太宗弟弟。

贞观五年，太宗谓侍臣等曰："齐文宣何如人君？"魏征对曰："非常颠狂，然与人共争道理，自知短屈，即能从之。臣闻齐时魏恺①先任青州长史，尝使梁，还除光州长史，不就。杨遵彦奏之，文宣帝大怒，召而责之。恺曰：'先任青州大藩长史，今有使劳，更无罪过，反授小州，所以不就。'乃顾谓遵彦曰：'此汉有理。'因命舍之。"太宗曰："往者卢祖尚②不肯受官，朕遂杀之。文宣帝虽复颠狂，尚能容忍此一事，朕所不如也。祖尚不受处分，虽失人臣之礼，朕即可杀之，大是伤急。一死不可再生，悔无所及，宜复其故官阴。"

[注释]①魏恺：巨鹿下曲阳人。少抗直有才辩。魏末，辟开府行参军，稍迁尚书郎、齐州长史。天保中，聘陈使副。迁青州长史，固辞不就。　②卢祖尚：隋末唐初将领。字季良，光州乐安（今河南光山）人。隋末从王世充，降唐后拜光州刺史。从李孝恭讨辅公祏，历任寿州、瀛州刺史，均有治绩。贞观初，托病拒任交州刺史，为太宗所杀。

贞观十七年，太宗谓侍臣曰："人情之至痛者，莫过乎丧亲也。故孔子云：'三年之丧，天下之通丧，自天子达于庶人也。'又曰：'何必高宗①？古之人皆然。'近代帝王，遂行不逮。汉文以日易月之制②，甚乖于礼典。朕昨见徐干③《中论·复三年丧》篇，义理甚精审，深恨不早见此书。所行大疏略，但知自咎自责，追悔何及！"因悲泣久之。

[注释]①高宗：武丁，商代国君。盘庚弟小乙之子。公元前1250年至

前1192年在位。　②汉文以日易月之制：汉文帝行短丧，以日易月。　③徐干：字伟长，汉末文学家、哲学家、诗人。"建安七子"之一。以诗、辞赋、政论著称。代表作有《中论》《答刘桢》。

贞观十八年，太宗谓侍臣曰："夫人臣之对帝王，多承意顺旨，甘言①取容。朕今欲闻己过，卿等皆可直言。"散骑常侍刘洎对曰："陛下每与公卿论事，及有上书者，以其不称旨，或面加诘难，无不惭退②，恐非诱进直言之道。"太宗曰："朕亦悔有此问，卿言是也，当为卿改之。"

[注释]①甘言：甜蜜的语言。　②惭退：很难堪地退下去。

## 论奢纵第二十五

贞观二年，太宗谓黄门侍郎王珪曰："隋开皇十四年大旱，人多饥乏。是时仓库盈溢，竟不许赈给，乃令百姓逐粮①。隋文不怜百姓而惜仓库，比至末年，计天下储积，得供五六十年。炀帝恃此富饶，所以奢华无道，遂致灭亡。炀帝失国，亦由其父。凡理国者，务积于人，不在盈其仓库。古人云：'百姓不足，君孰与足②？'但使仓库可备凶年，此外何烦储蓄！后嗣若贤，自能保其天下；如其不肖，多积仓库，徒益其奢侈，危亡之本也。"

[注释]①逐粮：到有粮食吃的地方去。　②百姓不足，君孰与足：语出《论语·颜渊》，此是孔子弟子有若答鲁哀公所问之辞。

贞观七年，太宗授郭孝恪①西州道行军总管，率步骑三千人出银山道以伐焉耆②。夜往掩袭其城,破之,虏其王龙突骑支。太宗谓侍臣曰:"计八月中旬郭孝恪发去,至廿日应到,必以廿二日破焉耆,当驰使报。朕计其行程,今日应有好消息。"言未讫而驿骑至,云孝恪已破焉耆。太宗悦。及征龟兹③,以孝恪为昆五道副大总管,破其都城,留孝恪守之,余军分道别进。城外未宾,孝恪因乃出营于外,有龟兹人来谓孝恪曰:"那利,我之国相,人心素归,今亡在野,必思为变。城中之人,颇有异志,公其备之。"孝恪不以为虞。那利等果率众万余,私与城内降胡相知表里为应。孝恪失于警候,贼入城鼓噪④,孝恪始觉之,为胡矢所中而死。孝恪性奢侈,家之仆妾以及器玩,务极鲜华。虽在军中,床榻什器,皆饰以金玉。仍以金床、华帐完具,以遗行军大总管阿史那社尔⑤。社尔一无所受。太宗闻之,乃曰:"二将何优劣之不同也。郭孝恪今为寇虏所屠,可谓自招伊咎耳。"

[注释]①郭孝恪:许州阳翟(今河南禹州)人,唐初名将。封宋州刺史、阳翟郡公。　②焉耆:又称乌夷、阿耆尼,新疆塔里木盆地古国,在今新疆维吾尔自治区焉耆回族自治县附近。　③龟兹:中国古代西域大国之一,中国唐代安西四镇之一,又称丘慈、邱兹、丘兹,为古代西域出产铁器之地。④鼓噪:是指鸣鼓喧哗,喧闹,起哄;擂鼓,呐喊。　⑤阿史那社尔:唐初名将,突厥王族,处罗可汗次子。

贞观九年,太宗谓魏征曰:"顷读周、齐史,末代亡国之主,为恶多相类也。齐主①深好奢侈,所有府库,用之略尽,乃至关市无不税敛。朕常谓此辈犹如馋人自食其身,肉尽必死。人君赋敛不已,百姓既弊,其君亦亡,齐主即是也。然天元②、齐主,若为优劣?"征对曰:"二主亡国虽同,其行则别。齐主懦弱③,政出多门,国无纲纪,遂至亡灭。天元立性凶而强,威福在己,亡国之事,皆在其身。以此论之,齐主为劣。"

[注释]①齐主:指齐后主,名纬,世祖之子。 ②天元:北周宣帝,自称天元皇帝。 ③懦弱:软弱,怯懦。

贞观十一年,太宗令所司造金银器物五十事,侍御史马周上疏曰:

臣历观前代,自夏、殷、周及汉氏之有天下,传祚相继,多者八百余年①,少者犹四五百年②,皆为积德累业,恩结于人心。岂无僻王③?赖前哲以免尔。自魏、晋以还,降及周、隋,多者不过五六十年,少者才二三十年而亡。良由创业之君不务广恩化,当时仅能自守,后无遗德可思。故传嗣之主政教少衰,一夫大呼而天下土崩矣。今陛下虽以大功定天下,而积德日浅,固当思崇禹、汤、文、武之道,广施德化,使恩有余地,为子孙立万代之基。岂欲但令政教无失,以持当年而已。且自古明王圣主,虽因人设教,宽猛随时,而大要以节俭于身、恩加于人二者是务。故其下爱之如父母,仰之如日月,敬之如神明,畏之如雷霆。此其所以卜祚遐长④而祸乱不作也。

[注释]①多者八百余年:指周传三十七王,历八百六十七年。 ②少者犹四五百年:史书载,夏从禹至桀共十七君,十四世,有王与无王,共历四百七十一年。殷凡三十一世,历六百二十九年。东西两汉共二十四帝,凡四百二

十四年。　③僻王：僻，不正。僻王指昏庸之王。　④卜祚遐长：意谓上天赐予帝位时间长久。

今百姓承丧乱之后，比于隋时才十分之一，而供官徭役，道路相继，兄去弟还，首尾不绝。远者往来五六千里，春秋冬夏，略无休时。陛下虽每有恩诏令其减省，而有司作既不废，自然须人，徒行文书，役之如故。臣每访问，四五年来，百姓颇有怨嗟之言，以陛下不存养之。昔唐尧茅茨土阶①，夏禹恶衣菲食②。如此之事，臣知不复可行于今。汉文帝惜百金之费，辍露台之役，集上书囊，以为殿帷，所幸夫人③，衣不曳地④。至景帝以锦绣纂组妨害女工，特诏除之，所以百姓安乐。至孝武帝，虽穷奢极侈，而承文、景遗德，故人心不动。向使高祖之后即有武帝，天下必不能全。此于时代差近，事迹可见。今京师及益州诸处营造供奉器物，并诸王妃主服饰，议者皆不以为俭。臣闻昧旦丕显⑤，后世犹怠，作法于理，其弊犹乱。陛下少处人间，知百姓辛苦，前代成败，目所亲见，尚犹如此，而皇太子生长深宫，不更外事，即万岁之后，固圣虑所当忧也。

[注释]①茅茨（cí）土阶：茅屋土台。　②恶衣菲食：粗衣淡饭。　③所幸夫人：指慎夫人。　④衣不曳地：衣衫短小不能曳地。形容衣着朴素。曳地，拖在地上，挨着地面。　⑤昧旦丕显：意谓开国之君德业盛大。昧旦，黎明、拂晓。丕显，大明。《尚书》赞美周文王"丕显哉，文王谟！"

臣窃寻往代以来成败之事，但有黎庶怨叛①，聚为盗贼,其国无不即灭,人主虽欲改悔,未有重能安全者。凡修政教,当修之于可修之时,若事变一起而后悔之,则无益也。故人主每见前代之亡,则知其政教之所由丧,而皆不知其身之有失。是以殷纣笑夏桀之亡,而幽、厉亦笑殷纣之灭。隋帝大业之初,又笑周、齐之失国,然今之视隋炀帝,亦犹炀帝之视周、齐也。故京房②谓汉元帝云:"臣恐后之视今,亦犹今之视古。"此言不可不戒也。

[注释]①黎庶怨叛:指百姓因生怨恨而反叛。　②京房:字君明,汉东郡人,治《易》。

往者贞观之初,率土霜俭①,一匹绢才得粟一斗,而天下怡然。百姓知陛下甚忧怜之,故人人自安,曾无谤讟②。自五六年来,频岁丰稔,一匹绢得十余石粟,而百姓皆以陛下不忧怜之,咸有怨言。又今所营为者,颇多不急之务故也。自古以来,国之兴亡不由蓄积多少,惟在百姓苦乐。且以近事验之,隋家贮洛口仓,而李密因之;东京积布帛,王世充据之;西京府库,亦为国家之用,至今未尽。向使洛口、东都无粟帛,即世充、李密未必能聚大众。但贮积者固是国之常事,要当人有余力而后收之。若人劳而强敛之,竟以资寇,积之无益也。然俭以息人,贞观之初,陛下已躬为之,故今行之不难也。为之一日,则天下知之,式歌且舞矣。若人既劳矣,而用之不息,倘中国被水旱之灾,边方有风尘之警,狂狡因之窃发,则有不可测之事,非徒圣躬旰食晏寝③而已。若以陛下之圣明,诚欲励精为政,不烦远求上古之术,但及贞观之初,则天下幸甚。

太宗曰:"近令造小随身器物,不意百姓遂有嗟怨,此则朕之过误。"乃命停之。

[注释]①霜俭:严霜使庄稼歉收。 ②谤讟:怨恨毁谤。 ③旰食晏寝:指勤于政事。旰食,晚食。指事务繁忙不能按时吃饭。晏寝,晚睡。

## 论贪鄙第二十六

贞观初,太宗谓侍臣曰:"人有明珠,莫不贵重。若以弹雀,岂非可惜?况人之性命甚于明珠,见金钱钱帛不惧刑网①,径即受纳,乃是不惜性命。明珠是身外之物,尚不可弹雀,何况性命之重,乃以博财物耶?群臣若能备尽忠直,益国利人,则官爵立至。皆不能以此道求荣,遂妄受钱物,赃贿②既露,其身亦殒,实可为笑。帝王亦然。恣情放逸,劳役无度,信任群小,疏远忠正,有一于此,岂不灭亡?隋炀帝奢侈自贤,身死匹夫之手,亦为可笑。"

[注释]①不惧刑网:不害怕刑律法网。 ②赃贿:赃物,贿赂。

贞观二年,太宗谓侍臣曰:"朕尝谓贪人不解爱财也。至如内外官五品以上,禄秩①优厚,一年所得,其数自多。若受人财贿,不过数万。一朝彰露,禄秩削夺,此岂是解爱财物?规②小得而大失者也。昔公仪休③性嗜鱼,而不受人鱼,其鱼长存。且为主贪,必丧其国;为臣贪,必亡其身。《诗》云:'大风有隧,贪人败类④。'固非谬言也。昔秦惠王⑤欲伐蜀,不知其径,乃刻五石牛,置金其后,蜀人见之,以为牛能便金。蜀王使五丁力士拖牛入蜀,道成,秦师随而伐之,蜀国遂亡。汉大司农⑥田延年⑦赃贿三千万,事觉自死。如此之流,何可胜记!朕今以蜀王为元龟⑧,卿等亦须以延年为覆辙也。"

[注释]①禄秩:官吏的俸禄。 ②规:贪求。 ③公仪休:公仪,复姓。休,名。战国时鲁相。 ④大风有隧,贪人败类:《诗·大雅·桑柔》之辞。⑤秦惠王:秦惠公。僭称王,是为惠文公。 ⑥大司农:官名。汉武帝时置大司农,掌诸钱谷金帛货币之事。 ⑦田延年:字子宾,齐诸田之后,汉昭帝时为大司农。 ⑧元龟:警戒。

贞观四年,太宗谓公卿曰:"朕终日孜孜,非但忧怜百姓,亦欲使卿等长守富贵。天非不高,地非不厚,朕常兢兢业业,以畏天地。卿等若能小心奉法,常如朕畏天地,非但百姓安宁,自身常得欢乐。古人云:'贤者多财损其志,愚者多财生其过。'此言可为深诫。若徇私贪浊①,非止坏公法、损百姓,纵事未发闻②,中心岂不恒恐惧?恐惧既多,亦有因而致死。大丈夫岂得苟贪财物,以害身命,使子孙每怀愧耻耶?卿等宜深思此言。"

[注释]①贪浊:犹贪污。浊乱贪欲。 ②纵事未发闻:即使事情没有败露。

贞观四年,濮州刺史庞相寿①贪浊有闻,追还解任②。殿庭自陈,幕府旧左右,实不贪浊。太宗矜③之,使舍人谓之曰:"尔是我旧左右,我极哀矜尔,尔取他钱物,只应为贪。今赐尔绢一百匹,还向任所,更莫作罪过。"魏征进而言曰:"相寿贪浊,远近所知。今以故旧私情赦其贪浊之罪,加以厚赏,还令复任。相寿性识未知愧耻。幕府左右其数甚多,人人皆恃恩私,足使为善者惧。"太宗欣然纳之,使引相寿于前,亲谓之曰:"我昔为王,为一府作主。今为天子,为四海作主。既为四海作主,不可偏与一府恩泽。向欲令尔重任,左右以为若尔得重任,必使为善者皆不用心。今既以左右所言为是,便不得申我私意,且放尔归。"乃赐杂物而遣之。相寿亦辞,流涕而去。

[注释]①庞相寿:南安郡(今甘肃陇西县)人,唐朝初年官员。右监门将军,封安宜公。唐朝初年任濮州(今山东省鄄城县)刺史。庞相寿因为贪污而免职。　②解任:解除职务。　③矜:怜悯,怜惜。

贞观六年,右卫将军陈万福自九成宫赴京,违法取驿家麸数石。太宗赐其麸,令自负出以耻之。

贞观十年,治书侍御史权万纪上言:"宣、饶二州诸山大有银坑①,采之极是利益,每岁可得钱数百万贯。"太宗曰:"朕贵为天子,是事无所少之。惟须纳嘉言,进善事,有益于百姓者。且国家胜得数百万贯钱,何如得一有才行人?不见卿推贤进善之事,又不能按举不法,震肃权豪②,惟道税鬻银坑以为利益。昔尧、舜抵璧于山林,投珠于渊谷,由是崇名美号,见称千载。后汉桓、灵二帝好利贱义③,为近代庸暗之主。卿遂欲将我比桓、灵耶?"是日敕放令还第④。

[注释]①银坑:产银等金属的矿坑。　②震肃权豪:震慑整肃权门豪强。　③后汉桓、灵二帝好利贱义:汉灵帝时,开西邸卖官,自关内侯、虎贲、

羽林，入钱各有差。私令左右卖公、卿，公千万，卿五百万。又卖关内侯假金印紫绶传世，入五百万。好利贱义，贪财求利而轻贱礼义。　④还第：指官吏辞职或解职而返回私宅。

岑文本为中书令，宅卑陋，无帷帐之饰。有劝其营产业者，文本叹曰："吾本汉南一布衣①耳，竟无汗马之劳②，徒以文墨③致位中书令，斯亦极矣。荷俸禄之重，为惧已多，更得言产业乎？"言者叹息而退。

[注释]①布衣：原指平民百姓的最普通的廉价衣服，借指平民。后也以布衣称没有做官的读书人。　②汗马之劳：指征战的劳苦，亦指战功。　③文墨：文书辞章。这里意为文韬、舞文弄墨之义。

户部尚书戴胄卒，太宗以其居宅弊陋，祭享无所，令有司特为之造庙。

温彦博为尚书右仆射，家贫无正寝，及薨①，殡于旁室。太宗闻而嗟叹，遽命所司为造堂，厚加赗赠②。

魏征宅内，先无正堂。及遇疾，太宗时欲造小殿，而辍其材为征营构，五日而就。遣中使赍③素褥布被而赐之，以遂其所尚。

[注释]①薨：公侯死曰薨。　②赗赠：古代丧葬礼极为隆重，耗财力很多，届时死者的上司及亲戚朋友，常拿财物助丧家办理丧事，这一习俗，称之为赗赠。　③赍：拿东西给人，送给。

贞观七年，太宗幸蒲州。刺史赵元楷①课②父老服黄纱单衣，迎谒路左，盛饰廨宇，修营楼雉以求媚；又潜饲羊百余口、鱼数千头，将馈贵戚。太宗知而数之曰："朕巡省河、洛,经历数州,凡有所须,皆资官物。卿饲羊养鱼,雕饰院宇,此乃亡隋弊俗,不可复行。当识朕心,改卿旧态。"以元楷在隋邪佞,故太宗发此言以戒之。元楷惭惧,数日不食而卒。

[注释]①赵元楷:隋唐时期的政治人物,天水郡(今属甘肃)人。隋朝宰相赵芬的幼子,炀帝时为历阳郡丞。竭百姓财,贡上用。超拜江都郡丞,兼领江都宫使,擅长搜括民财,惹得老百姓怨声载道。后入唐朝为官,因御史上奏弹劾赵元楷谄媚被降职为梧州刺史。　②课:督责、命令。

贞观十六年,太宗谓侍臣曰:"古人云:'鸟栖于林,犹恐其不高,复巢于木末;鱼藏于泉,犹恐其不深,复穴于窟下。然而为人所获者,皆由贪饵①故也。'今人臣受任,居高位,食厚禄,当须履忠正,蹈公清,则无灾害,长守富贵矣。古人云:'祸福无门,惟人所召②。'然陷其身者,皆为贪冒财利,与夫鱼鸟何以异哉?卿等宜思此语,用为鉴诫。"

[注释]①贪饵:指鱼类因贪图饵食而招致灾祸,比喻人有非分之想就会招致灾祸。　②祸福无门,惟人所召:语出《左传·襄公二十三年》。无门,没有定数。此句指灾祸和幸福不是注定的,都是人们自己造成的。

# 卷　七

## 崇儒学第二十七

太宗初践祚①,即于正殿之左置弘文馆,精选天下文儒,令以本官兼署学士,给以五品珍膳②,更日宿直,听朝之隙,引入内殿,讨论坟典③,商略政事,或至夜分乃罢。又诏勋贤三品以上子孙,为弘文馆学生。

[**注释**]①践祚:即位;登基。古代庙寝堂前两阶,主阶在东,称祚阶。祚阶上为主位。　②珍膳:美好的膳食。　③坟典:"三坟五典"的简称,泛指古书。

贞观二年,诏停以周公为先圣,始立孔子庙堂于国学,稽式①旧典,以仲尼为先圣,颜子为先师,而边俎豆干戚②之容,始备于兹矣。是岁大征天下儒士,赐帛给传,令诣京师,擢以不次,布在廊庙者甚众。学生通一大经已上,咸得署吏③。国学增筑学舍四百余间,国子、太学、四门、广文亦增置生员,其书、算各置博士、学生,以备众艺④。自宣武门屯营飞骑,亦给博士,授以经业。有能通经者,听预贡举。太宗又数幸国学,令祭酒、司业⑤、博士讲论,毕,各赐以束帛。四方儒生负书而至者,盖以千数。俄而吐蕃及高昌、高丽、新罗等诸夷酋长,亦遣子弟请入于学。于是国学之内,鼓箧⑥升讲筵者,几至万人,儒学之盛,古昔未有也。

[**注释**]①稽式:效法,取法。 ②俎(zǔ)豆干戚:俎和豆是古代祭祀用的礼器,干和戚是用于祭祀的乐舞之具。 ③署吏:进入仕途,开始为官。 ④国子、太学、四门、广文亦增置生员,其书、算各置博士、学生,以备众艺:唐制,国子、太学、四门、广文、律、书、算凡七学,皆置博士。国子,掌教三品以上及国公子孙,从二品以上曾孙为生者。太学,掌教五品以上及郡县公子孙,从三品曾孙为生者。四门馆,掌教七品以上侯伯子男为生及庶人子弟为俊士生者。广文馆,掌领国子学生业进士者。律学、书学、算学,掌教八品以下及庶人子为俊士生者。又有五经博士,掌以其经教国子。 ⑤祭酒、司业:国学的长官和教师名称。唐制,国子监祭酒,掌邦国儒学训导之政,兼领诸学,凡释奠,则为初献。司业,是国子监副职。 ⑥鼓箧(qiè):据《礼记·学记》注,鼓箧意谓击鼓召集学士,令启箧(书箱)出书以授学。后因称勤学为鼓箧。

贞观十四年诏曰:"梁皇侃①、褚仲都②,周熊安生③、沈重④,陈沈文阿⑤、周弘正⑥、张讥⑦,隋何妥⑧、刘炫⑨等,并前代名儒,经术可纪,加以所在学徒,多行其讲疏,宜加优异,以劝后生,可访其子孙见在者,录姓名奏闻。"二十一年又诏曰:"左丘明⑩、卜子夏⑪、公羊高⑫、谷梁赤⑬、伏胜⑭、高堂生⑮、戴圣⑯、毛苌⑰、孔安国⑱、刘向⑲、郑众⑳、杜子春㉑、马融㉒、卢植㉓、郑玄㉔、服虔㉕、何休㉖、王肃㉗、王弼㉘、杜预㉙、范宁㉚等二十有一人,并用其书，垂于国胄，既行其道，理合褒崇。自今有事于太学，可并配享尼父庙堂。"其尊儒重道如此。

[注释]①皇侃：梁散骑侍郎，明《三礼》。 ②褚仲都：明《周易》。 ③熊安生：字植之，长乐人，为国子博士。 ④沈重：字子厚，通《春秋》群书，为《五经》博士。 ⑤沈文阿：字国卫，通《三礼》《春秋》，为《五经》博士。 ⑥周弘正：字思行，晋周顗之后，为国子博士。 ⑦张讥：字直言，武城人，为国子博士。 ⑧何妥：字栖凤，西城人，为国子祭酒。 ⑨刘炫：字光明，河间人，为太学博士。 ⑩左丘明：左丘，复姓。明，名。著《春秋左传》。 ⑪卜子夏：名商，孔子弟子，以文学著称，序《诗》，传《易》《礼》《春秋》。 ⑫公羊高：公羊，复姓。高，名。传为子夏弟子，传《春秋》。 ⑬穀梁赤：穀梁，复姓。赤，名。传为子夏弟子，传《春秋》。 ⑭伏胜：济南人，为秦博士，治《尚书》。 ⑮高堂生：鲁人，为西汉博士，治《仪礼》。 ⑯戴圣：西汉九江太守，治《礼记》，称《小戴礼记》。 ⑰毛苌：赵人，为西汉河间献王博士，治《诗》。 ⑱孔安国：孔子之后，汉武帝时为博士，至临淮太守，为《古文尚书》之宗。 ⑲刘向：字子政，汉楚元王之后，成帝时为光禄大夫，校《五经》。 ⑳郑众：东汉大司农卿。 ㉑杜子春：东汉河南缑氏（今河南偃师南）人，西汉末从刘歆受《周礼》。东汉儒者郑众、贾逵并从受业。自此，《周礼》之学始传。 ㉒马融：字季长，扶风人，汉桓帝时为南郡太守，著《春秋三传异同说》。 ㉓卢植：字子幹，东汉为北中郎将。 ㉔郑玄：字康成，北海人，东汉为大司农卿，注《易》《书》《诗》《礼》《论语》《孝经》《国语》《乾像历》《天文》等书。 ㉕服虔：字子慎，东汉为九江太守。 ㉖何休：字邵公，东汉为谏议大夫，解《春秋公羊传》《孝经》《论语》等书。 ㉗王肃：字子雍，三国时，为魏太常、兰亭侯，注《孔子家语》。 ㉘王弼：字辅嗣，三国时为魏尚书郎，注《易》。 ㉙杜预：字元凯，晋惠帝时为镇南大将军，当阳侯，注《春秋左氏传》。 ㉚范宁：西晋时为豫章太守，注《春秋谷梁传》。 ㉛尼父：鲁哀公诔孔子之称。

贞观二年，太宗谓侍臣曰："为政之要，惟在得人。用非其才，必难致理。今所任用，必须以德行、学识为本。"

谏议大夫王珪曰："人臣若无学业,不能识前言往行,岂堪大任？汉昭帝①时,有人诈称卫太子②,聚观者数万人,众皆致惑。隽不疑③断以蒯聩④之事。昭帝曰：'公卿大臣,当用经术明于古义者,此则固非刀笔俗吏所可比拟。'"太宗曰："信如卿言。"

[注释]①汉昭帝：名弗陵,汉武帝的幼子。 ②卫太子：名据,武帝太子,卫皇后所生。 ③隽不疑：字曼倩,渤海人,昭帝时为京兆尹。 ④蒯聩：春秋时卫灵公世子,出奔于宋。灵公死后,孙辄继位,他要回国争夺帝位,辄拒而不纳。《春秋》载此事,认为辄做得对。

贞观四年,太宗以经籍去圣久远,文字讹谬,诏前中书侍郎颜师古①于秘书省考定五经。及功毕,复诏尚书左仆射房玄龄集诸儒重加详议。时诸儒传习师说,舛谬已久,皆共非之,异端蜂起。师古辄引晋、宋以来古本,随方晓答,援据详明,皆出其意表,诸儒莫不叹服。太宗称善者久之,赐帛五百匹,加授通直散骑常侍②,颁其所定书于天下,令学者习焉。太宗又以儒学多门,章句繁杂,诏师古与国子祭酒孔颖达等诸儒,撰定五经疏义,凡一百八十卷,名曰《五经正义》,付国学施行。

[注释]①颜师古(581～645年)：唐训诂学家。名籀(zhòu),京兆万年(今陕西西安)人。官至中书侍郎。考证经籍,多所订正。拜秘书少监,后撰《五礼》成,晋爵为子。 ②通直散骑常侍：晋以员外常侍与散骑常侍通直,故号通直,后世因之。

太宗尝谓中书令岑文本曰："夫人虽禀定性,必须博学以成其道，亦犹蜃性含水，待月光而水垂①；木性怀火，待燧动而焰发②；人性含灵，待学成而为美。是以苏秦刺股③，董生垂帷④。不勤道艺，则其名不立。"文本曰："夫人性相近，情则迁移，必须以学饰情，以成其性。《礼》云：'玉不琢不成器，人不学不知道。'所以古人勤于学问，谓之懿德⑤。"

[注释]①蜃(shèn)性含水，待月光而水垂：蜃，大蛤蜊。传说海上有月光时蜃吐气如楼阁之状。　②木性怀火，待燧动而焰发：燧，取火之木。春取榆柳之火，夏取枣杏之火，季夏取桑柘之火，秋取柞楢之火，冬取槐檀之火。③苏秦刺股：苏秦，字季子，洛阳人。得太公阴符，伏而诵之。读书欲睡，引锥自刺其股，血流至踵，简练揣摩，至期年而成。后游说，佩六国相印。　④董生垂帷：董生，即董仲舒。西汉哲学家，今文经学大师。广川（今河北枣强东）人。汉景帝时为博士，武帝时擢为江都王相。治《春秋》，下帷讲诵，弟子以次相授，或莫见其面，三年不窥园，其精如此，学者皆师尊之。　⑤懿德：美德。

## 论文史第二十八

贞观初，太宗谓监修国史房玄龄曰："比见前、后《汉史》载录扬雄①《甘泉》《羽猎》，司马相如②《子虚》《上林》，班固③《两都》等赋，此既文体浮华，无益劝诫，何假书之史策？其有上书论事，词理切直，可裨于政理者，朕从与不从皆须备载。"

[注释]①扬雄：字子云，蜀郡成都人。西汉辞赋家。　②司马相如：字长卿，蜀郡成都人。西汉辞赋家。　③班固：东汉史学家、文学家。字孟坚，扶风安陵（今陕西咸阳东北）人。汉明帝时为校书郎，善作赋。

贞观十一年，著作佐郎邓隆①表请编次太宗文章为集。太宗谓曰："朕若制事出令，有益于人者，史则书之，足为不朽。若事不师古，乱政害物，虽有词藻，终贻后代笑，非所须也。只如梁武帝父子②及陈后主③、隋炀帝，亦大有文集④，而所为多不法，宗社皆须臾倾覆。凡人主惟在德行，何必要事文章耶？"竟不许。

[注释]①著作佐郎邓隆：著作佐郎，一说为著作郎。邓隆，《资治通鉴》作邓世隆，避太宗讳，去世字。　②梁武帝父子：指梁武帝及昭明太子统。③陈后主：陈叔宝，字元秀。南朝陈的最后一个皇帝。在位时大建宫室，生活奢侈，日与嫔妃、文臣游宴，制作艳词。后为隋所灭，封长城公。　④亦大有文集：指南朝陈后主陈叔宝的《玉树后庭花》曲、隋炀帝的《清夜游曲》之类。

尚书左仆射房玄龄、侍中魏征、散骑常侍姚思廉，太子右庶子李百药、孔颖达、中书侍郎岑文本、礼部侍郎令狐德棻①、舍人许敬宗②等，以贞观十年撰成周、齐、梁、陈、隋等五代史奏上。太宗劳之曰："良史善恶必书，足为惩劝。秦始皇奢侈无度，志在隐恶，焚书坑儒，用缄谈者之口。隋炀帝志在隐恶，虽曰好学，招集天下学士，全不礼待，竟不能修得历代一史。数百年事，殆将泯绝。朕今欲见近代人主善恶，以为身诫，故令公等修之，遂能成五代之史。深副朕怀，极可嘉尚。"于是进级班赐，各有差降。

[注释]①令狐德棻：唐初政治家，史学家。宜州华原（今陕西耀县）人。多次参加官书的编写，最大贡献为编修《周书》。　②许敬宗：字延族，杭州新城人。隋礼部侍郎善心之子。唐初为著作郎，兼修国史。寻贬洪州司马，累

转给事中。复修史,迁太子右庶子。高宗即位,擢礼部尚书。历侍中、中书令、右相。卒谥曰缪。集八十卷,今存诗二十七首。唐代大臣,唐代著名宰相之一。

贞观十三年,褚遂良为谏议大夫,兼知起居注。太宗问曰:"卿比知起居,书何等事?大抵于人君得观见否?朕欲见此注记者,将却观所为得失以自警戒耳。"遂良曰:"今之起居,古之左、右史①,以记人君言行,善恶必书,庶几人主不为非法,不闻帝王躬自观史。"太宗曰:"朕有不善,卿必记耶?"遂良曰:"臣闻守道不如守官②,臣职当载笔,何不书之?"黄门侍郎刘洎进曰:"人君有过失,如日月之蚀,人皆见之。设令遂良不记,天下之人皆记之矣。"

[注释]①古之左、右史:《礼》:"天子言则左史书之,动则右史书之。"②守道不如守官:坚守道义不如尽忠职守。

贞观十四年,太宗谓房玄龄曰:"朕每观前代史书,彰善瘅恶①,足为将来规诫。不知自古当代国史,何因不令帝王亲见之?"对曰:"国史既善恶必书,庶几人主不为非法。止应畏有忤旨,故不得见也。"太宗曰:"朕意殊不同古人。今欲自看国史者,若有善事,固不须论;若有恶事,亦欲以为鉴诫,使得自修改耳。卿可撰录进来。"玄龄等遂删略国史为编年体,撰高祖、太宗实录各二十卷,表上之。太宗见六月四日事②,语多微文③,乃谓玄龄曰:"昔周公诛管、蔡而周室安,季友鸩叔牙④而鲁国宁。朕之所为,义同此类,盖所以安社稷,利万民耳。史官执笔,何烦有隐？宜即改削浮词，直书其事。"侍中魏征奏曰："臣闻人主位居尊极，无所忌惮。惟有国史，用为惩恶劝善，书不以实，后嗣何观？陛下今遣史官正其辞，雅合至公之道。"

[**注释**]①彰善瘅（dàn）恶：表彰美善，指斥丑恶。 ②六月四日事：玄武门之变。武德九年（626年），六月丁巳，秦王杀太子建成、齐王元吉。 ③微文：委婉隐晦的文辞。 ④季友鸩叔牙：春秋时鲁庄公有三个弟弟，长者庆父，次者叔牙，再次季友。庄公打算让儿子继位，叔牙却说应让庆父嗣位，公患之。季友奉庄公之命，让人用毒酒将叔牙杀死。

## 论礼乐第二十九

太宗初即位，谓侍臣曰："准《礼》，名，终将讳之。前古帝王，亦不生讳其名①，故周文王名昌，《周诗》云：'克昌厥后。'春秋时鲁庄公名同，十六年《经》书：'齐侯、宋公同盟于幽。'惟近代诸帝，皆妄为节制，特令生避其讳，理非通允②，宜有改张。"因诏曰："依《礼》，二名义不偏讳，尼父达圣，非无前指。近世以来，曲为节制，两字兼避，废阙已多，率意而行，有违经诰。今宜依据礼典，务从简约，仰效先哲③，垂法将来，其官号人名，及公私文籍，有'世'及'民'两字不连读，并不须避。"

[**注释**]①生讳其名：活着的时候就避讳其名字。 ②通允：通达妥当。 ③先哲：先代圣哲。

贞观二年，中书舍人高季辅上疏曰："窃见密王元晓①

等俱是懿亲,陛下友爱之怀,义高古昔,分以车服,委以藩维,须依礼仪,以副瞻望。比见帝子拜诸叔,诸叔亦即答拜,王爵既同,家人有礼,岂合如此颠倒昭穆②?伏愿一垂训诫,永循彝则③。"太宗乃诏元晓等,不得答吴王恪、魏王泰兄弟拜。

[**注释**]①元晓:高祖第二十一子。 ②昭穆:古时宗庙牌位按辈次排列,左为昭,右为穆。这里指辈分。 ③彝(yí)则:古时指人与人之间的伦理道德关系。

贞观四年,太宗谓侍臣曰:"比闻京城士庶居父母丧者,乃有信巫书之言,辰日不哭,以此辞于吊问,拘忌辍哀,败俗伤风,极乖人理。宜令州县教导,齐之以礼典。"

贞观五年,太宗谓侍臣曰:"佛道设教,本行善事,岂遣僧尼道士等妄自尊崇,坐受父母之拜,损害风俗,悖乱礼经,宜即禁断,仍令致拜于父母。"

贞观六年,太宗谓尚书左仆射房玄龄曰:"比有山东崔、卢、李、郑四姓,虽累叶陵迟①,犹恃其旧地,好自矜大,称为士大夫。每嫁女他族,必广索聘财,以多为贵,论数定约,同于市贾②,甚损风俗,有紊礼经。既轻重失宜,理须改革。"乃诏吏部尚书高士廉、御史大夫韦挺、中书侍郎岑文本、礼部侍郎令狐德棻等,刊正姓氏,普责天下谱牒③,兼据凭史、传,剪其浮华,定其真伪,忠贤者褒进,悖逆者贬黜,撰为《氏族志》。士廉等及进定氏族等第,遂以崔幹为第一等。太宗谓曰:"我与山东崔、卢、李、郑,旧既无嫌,为其世代衰微,全无官宦,犹自云士大夫,婚姻之际，则多索钱物，或才识庸下，而偃仰自高④，贩鬻松槚⑤，依托富贵，我不解人间何为重之？且士大夫有能立德立功，爵位崇重，善事君父，忠孝可称；或道义素高，学艺通博，此亦足为门户，可谓天下士大夫。今崔、卢之属，唯矜远叶衣冠⑥，宁比当朝之贵？公卿已下，何假多输钱物，兼与他气势，向声背实，以得为荣。我今定氏族者，诚欲崇树今朝冠冕，何因崔幹犹为第一等，只看卿等不贵我官爵耶？不须论数代已前，只取今日官品、人才作等级，宜一量定，用为永则。"遂以崔幹为第三等。至十二年书成，凡百卷，颁于天下。

又诏曰："氏族之盛，实系于冠冕，婚姻之道，莫先于仁义。自有魏失御，齐氏云亡，市朝既迁，风俗陵替，燕、赵古姓，多失衣冠之绪，齐、韩旧族，或乖礼义之风。名不著于州闾，身未免于贫贱，自号高梁之胄，不敦匹敌之仪，问名⑦唯在于窃赀⑧，结褵⑨必归于富室。乃有新官之辈，丰财之家，慕其祖宗，竞结婚媾，多纳货贿，有如贩鬻。或自贬家门，受屈辱于姻娅；或矜其旧望，行无礼于舅姑。积习成俗，迄今未已，既紊人伦，实亏名教。朕夙夜兢惕，忧勤政道，往代蠹害，咸已惩革，唯此弊风，未能尽变。自今以后，明加告示，使识嫁娶之序，务合礼典，称朕意焉。"

[注释]①累叶陵迟：这里指家世衰落。累叶，累世。陵迟，盛况渐衰。②市贾(gǔ)：商人。 ③谱牒：古代记述氏族或宗族世系的书籍。 ④偃仰自高：心安理得，自高自大。 ⑤贩鬻松槚(jiǎ)：槚，木名，即楸树，常和松树一起种在坟墓前。贩鬻松槚意思是拿着前世的声望做交易。 ⑥远叶衣冠：意思是远世的官绅。 ⑦问名：古代婚礼"六礼"之一。男家请媒人问女方的

名字和生辰八字。　⑧窃赀：这里指借机索财。　⑨结褵(lí)：成婚的代称。褵，古时女子出嫁时系的佩巾。

礼部尚书王珪子敬直，尚太宗女南平公主。珪曰："《礼》有妇见舅姑之仪，自近代风俗弊薄，公主出降，此礼皆废。主上钦明，动循法制①，吾受公主谒见，岂为身荣，所以成国家之美耳。"遂与其妻就位而坐，令公主亲执笲，行盥馈之道②，礼成而退。太宗闻而称善。是后公主下降有舅姑者，皆遣备行此礼。

[注释]①动循法制：做什么事都遵循礼法典制。　②盥馈之道：指妇人为长者行盥洗、送膳食之礼。

贞观十二年，太宗谓侍臣曰："古者诸侯入朝，有汤沐之邑①，刍禾②百车，待以客礼。昼坐正殿，夜设庭燎③，思与相见，问其劳苦。又汉家京城，亦为诸郡立邸舍。顷闻考使④至京师者，皆赁房以坐，与商人杂居，才得容身而已。既待礼之不足，必是人多怨叹，岂肯竭情于共理哉。"乃令就京城闲坊，为诸州考使各造邸第。及成，太宗亲幸观焉。

[注释]①汤沐之邑：住宿的地方。古者诸侯京师有朝宿之邑，泰山游汤沐之邑，盖朝宿，亦名汤沐。诸侯来京师，主为朝王，故名朝宿。从王巡守，主为助祭，祭必沐浴，故名汤浴。随事立名而已。　②刍禾：喂马的草料。③庭燎：大蜡烛。诸侯将朝，则司烜以物百枚，并而束之，设于门内。　④考使：朝集使。

贞观十三年，礼部尚书王珪奏言："准令，三品以上，遇亲王于路，不合下马，今皆违法申敬，有乖朝典①。"太宗曰："卿辈欲自崇贵，卑我儿子耶？"魏征对曰："汉、魏已来，亲王班②皆次三公下。今三品并天子六尚书九卿③，为王下马，王所不宜当也。求诸故事④，则无可凭，行之于今，又乖国宪，理诚不可。"帝曰："国家立太子者，拟以为君。人之修短，不在老幼。设无太子，则母弟⑤次立。以此而言，安得轻我子耶？"征又曰："殷人尚质⑥，有兄终弟及之义。自周已降，立嫡必长，所以绝庶孽⑦之窥窬，塞祸乱之源本。为国家者，所宜深慎。"太宗遂可王珪之奏。

[注释]①有乖朝典：有违于当朝典制。　②班：排列，次序。　③九卿：太常寺、光禄寺、卫尉寺、宗正寺、太仆寺、大理寺、鸿胪寺、司农寺、太府寺。　④故事：旧例。　⑤母弟：同母之弟。　⑥尚质：崇尚诚信，重视实际。　⑦庶孽：旧时指妾媵所生的儿子。

贞观十四年，特进魏征上疏曰：

臣闻君为元首，臣作股肱，齐契同心，合而成体，体或不备，未有成人。然则首虽尊高，必资手足以成体；君虽明哲，必藉股肱以致理。故《礼》云："人以君为心，君以人为体，心庄则体舒，心肃则容敬①。"《书》云："元首明哉！股肱良哉！庶事康哉！""元首丛脞②哉！股肱惰哉！万事堕哉！"然则委弃股肱，独任胸臆，具体成理，非所闻也。

[注释]①容敬：容仪端庄。　②丛脞：细碎，无雄才大略。

夫君臣相遇，自古为难。以石投水①，千载一合，以水投石，无时不有。其能开至公之道，申天下之用，内尽心膂②，外竭股肱，和若盐梅③，固同金石者，非惟高位厚秩，在于礼之而已。昔周文王游于凤凰之墟，袜系解，顾左右莫可使者，乃自结之。岂周文之朝尽为俊乂④，圣明之代独无君子哉？但知与不知，礼与不礼耳！是以伊尹⑤，有莘之媵臣；韩信，项氏之亡命。殷汤致礼，定王业于南巢，汉祖登坛，成帝功于垓下。若夏桀不弃于伊尹，项王垂恩于韩信，宁肯败已成之国为灭亡之虏乎？又微子⑥，骨肉也，受茅土于宋；箕子⑦，良臣也，陈《洪范》于周，仲尼称其仁，莫有非之者。《礼记》称："鲁穆公问于子思曰：'为旧君反服，古欤？'子思曰：'古之君子，进人以礼，退人以礼，故有旧君反服之礼也。今之君子，进人若将加诸膝，退人若将墜诸泉。毋为戎首，不亦善乎，又何反服之礼之有？'"齐景公问于晏子曰："忠臣之事君，如之何？"晏子对曰："有难不死，出亡不送。"公曰："裂地以封之，疏爵而待之，有难不死，出亡不送，何也？"晏子曰："言而见用，终身无难，臣何死焉？谏而见从，终身不亡，臣何送焉？若言不见用，有难而死，是妄死也；谏不见从，出亡而送，是诈忠也。"《春秋左氏传》曰："崔杼弑齐庄公⑧，晏子立于崔氏之门外，其人曰：'死乎？'曰：'独吾君也乎哉！吾死也？'曰：'行乎？'曰：'吾罪也乎哉！吾亡也？故君为社稷死，则死之；为社稷亡，则亡之。若为己死，而为己亡，非其亲昵，谁敢任之？'门启而入，枕尸股而哭，兴，三踊而出。"孟子曰："君视臣如手足，臣视君如腹心；君视臣如犬马，臣视君如国人；君视臣如土芥，臣视君如寇仇。"虽臣之事君无二志，至于去就之节，当缘恩之薄厚，然则为人上者，安可以无礼于下哉?

[注释]①以石投水:把石头投到水中,遇不到什么阻逆。借喻君臣关系协调。 ②心膂(lǔ):聪明才智和浑身力气的统称。 ③盐梅:盐味咸,梅味酸,皆为调味所需。比喻国家需要各种人才。也用来赞美做宰相的人。 ④俊乂(yì):有才德的人。 ⑤伊尹:商初大臣。名伊,尹是官名。一说名挚。传说他是奴隶出身,原为有莘氏女的陪嫁之臣。汤用为"小臣",后来任以国政。帮助汤攻灭夏桀。汤去世后,历佐卜丙(即外丙)、仲壬二王。仲壬死后,其侄太甲当立,他篡位自立,放逐太甲;七年后,太甲潜回,把他杀死。一说仲壬死后,由太甲即位,因太甲破坏商汤法制,不理国政,被他放逐,三年后太甲悔过,又接回复位。死于沃丁时。 ⑥微子:纣之庶兄,谏纣不听,遂去之。武王克商,封微子于宋。 ⑦箕子:箕子,纣之诸父,谏纣不听,被囚为奴。武王即位,访之,箕子为陈《洪范》九畴。 ⑧崔杼弑齐庄公:崔杼,齐臣,崔武子。齐庄公,名光。

窃观在朝群臣,当枢机之寄者,或地邻齐、晋,或业预经纶①,并立事立功,皆一时之选,处之衡轴②,为任重矣。任之虽重,信之未笃,信之不笃,则人或自疑。人或自疑,则心怀苟且。心怀苟且,则节义不立。节义不立,则名教不兴。名教不兴,而可与固太平之基,保七百之祚,未之有也。又闻国家重惜功臣,不念旧恶,方之前圣,一无所间。然但宽于大事,急于小罪,临时责怒,未免爱憎之心,不可以为政。君严其禁,臣或犯之,况上启其源,下必有甚,川壅而溃,其伤必多,欲使凡百黎元,何所措其手足!此所谓君开一源,下生百端,百端之变,无不动乱者也。《礼记》曰:"爱而知其恶,憎而知其善。"若憎而不知其善,则为善者必惧;爱而不知其恶,则为恶者实繁。《诗》曰:

"君子如怒,乱庶遄沮。"然则古人之震怒,将以惩恶,当今之威罚,所以长奸。此非尧、舜之心也,非禹、汤之事也。《书》曰:"抚我则后,虐我则仇。"孙卿子③曰:"君,舟也,民,水也。水所以载舟,亦所以覆舟。"孔子曰:"鱼失水则死,水失鱼犹为水也。"故尧、舜战战慄慄,日慎一日。安可不深思之乎?安可不熟虑之乎?

[注释]①经纶:整理丝缕。引申为处理国家大事,也指政治才能。②衡轴:这里指中枢岗位。　③孙卿子:荀卿子,即荀子,名况,赵人。卿者,时人相尊之号。

夫委大臣以大体①,责小臣以小事,为国之常也,为治之道也。今委之以职,则重大臣而轻小臣;至于有事,则信小臣而疑大臣。信其所轻,疑其所重,将求至治,其可得乎?又政贵有恒,不求屡易。今或责小臣以大体,或责大臣以小事,小臣乘非其据,大臣失其所守,大臣或以小过获罪,小臣或以大体受罚。职非其位,罚非其罪,欲其无私,求其尽力,不亦难乎?小臣不可委以大事,大臣不可责以小罪。任以大官,求其细过,刀笔之吏,顺旨承风,舞文弄法,曲成其罪。自陈也,则以为心不伏辜②;不言也,则以为所犯皆实。进退惟谷,莫能自明,则苟求免祸。大臣苟免,则谲诈萌生。谲诈萌生,则矫伪成俗。矫伪成俗,则不可以臻至理矣。

[注释]①大体:重要的,关系大局的。　②辜:罪。

又委任大臣,欲其尽力,每官有阙,责其取人。或言所知，则以为私意；有所避忌，则以为不尽。若举得其人，何嫌于故旧；若举非其任，何贵于疏远。待之未尽诚信，何以责其忠恕哉！臣虽或有失之，君亦未为得也。夫上之不信于下，必以为下无可信矣。若必下无可信，则上亦有可疑矣。《礼》云："上人疑，则百姓惑。下难知，则君长劳。"上下相疑，则不可以言至理矣。当今群臣之内，远在一方，流言三至而不投杼者①，臣窃思度，未见其人。夫以四海之广，士庶之众，岂无一二可信之人哉？盖信之则无不可信者，疑之则无可信者，岂独臣之过乎？夫以一介庸夫结为交友，以身相许，死且不渝，况君臣契合，实同鱼水。若君为尧、舜，臣为稷、契②，岂有遇一事则变志，见小利则易心哉！此虽下之立忠未有明著，亦由上怀不信，待之过薄之所致也。此岂君使臣以礼，臣事君以忠乎？以陛下之圣明，以当今之功业，诚能博求时俊，上下同心，则三皇可追而四，五帝可俯而六矣。夏、殷、周、汉，夫何足数！

太宗深嘉纳之，赐骏马一匹。

[注释]①流言三至而不投杼者：这句话出自这样一段史实：秦甘茂告诉秦王说："鲁人有与曾参同姓名者杀人，人告其母，母织自若。三人告之，其母投杼下机，逾墙而走。臣之贤不及曾参，王之信臣不如其母，疑臣者非特三人，臣恐怕大王之投杼也。"借喻流言经多次重复就会令人相信。杼，织布的梭子。 ②稷、契：稷，古代主管农事的官。契，传说中商的始祖，曾助禹治水有功，被舜任为司徒，掌管教化。

贞观十四年，太宗谓礼官曰："同爨①尚有缌麻②之恩,而嫂叔无服,又舅之与姨,亲疏相似,而服纪有殊,未为得礼,宜集学者详议。余有亲重而服轻者,亦附奏闻。"是月尚书八座③与礼官定议曰:

臣窃闻之,礼所以决嫌疑、定犹豫、别同异、明是非者也,非从天降,非从地出,人情而已矣。人道所先,在乎敦睦九族④。九族敦睦,由乎亲亲,以近及远。亲属有等差,故丧纪⑤有降杀,随恩之薄厚,皆称情以立文。原夫舅之与姨,虽为同气,推之于母,轻重相悬。何则?舅为母之本宗,姨乃外戚他姓,求之母族,姨不与焉,考之经史,舅诚为重。故周王念齐,是称舅甥之国⑥;秦伯怀晋,实切《渭阳》之诗⑦。今在舅服止一时之情,为姨居丧五月,徇名丧实,逐末弃本。此古人之情,或有未达,所宜损益,实在兹乎。

[注释]①同爨(cuàn):共同烧火做饭。 ②缌(sī)麻:旧时丧服名,五服中最轻的一种。其服用细麻布制成,服期三个月。 ③八座:唐代六部尚书及左右仆射称为八座。 ④九族:旧时指本身以上的父、祖、曾祖、高祖和以下的子、孙、曾孙、玄孙为九族。也有包括异姓亲属而言的。 ⑤丧纪:古时依与死者关系的亲疏而行丧礼的等级。 ⑥舅甥之国:两国国君是舅父和外甥的关系。 ⑦《渭阳》之诗:《诗经·秦风·渭阳》是表现外甥与舅父惜别之情的。

《礼记》曰:"兄弟之子犹子也,盖引而进之也。嫂叔之不服,盖推而远之也。"礼,继父同居则为之期,未尝同居则不为服。从母之夫,舅之妻,二夫人相为服。或曰"同爨缌麻"。然则继父且非骨肉,服重由乎同爨,恩轻在乎异居。固知制服虽系于名,盖亦缘恩之厚薄者也。或有长年之嫂,遇孩童之叔,劬①劳鞠养,情若所生,分饥共寒,契阔偕老,譬同居之继父,方他人之同爨,情义之深浅,宁可同日而言哉!在其生也,乃爱同骨肉;于其死也,则推而远之。求之本源,深所未喻。若推而远之为是,则不可生而共居;生而共居为是,则不可死同行路。重其生而轻其死,厚其始而薄其终,称情立文,其义安在?且事嫂见称,载籍非一。郑仲虞则恩礼甚笃②,颜弘都则竭诚致感③,马援则见之必冠④,孔伋则哭之为位⑤,此并躬践教义,仁深孝友,察其所行之旨,岂非先觉者欤?但于时上无哲王,礼非下之所议,遂使深情郁于千载,至理藏于万古,其来久矣,岂不惜哉!

[注释]①劬(qú):辛辛苦苦地抚养。 ②郑仲虞则恩礼甚笃:郑仲虞,后汉时人,名均。好义笃实,养寡嫂孤儿,恩礼敦至。 ③颜弘都则竭诚致感:晋人颜弘都,名含。其嫂因病失明,他尽心奉养,后嫂病愈。 ④马援则见之必冠:后汉伏波将军马援,字文渊。奉嫂至恭,不穿戴齐整,不进屋见嫂。 ⑤孔伋则哭之为位:孔子之孙孔伋,字子思。相传他尊奉嫂嫂,嫂嫂死后,孔伋立牌位痛哭不已。

今陛下以为尊卑之叙,虽焕乎已备,丧纪之制,或情礼未安。爰命秩宗,详议损益。臣等奉遵明旨,触类傍求,采摭群经,讨论传记,或抑或引,兼名兼实,损其有余,益其不足,使无文之礼咸秩,敦睦之情毕举,变薄俗于既往,垂笃义于将来,信六籍所不能谈,超百王而独得者也。

谨按曾祖父母旧服齐衰①三月,请加为齐衰五月;嫡子妇旧服大功②,请加为期;众子妇旧服小功③,今请与兄弟子妇同为大功九月；嫂叔旧无服，今请服小功五月。其弟妻及夫兄，亦小功五月。舅旧服缌麻，请与从母同服小功。

诏从其议。此并魏征之词也。

[注释]①齐衰：五服之第二等，衣长六尺，博四寸，裳下缉，曰齐衰。②大功：五服之第三等，服九月。 ③小功：五服之第四等，服丧五个月。

贞观十七年，十二月癸丑①，太宗谓侍臣曰："今日是朕生日。俗间以生日可为喜乐，在朕情翻成感思。君临天下，富有四海，而追求侍养，永不可得。仲由怀负米之恨②，良有以也。况《诗》云：'哀哀父母，生我劬劳。'奈何以劬劳之辰，遂为宴乐之事！甚是乖于礼度。"因而泣下久之。

[注释]①癸丑：唐太宗生日。 ②仲由怀负米之恨：仲由，孔子弟子子路，子路孝待父母，自己常吃野菜，而背米送给父母。父母死后，子路富有了，而父母却不在了，再想尽孝心已不可能，因此，常怀悲叹。

贞观二年，太常少卿祖孝孙奏所定新乐。太宗曰："礼乐之作，是圣人象物设教，以为抟节，治政善恶，岂此之由？"御史大夫杜淹对曰："前代兴亡，实由于乐。陈将亡也，为《玉树后庭花》①，齐将亡也，而为《伴侣曲》②，行路闻之，莫不悲泣，所谓亡国之音。以是观之，实由于乐。"太宗曰："不然，夫音声岂能感人？欢者闻之则悦，忧者听之则悲。悲悦在于人心，非由乐也。将亡之政，其人必苦，然苦心所感，故闻而则悲耳。何有乐声哀怨，能使悦者悲乎？今《玉树》《伴侣》之曲，其声具存，朕当为公奏之，知公必不悲耳。"尚书右丞魏征进曰："古人称：礼云，礼云，玉帛云乎哉！乐云，乐云，钟鼓云乎哉！乐在人和，不由音调。"太宗然之。

[注释]①《玉树后庭花》：陈后主奢淫日甚，每饮酒，使嫔妃与狎客共赋诗。采其艳丽者，被以新声，选宫女千余人，习而歌之，分部迭进。其曲有《玉树后庭花》《临春乐》，大略皆美诸嫔妃之容色。君臣相酬歌，自夕达旦，以此为常，由是覆灭。　②《伴侣曲》：齐东昏侯，时作《伴侣曲》，后为萧衍所灭。

贞观七年，太常卿萧瑀奏言："今《破阵乐舞》①，天下之所共传，然美盛德之形容，尚有所未尽。前后之所破刘武周②、薛举③、窦建德、王世充等，臣愿图其形状，以写战胜攻取之容。"太宗曰："朕当四方未定，因为天下救焚拯溺，故不获已，乃行战伐之事，所以人间遂有此舞，国家因兹亦制其曲。然雅乐之容，止得陈其梗概，若委曲写之，则其状易识。朕以见在将相，多有曾经受彼驱使者，既经为一日君臣，今若重见其被擒获之势，必当有所不忍，我为此等，所以不为也。"萧瑀谢曰："此事非臣思虑所及。"

[注释]①《破阵乐舞》：《七德舞》。太宗为秦王时，破刘武周，军中相与作《破阵乐》，用乐工二十八人，披银甲，执戟而舞。凡三变，每变为四阵，象刺左圆右方，先偏后伍，交错屈伸，以象鱼丽、鹅鹳，观者莫不扼腕踊跃。　②刘武周：马邑人，隋时为鹰扬校尉，曾起兵附于突厥，突厥立其为定杨可汗，后被太宗击败于并州，奔突厥，为突厥所杀。　③薛举：兰州人。隋末起兵自号西秦霸王，后被太宗所降。

# 卷 八

## 务农第三十

贞观二年,太宗谓侍臣曰:"凡事皆须务本,国以人为本,人以衣食为本。凡营衣食,以不失时为本。夫不失时者,唯在人君简静乃可致耳。若兵戈屡动,土木不息,而欲不夺农时,其可得乎?"王珪曰:"昔秦皇、汉武,外则穷极兵戈,内则崇侈宫室,人力既竭,祸难遂兴。彼岂不欲安人乎?失所以安人之道也。亡隋之辙,殷鉴不远,陛下亲承其弊,知所以易之①。然在初则易,终之实难。伏愿慎终如始,方尽其美。"太宗曰:"公言是也。夫安人宁国,惟在于君。君无为则人乐,君多欲则人苦。朕所以抑情损欲,克己自励耳。"

[注释]①亡隋之辙,殷鉴不远,陛下亲承其弊,知所以易之:隋代灭亡的教训距今不远,陛下亲自承受了隋朝遗留下来的弊病,懂得怎样去改变。

贞观二年,京师旱,蝗虫大起。太宗入苑视禾,见蝗虫,掇<sup>①</sup>数枚而咒曰:"人以谷为命,而汝食之,是害于百姓。百姓有过,在予一人,尔其有灵,但当食我,无害百姓。"将吞之,左右遽谏曰:"恐成疾,不可。"太宗曰:"所冀移灾朕躬,何疾之避!"遂吞之。自是蝗不复为灾。

[注释]①掇(duō):拾取。

贞观四年,太宗谓诸州考使曰:"国以人为本,人以食为命。若禾谷不登,恐由朕不躬亲所致也。故就别院种三数亩禾,时自锄其稊莠。才得半亩,即苦疲乏。以次思之,劳可知矣,农夫实甚辛苦。顷闻关东及诸处粟两钱半价、米四钱价,深虑无识之人,见米贱遂惰农自安。倘遇水旱,即受饥饿。卿等至州日,每县时遣官人就田垄间劝励,不得令有送迎。若送迎往还,多废农业,若此劝农,不如不去。"

贞观五年,有司上言:"皇太子将行冠礼<sup>①</sup>,宜用二月为吉,请追兵<sup>②</sup>以备仪注<sup>③</sup>。"太宗曰:"今东作<sup>④</sup>方兴,恐妨农事。"令改用十月。太子少保萧瑀奏言:"准阴阳家,用二月为胜。"太宗曰:"阴阳拘忌,朕所不行。若动静必依阴阳,不顾礼义,欲求福祐,其可得乎?若所行皆遵正道,自然常与吉会。且吉凶在人,岂假阴阳拘忌?农时甚要,不可暂失。"

[注释]①冠礼:古代男子成年时(二十岁)加冠的礼节。 ②追兵:增调、增补兵卒。 ③仪注:典礼仪式。 ④东作:指农事。

贞观十六年,太宗以天下粟价率计斗直五钱,其尤贱处计斗值三钱,因谓侍臣曰:"国以人为本,人以食为命。若禾黍不登,则兆庶非国家所有。既属丰稔①若斯,朕为亿兆人父母,安得不喜。唯欲躬务俭约,必不辄为奢侈。朕常欲赐天下之人,皆使富贵,今省徭薄赋,不夺其时,使比屋之人②,恣其耕稼,此则富矣。敦行礼让,使乡闾之间,少敬长,妻敬夫,此则贵矣。但令天下皆然,朕不听管弦,不从畋猎,乐在其中矣!"

[**注释**]①丰稔:丰熟。　②比屋之人:比屋,所居屋舍相邻。家家户户。常用以形容众多、普遍。此处借称老百姓。

## 论刑法第三十一

贞观元年,诏以犯大辟罪①者,令断其右趾②。因谓侍臣曰:"前代不行肉刑③久矣,今断人右趾,意不忍为。"谏议王珪对曰:"古行肉刑以为轻罪。今陛下矜死之多,故设断趾之法,损一足以全其大命,于犯者甚益矣。且见之足为惩诫。"侍中陈叔达又曰:"古之肉刑,在死刑之外。陛下于死刑之内降从断趾,便是以生易死,足为宽法。"

[**注释**]①大辟罪:死刑。　②右趾:脚。　③肉刑:砍去身体某一部位的刑罚。

贞观元年,太宗谓侍臣曰:"死者不可再生,用法须务存宽简。古人云,鬻棺者,欲岁之疫,非疾于人,利于棺售故耳。今法司覆理一狱,必求深刻,欲成其考课。今作何法,得使平允?"谏议大夫王珪进曰:"但选公直良善人,断狱允当者,增秩赐金,即奸伪自息。"诏从之。

太宗又曰:"古者断狱,必讯于三槐、九棘①之官,今三公、九卿,即其职也。自今以后,大辟罪皆令中书、门下四品已上及尚书九卿议之。如此,庶免冤滥。"由是至四年,断死刑,天下二十九人,几致刑措②。

[注释]①三槐、九棘:据《周礼》说,古代外朝种有三棵槐树,三公位在其下。后以"三槐"为三公的代称。又以朝廷树棘来分别朝臣的品位,左右各九,称"九棘"。　②几致刑措:几乎做到刑法搁置不用。

贞观二年,太宗谓侍臣曰:"比有奴告主谋逆,此极弊法,特须禁断。假令有谋反者,必不独成,终将与人计之。众计之事,必有他人论之,岂藉奴告也。自今奴告主者,皆不须受,尽令斩决。"

贞观五年,张蕴古为大理丞。相州人李好德素有风疾,言涉妖妄,诏令鞫其狱。蕴古言:"好德癫病有征,法不当坐。"太宗许将宽宥。蕴古密报其旨,仍引与博戏①。持书侍御史权万纪劾奏之。太宗大怒,令斩于东市。既而悔之,谓房玄龄曰:"公等食人之禄,须忧人之忧,事无巨细,咸当留意。今不问则不言,见事都不谏诤,何所辅弼?如蕴古身为法官,与囚博戏,漏泄朕言,此亦罪状甚重。若据常律,亦未至极刑。朕当时盛怒,即令处置。公等竟无一言,所司又不覆奏,遂即决之,岂是道理?"因诏曰:"凡有死刑,虽令即决,皆须五覆奏。"五覆奏,自蕴古始也。又曰:"守文定罪,或恐有冤。自今以后,门下省覆,有据法令合死而情可矜者,宜录奏闻。"

[注释]①引与博戏:让他和自己博戏。

蕴古,初以贞观二年自幽州总管府记室兼直中书省,表上《大宝箴》,文义甚美,可以规诫。其词曰:

今来古往,俯察仰观,惟辟①作福,为君实难。宅普天之下,处王公之上,任土贡其所求,具僚②和其所唱。是故兢惧之心日弛,邪僻之情转放。岂知事起乎所忽,祸生乎无妄。故以圣人受命,拯溺亨屯③,归罪于己,推恩于民。大明④无偏照,至公无私亲。故以一人治天下,不以天下奉一人。礼以禁其奢,乐以防其佚。左言而右事,出警而入跸。四时调其惨舒⑤,三光同其得失⑥。故身为之度,而声为之律。勿谓无知,居高听卑;勿谓何害,积小成大。乐不可极,极乐生哀;欲不可纵,纵欲成灾。壮九重于内,所居不过容膝,彼昏不知⑦,瑶其台而琼其室。罗八品⑧于前,所食不过适口,惟狂罔念,丘其糟而池其酒。勿内荒于色,勿外荒于禽⑨,勿贵难得之货,勿听亡国之音。内荒伐人性,外荒荡人心,难得之物侈,亡国之声淫。勿谓我尊而傲贤侮士,勿谓我智而拒谏矜己。闻之夏后,据馈频起⑩;亦有魏帝,牵裾⑪不止。安彼反侧,如春阳秋露,巍巍荡荡,推汉高大度⑫。抚兹庶事,如履薄临深,战战慄慄,用周文小心。

[注释]①辟:指国君。 ②具僚:指左右群臣。 ③亨屯(zhūn):解救危难,使之安顺。亨,顺通;屯,艰难。 ④大明:指太阳。 ⑤惨舒:残忍和宽大。 ⑥三光同其得失:依照日月星辰检查朝政得失。 ⑦彼昏不知:昏庸无知。 ⑧八品:八珍。《周礼》:"膳夫,珍用八物,谓淳熬、淳母、炮豚、炮

牂、捣珍、渍、熬、肝膋。" ⑨勿内荒于色,勿外荒于禽:《夏书·五子之歌》,其二曰:"训有之,内作色荒,外作禽荒,有一于此,未或不亡。"色荒,宠嬖女。禽荒,耽游畋。荒者,迷荒之谓。 ⑩据馈频起:一顿饭要中断好几次。《史记》:"夏禹一馈而十起,以劳天下之民。" ⑪亦有魏帝,牵裾(jū)不止:牵裾,拉起衣服。魏文帝欲徙冀州十万户实河南,辛毗谏,帝不答,起入内,毗随而引其裾。帝怒,良久曰:"卿持我何太急耶!"于是徙其半。 ⑫汉高大度:《汉纪》:"高祖宽仁有大度。"

《诗》云:"不识不知。"《书》曰:"无偏无党。"一彼此于胸臆,捐好恶于心想。众弃而后加刑,众悦而后命赏。弱其强而治其乱,申其屈而直其枉。故曰:如衡如石,不定物以数,物之悬者,轻重自具;如水如镜,不示物以情,物之鉴者,妍蚩自生。勿浑浑而浊,勿皎皎而清,勿汶汶而闇,勿察察而明。虽冕旒①蔽目而视于未形,虽黈纩塞耳②而听于无声。纵心乎湛然之域,游神于至道之精。扣之者应洪纤而效响;酌之者随浅深而皆盈。故曰:天之清,地之宁,王之贞。四时不言而代序,万物无为而受成。岂知帝有其力,而天下和平。吾王拨乱,戡以智力,人惧其威,未怀其德。我皇抚运,扇以淳风,民怀其始,未保其终。爱术金镜③,穷神尽圣。使人以心,应言以行。包括理体,抑扬词令。天下为公,一人有庆。开罗起祝,援琴命诗。一日二日,念兹在兹。惟人所召,自天祐之。争臣司直,敢告前疑。

太宗嘉之,赐帛三百段,仍授以大理寺丞。

[注释]①冕旒(liú):冠冕。冕,有十二旒,天子冠。用五彩藻为旒。以藻贯五彩玉,垂于延之前后,各十二,取目不须视恶色之义。 ②黈纩(tǒu kuàng)塞耳：鈲纩，黄色棉。以黄棉为图，用组垂之于冕，当两耳旁，示不听谗邪。　③爱术金镜：借助历史的镜子

贞观五年，诏曰："在京诸司比来奏决死囚，虽云五覆①，一日即了，都未暇审思，三奏何益？纵有追悔，又无所及。自今后，在京诸司，奏决死囚，宜二日中五覆奏，天下诸州三覆奏。"又手诏敕曰："比来有司断狱，多据律文，虽情在可矜而不敢违法，守文定罪，或恐有冤。自今门下省覆，有据法合死而情在可矜者，宜录状奏闻。"

[注释]①五覆：司法名。是皇帝勾决朝审、秋审情实人犯下达执行死刑命令前的必经程序。表示对死刑的慎重。

贞观九年，盐泽道行军总管、岷州都督高甑生①，坐违李靖节度，减死徙边。时有上言者曰："甑生旧秦府功臣，请宽其过。"太宗曰："甑生违李靖节度，又诬告靖谋逆。虽是藩邸旧劳，诚不可忘。然理国守法，事须画一，今若赦之，便开侥幸之路。且国家建义太原，元从及征战有功者甚众，若甑生获免，谁不觊觎？有功之人，皆须犯法。我所以必不赦者，正为此也。"

[注释]①高甑生：唐初武将。武德年间为秦王府骁将。其人作战勇猛，曾与尉迟敬德一起在洛阳城外生擒王琬。后因功封为利州刺史。

贞观十一年，特进魏征上疏曰：

臣闻《书》曰："明德慎罚①"，"惟刑恤哉②！"《礼》云："为上易事，为下易知，则刑不烦矣。上人疑则百姓惑，下

难知则君长劳矣。"夫上易事,则下易知,君长不劳,百姓不惑。故君有一德,臣无二心,上播忠厚之诚,下竭股肱之力,然后太平之基不坠,"康哉"之咏斯起③。当今道被华戎④,功高宇宙,无思不服,无远不臻。然言尚于简文,志在于明察,刑赏之用,有所未尽。夫刑赏之本,在乎劝善而惩恶,帝王之所以与天下为画一,不以亲疏贵贱而轻重者也。今之刑赏,未必尽然。或申屈在乎好恶,或轻重由乎喜怒。遇喜则矜其情于法中,逢怒则求其罪于事外,所好则钻皮出其毛羽,所恶则洗垢求其瘢痕。瘢痕可求,则刑斯滥矣;毛羽可出,则赏典谬矣。刑滥则小人道长,赏谬则君子道消。小人之恶不惩,君子之善不劝,而望治安刑措,非所闻也。

[注释]①明德慎罚:《周书·康诰》之辞。　②惟刑恤哉:《虞书·舜典》之辞。　③"康哉"之咏斯起:《虞书·皋陶》赓歌曰:"庶事康哉。"　④华戎:原指中原的民族和边疆的少数民族。这里指普天之下。

且夫暇豫清谈,皆敦尚于孔、老①;威怒所至,则取法于申、韩②。直道而行,非无三黜③,危人自安,盖亦多矣。故道德之旨未弘,刻薄之风已扇。夫刻薄既扇,则下生百端。人竞趋时,则宪章不一,稽之王度,实亏君道。昔州犁上下其手④,楚国之法遂差;张汤轻重其心⑤,汉朝之刑以弊。以人臣之颇僻,犹莫能申其欺罔,况人君之高下,将何以措其手足乎!以睿圣之聪明,无幽微而不烛,岂神有所不达,智有所不通哉?安其所安,不以恤刑为念;乐其所乐,遂忘先笑之变。祸福相倚,吉凶同域,惟人所召,安可不思？顷者责罚稍多，威怒微厉，或以供帐不赡，或以营作差违，或以物不称心，或以人不从欲，皆非致治之所急，实恐骄奢之攸渐。是知"贵不与骄期而骄自至，富不与侈期而侈自至"，非徒语也。

且我之所代，实在有隋。隋氏乱亡之源，圣明之所临照⑥。以隋氏之府藏譬今日之资储，以隋氏之甲兵况当今之士马，以隋氏之户口校今时之百姓，度长比大，曾何等级？然隋氏以富强而丧败，动之也；我以贫寡而安宁，静之也。静之则安，动之则乱，人皆知之，非隐而难见也，非微而难察也。然鲜蹈平易之途，多遵覆车之辙，何哉？在于安不思危、治不念乱、存不虑亡之所致也。昔隋氏之未乱，自谓必无乱；隋氏之未亡，自谓必不亡。所以甲兵屡动，徭役不息。至于将受戮辱，竟未悟其灭亡之所由也，可不哀哉！

[注释]①孔、老：指孔子和老子。　②申、韩：指申不害和韩非子，皆战国刑名之学。　③三黜：三次被罢官。《论语》载柳下惠为士师，三次被罢黜，他说："直道而事人，焉往而不三黜？"　④州犁上下其手：《左传·襄公二十六年》载，楚攻郑，穿封戍俘郑将皇颉，公子围争功，请伯州犁裁处。伯州犁叫俘虏作证，而有意偏袒公子围，于是对皇颉进行暗示，上其手曰："夫子为王子围，寡君之介弟也。"下其手曰："此子为穿封戍，方城外之县尹也。谁获子？"皇颉心领神会地说："我遇上王子，被打败了。"后来把串通作弊、徇情枉法称为"上下其手"。　⑤张汤轻重其心：汉张汤为廷尉，断处案件不严格执法，而是揣摩迎合皇上意志，或轻判，或重判，以讨皇上欢心。正如《史记·张汤传》所言："所治，即上意所欲罪，予监吏深刻者；即上意所欲释，予监吏轻平者。所治即豪，必舞文巧诋；即下户羸弱，时口言'虽文致法，上裁察。'帝于是往往释汤所言。"　⑥临照：照耀到。这里是亲眼所见的意思。

夫鉴形之美恶，必就于止水；鉴国之安危，必取于亡国。故《诗》曰："殷鉴不远，在夏后之世。"①又曰："伐柯伐柯，其则不远。"②臣愿当今之动静，必思隋氏以为殷鉴，则存亡之治乱，可得而知。若能思其所以危，则安矣；思其所以乱，则治矣；思其所以亡，则存矣。知存亡之所在，节嗜欲以从人，省游畋之娱，息靡丽之作，罢不急之务，慎偏听之怒。近忠厚，远便佞，杜悦耳之邪说，甘苦口之忠言。去易进之人，贱难得之货，采尧舜之诽谤③，追禹汤之罪己④；惜十家之产，顺百姓之心。近取诸身，恕以待物，思劳谦以受益⑤，不自满以招损⑥；有动则庶类以和，出言而千里斯应⑦，超上德于前载，树风声于后昆，此圣哲之宏规，而帝王之盛业，能事斯毕，在乎慎守而已。

[注释]①殷鉴不远，在夏后之世：《诗·大雅·荡》之辞。 ②伐柯伐柯，其则不远：《诗·豳风·伐柯》之辞。 ③采尧舜之诽谤：尧、舜设诽谤之木于五达之衢，以书政治之愆失。 ④追禹汤之罪己：《左传》："禹、汤罪己，其兴也勃焉。" ⑤思劳谦以受益：《易·谦卦》："九三，劳谦君子，有终吉。" ⑥不自满以招损：《虞书》曰："满招损，谦受益。" ⑦出言而千里斯应：《易·大传》曰："君子居其室，出其言，善者千里之外应之。"

夫守之则易，取之实难。既能得其所以难，岂不能保其所以易？其或保之不固，则骄奢淫泆动之也。慎终如始，可不勉欤！《易》曰："君子安不忘危，存不忘亡，治不忘乱，是以身安而国家可保也①。"诚哉斯言，不可以不深察也。伏惟陛下欲善之志，不减于昔时，闻过必改，少亏于曩日。若能以当今之无事，行畴昔之恭俭，则尽善尽美矣,固无得而称焉。

太宗深嘉而纳用。

[注释]①君子安不忘危,存不忘亡,治不忘乱,是以身安而国家可保也:《易·系辞》下释"否"九五爻义。

贞观十四年,戴州刺史贾崇以所部有犯十恶①者,被御史劾奏。太宗谓侍臣曰:"昔陶唐大圣,其子丹朱不肖,柳下惠大贤,其弟盗跖为巨恶。夫以圣贤之训,父子兄弟之亲,尚不能使陶染②变革,去恶从善。今遣刺史化被下人,咸归善道,岂可得也?若令缘此皆被贬降,或恐递相掩蔽③,罪人斯失。诸州有犯十恶者,刺史不须从坐④,但令明加纠访科罪⑤,庶可肃清奸恶。"

[注释]①十恶:大罪。古时把谋反、谋大逆、谋叛、恶逆、不道、大不敬、不孝、不敬、不义、内乱称为十恶。 ②陶染:熏陶感染。 ③掩蔽:包庇掩饰。 ④从坐:牵连治罪。 ⑤纠访科罪:查纠办罪。

贞观十六年,太宗谓大理卿孙伏伽曰:"夫作甲者欲其坚,恐人之伤;作箭者欲其锐,恐人不伤。何则?各有司存,利在称职故也。朕常问法官刑罚轻重,每称法网宽于往代,仍恐主狱之司利在杀人,危人自达,以钓声价①。今之所忧,正在此耳!深宜禁止,务在宽平。"

[注释]①声价:声名身价。

## 论赦令第三十二

贞观七年,太宗谓侍臣曰:"天下愚人者多,智人者少,智者不肯为恶,愚人好犯宪章。凡赦宥之恩,惟及不轨之辈。古语云:'小人之幸,君子之不幸','一岁再赦,善人暗哑'。凡'养稂莠①者伤禾稼,惠奸宄者贼良人'。昔'文王作罚,刑兹无赦'。又蜀先主②尝谓诸葛亮曰:'吾周旋陈元方、郑康成③之间,每见启告理乱之道备矣,曾不语赦。'故诸葛亮治蜀十年不赦,而蜀大化。梁武帝每年数赦,卒至倾败。夫谋小仁者,大仁之贼。故我有天下以来,绝不放赦。今四海安宁,礼义兴行,非常之恩,弥不可数,将恐愚人常冀侥幸,惟欲犯法,不能改过。"

[注释]①稂莠(láng yǒu):稂和莠,都是形状像禾苗而妨害禾苗生长的杂草。 ②蜀先主:指刘备,字玄德,汉中山靖王之后,三国时,继汉统,都蜀。③陈元方、郑康成:陈元方,名纪。郑康成,名玄。都是东汉时人。

贞观七年,工部尚书①段纶奏进巧工杨思齐。既至,太宗令试,纶遣造傀儡②戏具。太宗谓纶曰:"所进巧工,将供国事,卿令先造此物,岂是百工相戒,无作奇巧之意耶?"乃诏削纶阶级,并禁断此戏。

[注释]①工部尚书:唐制,工部掌山泽、屯田、工匠之事,尚书为其长官。②傀儡:木偶戏。世传运机子,起汉祖平城之围。其城一面,即冒顿妻阏氏,兵强于三面。陈平访之,阏氏妒忌,造木偶人,运机关,舞埤间。阏氏望见,谓是生人,虑下城,冒顿必纳,遂退军。后翻为戏具。

贞观十年,太宗谓侍臣曰:"国家法令,惟须简约,不可一罪作数种条格。格式既多,官人不能尽记,更生奸诈。若欲出罪即引轻条,若欲入罪即引重条。数变法者,实不益理道,宜令审细,毋使互文。"

贞观十一年,太宗谓侍臣曰:"诏令格式,若不常定,则人心多惑,奸诈益生。《周易》称'涣汗其大号'①,言发号施令,若汗出于体,一出而不复入也。又《书》曰:'慎乃出令,令出惟行,弗为反。'②且汉祖日不暇给,萧何起于小吏,制法之后,犹称画一。今宜详思此义,不可轻出诏令,必须审定,以为永式。"

[注释]①涣汗其大号:《易·涣卦》九五爻辞。 ②慎乃出令,令出惟行,弗为反:《周书·周官》之辞。


长孙皇后遇疾,渐危笃。皇太子①启后曰:"医药备尽,今尊体不瘳②,请奏赦囚徒并度人入道,冀蒙福助。"后曰:"死生有命,非人力所加。若修福可延,吾素非为恶;若行善无效,何福可求?赦者,国之大事。佛道者,上每示存异方之教耳,常恐为理体之弊。岂以吾一妇人而乱天下法?不能依汝言。"

[注释]①皇太子:承乾。 ②瘳(chōu):病愈。


贞观十一年,诏曰:"朕闻死者终也,欲物之反真①也;葬者藏也,欲人之不得见也。上古垂风,未闻于封树;后世贻范②,始备于棺椁。讥僭侈者,非爱其厚费;美俭薄者,实贵其无危。是以唐尧,圣帝也,谷林有通树③之说;秦穆,明君也,橐泉无丘陇之处。仲尼,孝子也,防墓不坟④;延陵,慈父也,嬴、博可隐⑤。斯皆怀无穷之虑,成独决⑥之明,乃便体⑦于九泉,非徇名⑧于百代者也。洎乎阖闾违礼，珠玉为凫雁⑨；始皇无度，水银为江海⑩；季孙擅鲁，敛以玙璠⑪；桓魋专宋，葬以石椁⑫，莫不因多藏以速祸，由有利而招辱。玄庐⑬既发，致焚如于夜台⑭；黄肠再开，同暴骸于中野⑮。详思曩事，岂不悲哉？由此观之，奢侈者可以为戒，节俭者可以为师矣。朕居四海之尊，承百王之弊，未明思化，中宵载惕。虽送往之典，详诸仪制，失礼之禁，著在刑书，而勋戚之家多流遁于习俗，间阎之内或侈靡而伤风，以厚葬为奉终，以高坟为行孝，遂使衣衾棺椁极雕刻之华，灵车明器，穷金玉之饰。富者越法度以相高，贫者破资产而不逮，徒伤教义，无益泉壤，为害既深，宜为惩革。其王公以下，爰及黎庶，自今已后，送葬之具有不依令式者，仰州府县官明加检察，随状科罪。在京五品已上及勋戚家，仍录闻奏。"

[注释]①反真：本意是去其外饰，还其本真。这里是死后灵魂升天的意思。　②贻范：遗留下来的习俗。　③通树：树丧是古代一种丧葬方法，即用树皮把尸体裹起来，架于树木之间，任其腐毁。通树即从简丧葬之意。④防墓不坟：孔子合葬父母亲于防这个地方，只有墓穴而没有坟丘。古时穴地为墓，堆土为坟。　⑤延陵，慈父也，嬴、博可隐：吴延陵季子名札，适齐而返，其子死，葬于嬴、博之间，不归乡里。　⑥独决：操守。　⑦便体：死后安适。　⑧徇名：博取名望。　⑨阖闾（hé lú）违礼，珠玉为凫雁：指吴王阖闾死后葬于虎丘山下，动用十万人治丧，"穿土为川，积壤为丘，铜棺三重，湖池六尺，以黄金珠玉为凫雁"。凫雁，像鸭子似的鸟。这里指用黄金珠玉做成假鸟，作为陪葬之物。　⑩始皇无度，水银为江海：指秦始皇死后葬于骊山，吏徒数十万，旷日十年，合采金石，被以珠玉，用水银注于墓下，是为江海。⑪季孙擅鲁，敛以玙璠：季孙，鲁大夫季平子。《左传·定公五年》："季平子行东野，还，未至，卒于房。阳虎将以玙璠敛，仲梁怀弗与，曰：'改步改玉。'阳虎

欲逐之，告公山不狃，不狃曰：'彼为君也，子何怨焉！'" ⑫桓魋专宋，葬以石椁：桓魋，宋向戌之孙，为司马。《礼记》："子游曰：'昔者夫子居于宋，见桓司马自造石椁，三年而不成。夫子曰：若是其靡也，死不如速朽之愈也。'" ⑬玄庐：墓之别名。 ⑭夜台：墓之别名。 ⑮黄肠再开，同暴骸于中野：汉梁商薨，赐以东园朱寿之器，银镂黄肠。以柏木黄心为椁，曰黄肠。

贞观十五年，诏曰："朕听朝之暇，颇观前史，每览名贤佐时，忠臣徇国，何尝不想见其人，废书钦叹！至于近代以来，年载非远，然其胤绪①或当见存，纵未能显加旌擢②，无容弃之遐裔③。其周、隋二代名臣及忠节子孙，有贞观已来犯罪配流者，宜令所司具录奏闻。"于是多从矜宥④。

[注释]①胤绪：后代，后嗣。 ②旌擢：旌表、提拔。旧时对所谓忠孝节义之人，用立牌坊、赐匾额等方式加以表彰叫作"旌表"。③遐裔：僻远之地。④矜宥(yòu)：怜悯宽宥。

## 论贡献①第三十三

贞观二年，太宗谓朝集使曰："任土作贡，布在前典，当州所产，则充庭实。比闻都督、刺史邀射②声名，厥土所赋，或嫌其不善，逾意外求，更相仿效，遂以成俗。极为劳扰，宜改此弊，不得更然。"

贞观中，林邑国贡白鹦鹉，性辩慧，尤善应答，屡有苦寒之言。太宗愍之，付其使，令还放于林薮③。

[注释]①贡献：亦作"贡赋"。 ②邀射：追求；谋取。 ③林薮：山林与泽薮。

贞观十二年,疏勒、朱俱波、甘棠①遣使贡方物,太宗谓群臣曰:"向使中国不安,日南②、西域朝贡使亦何缘而至?朕何德以堪之!睹此翻怀危惧。近代平一天下,拓定边方者,惟秦皇、汉武。始皇暴虐,至子而亡。汉武骄奢,国祚几绝。朕提三尺剑以定四海,远夷率服,亿兆乂安,自谓不减二主也。然念二主末途,皆不能自保,由是每自惧危亡,必不敢懈怠。惟藉公等直言正谏,以相匡弼。若惟扬美隐恶,共进谀言,则国之危亡可立而待也。"

[注释]①疏勒、朱俱波、甘棠:皆西域国名。疏勒,距长安九千里余,王姓裴氏。朱俱波,在葱岭之西。甘棠,在大海南。　②日南:南蛮国,在安南之外。

贞观十八年,太宗将伐高丽,其莫离支①遣使贡白金。黄门侍郎褚遂良谏曰:"莫离支虐杀其主,九夷②所不容,陛下以之兴兵,将事吊伐③,为辽山之人报主辱之耻。古者讨弑君之贼,不受其赂。昔宋督④遗鲁君⑤以郜鼎⑥,桓公受之于大庙⑦,臧哀伯⑧谏曰:'君人者将昭德塞违,今灭德立违,而置其赂器于大庙,百官象之,又何诛焉?武王克商,迁九鼎⑨于洛邑,义士⑩犹或非之,而况将昭违乱之赂器,置诸大庙,其若之何?'夫《春秋》之书,百王取法,若受不臣之筐篚⑪,纳弑逆之朝贡,不以为愆⑫,何所致伐?臣谓莫离支所献,自不合受。"太宗从之。

[注释]①莫离支:高丽官名。其职务相当于中国吏部兼兵部尚书。贞观十六年(642年),高丽东部大人泉盖苏文弑其王武,立王弟子藏为王,自为莫离支官。　②九夷:泛指东方各族。东方之夷有九种,曰畎夷、于夷、方夷、

黄夷、白夷、赤夷、玄夷、风夷、阳夷。又,一说指玄菟、乐浪、高骊、满饰、凫更、索家、东屠、倭人、天都。 ③吊伐:吊民伐罪。慰问被压迫的百姓,讨伐有罪的统治者。 ④宋督:宋,春秋时国名。督,字华父,宋戴公之孙。 ⑤鲁君:鲁桓公,名轨。 ⑥郜鼎:郜国所造之鼎。 ⑦大庙:周公之庙。 ⑧臧哀伯:鲁大夫臧孙达。 ⑨九鼎:殷所受之夏鼎。武王克商,乃营洛邑而后去之,又迁九鼎。 ⑩义士:指伯夷之属。 ⑪筐篚(fěi):盛物的竹器,古代用以装丝帛之类贡物。 ⑫不以为愆:不认为是罪过。

贞观十九年,高丽王高藏①及莫离支盖苏文②遣使献二美女,太宗谓其使曰:"朕悯此女离其父母兄弟于本国,若爱其色而伤其心,我不取也。"并却还之本国。

[注释]①高藏:高丽王名。 ②盖苏文:高丽臣,名金,盖苏文既弑其王武,于是专擅国事,其状貌雄伟,意气豪逸,身佩五刀,左右莫敢仰视。常令贵人、武将伏地而履之上马。出行必整队伍,导者长呼,则人皆奔迸,不避坑谷,路绝行者,国人甚苦之。

## 禁末作(附)

贞观七年,工部尚书段纶奏进巧人杨思齐至,上令试,纶遣造傀儡戏具。上语纶曰:"所进巧匠,将供国事,卿令先造此物,是岂百工相戒,无作奇巧之意耶?"乃诏削纶阶级,并禁断此戏。

(本章与抄本卷八论赦令篇第二章同,戈本为卷六《慎所好》篇第四章,依明本存其原文)

贞观九年,上谓侍臣曰:"为政之要,必须禁末作。

《传》曰:'雕琢刻镂伤农事,纂组文彩害女工。'圣人制法,莫不崇节俭,革奢侈。又帝王凡有兴造,亦须贵顺物情。昔大禹凿九山,通九江,用人力极广,而无怨讟者,物情所欲,共众所有故也。秦始皇营建官室,而人多谤议者,为徇其私,不与众共故也。朕今欲造一殿,材木已具,远想秦皇之事,遂复不作也。古人云:'不作无益,不见可欲,使心不乱。'至如雕镂器物,珠玉服玩,若恣其骄奢,则危亡可立待也。自今王公已下,准品秩。不合服用者,宜一切禁断。"由是数十年间,风俗简朴,财帛富饶,无复饥寒之弊。

（本章较抄本、戈本卷六《论俭约》第一章文字为详,侧重点在"禁末作",依元刻、明本、韩版别为一章,存其文字。明本章末有"在俭约篇"四字）

贞观十五年,诏曰:"朕听朝之暇,观前史,每览前贤佐时,忠臣徇国,何尝不想见其人,废书钦叹!至于近代已来,年岁非远,然其胤绪或当见存,纵未能显加旌表,无容弃之遐裔。其周、隋二代名臣及忠节子孙,有贞观已来犯罪配流者,宜令所司具录奏闻。"于是多从矜宥。

（本章与抄本卷八《论赦令》篇第七章同,戈本为卷五《忠义》篇第十三章,依明本存其原文。明本章末有"论在刑法篇"五字）

## 辩兴亡第三十四

贞观初,太宗从容谓侍臣曰:"周武平纣之乱,以有天下;秦皇因周之衰,遂吞六国。其得天下不殊,祚运长短若此之相悬也?"尚书右仆射萧瑀进曰:"纣为无道,天下苦之,故八百诸侯不期而会①。周室微,六国无罪,秦氏专任智力,蚕食诸侯。平定虽同,人情则异。"太宗曰:"不然,周既克殷,务弘仁义;秦既得志,专行诈力。非但取之有异,抑亦守之不同。祚之修短,意在兹乎!"

(本章事又见抄本卷五《论仁义》篇第二章,明本、戈本为本篇第一章,此处保留明本、戈本文字)

[**注释**]①故八百诸侯不期而会:武王伐纣,诸侯会孟津者八百余国。

贞观二年,太宗谓黄门侍郎王珪曰:"隋开皇十四年大旱,人多饥乏。是时仓库盈溢,竟不许赈给,乃令百姓逐粮。隋文不怜百姓而惜仓库,比至末年,计天下储积,得供五六十年。炀帝恃此富饶,所以奢华无道,遂致灭亡。炀帝失国,亦此之由。凡理国者,务积于人,不在盈其仓库。古人云:'百姓不足,君孰与足①。'但使仓库可备凶年,此外何烦储蓄!后嗣若贤,自能保其天下;如其不肖,多积仓库,徒益其奢侈,危亡之本也。"

(本章抄本仅为卷六《论奢纵》篇第一章,刊本卷八《辩兴亡》篇重出,戈本去彼存此,此为戈本原文)

[**注释**]①百姓不足,君孰与足:《论语》有若对鲁哀公之辞。

贞观五年,太宗谓侍臣曰:"天道福善祸淫,事犹影响。昔启人①亡国来奔,隋文帝不吝粟帛,大兴士众,营卫安置,乃得存立。既而强富,子孙不思念报德,才至失脱②,即起兵围炀帝于雁门。及隋国乱,又恃强深入,遂使昔安立其国家者,身及子孙,并为颉利破亡,岂非背恩忘义所至也!"群臣咸曰:"诚如圣旨。"

(本章事又见《旧唐书》卷 194 上《突厥传》上。钞本为卷五《论仁义》篇第五章,明本为本篇第二章,戈本为本篇第三章。此处保留明本、戈本文字)

[注释]①启人:本突厥启民可汗,避太宗讳,改曰人。 ②失脱:始毕可汗。

贞观九年,太宗谓魏征曰:"顷读周、齐史,末代亡国之主,为恶多相类也。齐主①深好奢侈,所有府库,用之略尽,乃至关市无不税敛。朕常谓此辈犹如馋人自食其肉,肉尽必死。人君赋敛不已,百姓既弊,其君亦亡,齐主即是也。然天元②、齐主,若为优劣?"征对曰:"二主亡国虽同,其行则别。齐主懦弱③,政出多门,国无纲纪,遂至亡灭。天元立性凶而强,威福在己,亡国之事,皆在其身。以此论之,齐主为劣。"

(本章事又见《谏录》卷四。钞本仅为卷六《论奢纵》篇第三章,刊本卷八《辩兴亡》篇重出,戈本去彼存此,此为戈本原文)

[注释]①齐主:指齐后主,名纬,世祖之子。 ②天元:北周宣帝,名赟,自称天元皇帝。 ③懦弱:软弱,怯懦。

# 卷　九

## 议征伐第三十五

武德九年冬，突厥颉利、突利二可汗以其众二十万，至渭水便桥①之北，遣酋帅执失思力②入朝为觇③，自张形势云："二可汗总兵百万，今已至矣。"乃请返命。太宗谓曰："我与突厥面自和亲，汝则背之，我无所愧，何辄将兵入我畿县，自夸强盛，我当先戮尔矣！"思力惧而请命。萧瑀、封德彝请礼而遣之，太宗曰："不然。今若放还，必谓我惧。"乃遣囚之。太宗曰："颉利闻我国家新有内难，朕又初即位，所以率其兵众，直至于此，谓我不敢拒之。朕若闭门自守，虏必纵兵大掠。强弱之势，在今一策。朕将独出，以示轻之，且耀军容，使知必战。事出不意，乖其本图，制服匈奴，在兹举矣。"遂单马而进，隔津与语，颉利莫能测。俄而六军继至，颉利见军容大盛，又知思力就拘，由是大惧，请盟而退。

[注释]①便桥:汉武帝时,初作便门桥,长安城北面西头。门即平门。古者平、便字同。于此道作桥,跨渡渭水,以趋茂陵,即是便桥。 ②酋帅执失思力:酋帅,长帅。执失,姓,思力,其名。 ③觇(chān):偷偷地察看。

贞观初,岭南诸州奏言高州酋帅冯盎、谈殿①阻兵反叛。诏将军蔺謩发江、岭数十州兵讨之。秘书监魏征谏曰:"中国初定,疮痍未复,岭表瘴疠,山川阻深,兵运难继,疾疫或起,若不如意,悔不可追。且冯盎若反,即须及中国未宁,交结远人,分断险要,破掠州县,署置官司。何因告来数年,兵不出境?此则反形未成,无容动众。陛下既未遣使人就彼观察,即来朝谒,恐不见明。今若遣使,分明晓谕②,必不劳师旅,自致阙庭③。"太宗从之,岭表悉定。侍臣奏言:"冯盎、谈殿,往年恒相征伐,当时议者,屡请讨之。陛下发一单使,令岭外恬然。"太宗曰:"初,岭南诸州盛言盎反,朕必欲讨之,魏征频谏,以为不可,但怀之以德,必不讨自来。既从其计,遂得岭表无事,不劳而定,胜于十万之师。"乃赐征绢五百匹。征辞曰:"陛下德化所被,八表安宁,臣岂敢贪天之功以为己力。"太宗曰:"臣有善须显扬,正令如此也。"杜如晦曰:"陛下圣明,故推功归善于下。前代王者,皆以为难。"

[注释]①冯盎、谈殿:冯盎,字明达,高州人,隋亡后据岭表。降唐后被高祖封为越国公。谈殿,当时亦据岭表。 ②晓谕:昭示,明白地告知。 ③阙庭:帝王所居之处,借指朝廷。

贞观四年,有司上言:"林邑国蛮,表疏不顺,请发兵讨击之。"太宗曰:"兵者,凶器,不得已而用之。故汉光武云:'每一发兵,不觉头鬓为白。'自古以来,穷兵极武,未有不亡者也。苻坚①自恃兵强,欲必吞晋室,兴兵百万,一举而亡。隋主亦欲必取高丽,频年劳役,人不胜怨,遂死于匹夫之手。至如颉利,往岁数来侵我国家,部落疲于征役,遂至灭亡。朕今见此,岂得辄即发兵?经历山险,土多瘴疠,若我兵士疾疫,虽克翦此蛮,亦何所补?言语之间,何足介意!"竟不讨之。

[注释]①苻坚(338~385年):十六国时期前秦皇帝。357~385年在位。字永固,一名文玉,略阳临渭(今甘肃秦安东南)人。氐族。初为东海王,后杀苻生自立。先后攻灭前燕、前凉、代国,统一了北方大部分地区,并夺取东晋的益州。由于连年用兵,人民负担沉重,加深了境内的阶级矛盾。建元十九年(383年)征调九十余万军队攻晋,在淝水大败。建元二十一年(385年),为羌族首领姚苌所杀。

贞观五年,康国①请归附。太宗谓侍臣曰:"前代帝王,大有务广土地,以求身后之虚名,无益于身,其人②甚困。假令于身有益,于百姓有损,朕必有为,况求虚名而损百姓乎!康国既来归朝,有急难不得不救。兵行万里,岂得无劳于人?若劳人求名,非朕所欲。所请归附,不须纳也。"

[注释]①康国:汉康居国,一曰萨末鞬,亦曰飒秣建,元魏所谓悉万斤者,在那密水南。君姓温,本月氏。为突厥所破,稍南依葱岭,其王屈木支。②人:民,避太宗李世民讳改曰人。

贞观十四年,兵部尚书侯君集①伐高昌,及师次柳谷②，候骑言："高昌王麴文泰③死，克日将葬，国人咸集，以二千轻骑袭之，可尽得也。"副将薛万均④、姜行本⑤皆以为然。君集曰："天子以高昌骄慢，使吾恭行天诛。乃于墟墓间以袭其葬，不足称武，此非问罪之师也。"遂按兵以待葬毕，然后进军，平其国。

[注释]①侯君集：幽州人，以雄才称。初事秦王，征战有功。太宗即位后，任吏部尚书等职。后因从承乾谋计被杀。　②柳谷：西域地名。　③麴文泰：文泰闻唐兵临碛口，忧惧不知所为，发病卒。　④薛万均：敦煌人，薛万彻之兄。高祖以其勇武授上柱国。万均因攻袭窦建德，讨击突厥有功，被拜为将军。　⑤姜行本：名确，为宣威将军。因平高昌有功，被封为金城郡公。

贞观十六年，太宗谓侍臣曰："北狄代为寇乱，今延陀①倔强，须早为之所。朕熟思之，惟有二策：选徒十万，击而虏之，涤除凶丑，百年无事，此一策也。若遂其来请，与之为婚媾。朕为苍生父母，苟可利之，岂惜一女！北狄风俗，多由内政，亦既生子，则我外孙，不侵中国，断可知矣。以此而言，边境足得三十年来无事。举此二策，何者为先？"司空房玄龄对曰："遭隋室大乱之后，户口太半未复，兵凶战危，圣人所慎，和亲之策，实天下幸甚②。"

[注释]①延陀：薛延陀，中国古代部落名，铁勒诸部之一，初属突厥。唐贞观三年（629年），太宗加封其首领为可汗。四年，助唐灭突厥，二十年发生内乱，为唐所破。　②和亲之策，实天下幸甚：按《资治通鉴》，即命兵部侍郎催敦礼持节使薛延陀，以新兴公主妻之。

贞观十七年，太宗谓侍臣曰："盖苏文杀其主而夺其国政，诚不可忍。今日国家兵力，取之不难，朕未能即动兵众,且令契丹、靺鞨①搅扰之,何如?"房玄龄对曰:"臣观古之列国,无不以强陵弱,众暴寡。今陛下抚养苍生,将士勇锐,力有余而不取之,所谓止戈为武者也。昔汉武帝屡伐匈奴,隋后主三征辽左,人贫国败,实此之由,惟陛下详察。"太宗曰:"善!"

[注释]①契丹、靺鞨:契丹,东胡种,元魏时号契丹。靺鞨,居肃慎地,凡数部,有黑水部独强。

贞观十八年,太宗以高丽莫离支贼杀其主,残虐其下,议将讨之。谏议大夫褚遂良进曰:"陛下兵机神算,人莫能知。昔隋末乱离,克平寇难,及北狄侵边,西蕃失礼①,陛下欲命将击之,群臣莫不苦谏,惟陛下明略独断,卒并诛夷。今闻陛下将伐高丽,意皆荧惑。然陛下神武英声,不比周、隋之主,兵若渡辽,事须克捷,万一不获,无以威示远方,必更发怒,再动兵众,若至于此,安危难测。"太宗然之。

[注释]①西蕃失礼:菅家本作"南蛮失礼",元刻本作"南蕃失礼"。

贞观十九年,太宗亲征高丽,开府仪同三司尉迟敬德奏言:"车驾若自往辽左,皇太子又监国定州,东西二京,府库所在,虽有镇守,终是空虚,辽东路遥,恐有玄感之变①。且边隅小国,不足亲劳万乘。若克胜,不足为武;倘不胜,翻为所笑。伏请委之良将,自可应时摧灭。"太宗虽不从其谏,而识者是之。

[**注释**]①玄感之变:隋炀帝亲征高丽,杨玄感遂起兵围东都。此处意在提醒唐太宗预防此类变故的发生。

礼部尚书江夏王道宗从太宗征高丽,诏道宗与李勣为前锋,及济辽水克盖牟城,逢贼兵大至,军中佥①欲深沟保险,待太宗至,徐进。道宗议曰:"不可,贼赴急远来,兵实疲顿,恃众轻我,一战可摧。昔耿弇②不以贼遗君父,我既职在前军,当须清道以待舆驾。"李勣大然其议。乃率骁勇数百骑,直冲贼阵,左右出入。勣因合击,大破之。太宗至,深加赏劳。道宗在阵损足,帝亲为其针,赐以御膳。

[**注释**]①佥:都,皆。 ②耿弇(yǎn):后汉茂陵人,字伯昭,从光武帝为大将军,多次征战,光武帝即位后,授建威大将,封好峙侯。

太宗《帝范》①曰:"夫兵甲者,国家凶器也。土地虽广,好战则人凋;邦境虽安,忘战则人殆。凋非保全之术,殆非拟寇之方,不可以全除,不可以常用。故农隙讲武,习威仪也;三年治兵,辨等列也。是以勾践轼蛙②,卒成霸业;徐偃弃武③,终以丧邦。何也?越习其威,徐忘其备也。孔子曰:'以不教人战,是谓弃之。'故知弧矢之威,以利天下,此用兵之机也。"

[**注释**]①《帝范》:贞观二十二年(648年)正月,太宗作《帝范》十二篇以赐太子。包括《君体》《建亲》《求贤》《审官》《纳谏》《去谗》《戒盈》《崇俭》《赏罚》《务农》《阅武》《崇文》。 ②勾践轼蛙:轼,古代车厢扶手横木,古人立乘,扶轼表示敬意。相传越王勾践为报仇雪耻,将出兵伐吴,途中见怒蛙,即凭轼

为敬。从者问他为什么,勾践说:"蛙见敌而有怒气,故为之轼。"意在借以激励士卒的锐气。 ③徐偃弃武:徐,夷国子爵,僭称偃王,周穆王闻之,令楚伐徐,徐子曰:"吾赖于文德,而不明武备,故至于此。"

贞观二十二年,太宗将重讨高丽。是时,房玄龄寝疾增剧,顾谓诸子曰:"当今天下清谧①,咸得其宜,唯欲东讨高丽不停,方为国害。主上含怒决意,臣下莫敢犯颜。吾知而不言,可谓衔恨入地。"遂上表谏曰:

臣闻兵恶不戢②,武贵止戈。当今圣化所覃③,无远不暨。上古所不臣者,陛下皆能臣之;所不制者,皆能制之。详观古今,为中国患害,无过突厥。遂能坐运神策,不下殿堂,大小可汗相次束手,分典禁卫,执戟行间。其后延陀鸱张④,寻就夷灭,铁勒慕义,请置州县,沙漠已北,万里无尘。至如高昌叛换于流沙,吐浑首鼠于积石,偏师薄伐,俱从平荡。高丽历代逋诛,莫能讨击。陛下责其逆乱,杀主虐人,亲总六军,问罪辽、碣。未经旬日,即拔辽东,前后房获,数十万计,分配诸州,无处不满。雪往代之宿耻⑤,掩崤陵之枯骨⑥,比功校德,万倍前王。此圣主所自知,微臣安敢备说。

[注释]①清谧(mì):安宁,平静。 ②戢(jí):收藏,收敛。 ③覃(tán):延及,深入。 ④鸱(chī)张:鸱,恶鸟,即鹞鹰。鸱张即凶暴、嚣张之意。 ⑤往代之宿耻:隋文帝十八年(598年),高丽寇辽西,遣杨谅讨之,无功。炀帝六年(610年),征其王元入朝,不至。八年(612年),征天下兵击之,帝亲攻诸城,不下。来护儿、宇文述等大败。九年(613年),复亲征,不拔。十年(614年),复讨之,征其王入朝,竟不至。 ⑥掩崤陵之枯骨:《左传·僖公三十三年》,晋人及姜戎败秦师于崤,文公三年,秦伯伐晋,济河焚舟,取王

官及郊，晋人不出，遂自茅津济，封崤尸而还。

且陛下仁风被于率土，孝德彰于配天。睹夷狄之将亡，则指期数岁；授将帅之节度，则决机万里。屈指而候驿，视景而望书，符应若神，算无遗策。擢将于行伍①之中，取士于凡庸之末。远夷单使，一见不忘；小臣之名，未尝再问。箭穿七札②，弓贯六钧③。加以留情坟典，属意篇什，笔迈钟、张④，词穷贾、马⑤。文锋既振，则宫徵自谐；轻翰暂飞，则花葩竞发。抚万姓以慈，遇群臣以礼。褒秋毫之善，解吞舟之网。逆耳之谏必听，肤受之诉斯绝⑥。好生之德，禁障塞于江湖；恶杀之仁，息鼓刀于屠肆。凫鹤荷稻粱之惠，犬马蒙帷盖之恩。降乘吮思摩之疮⑦，登堂临魏征之枢。哭战亡之卒，则哀动六军⑧；负填道之薪，则精感天地⑨。重黔黎之大命，特尽心于庶狱。臣心识昏愦，岂足论圣功之深远，谈天德之高大哉？陛下兼众美而有之，靡不备具，微臣深为陛下惜之重之，爱之宝之。

[注释]①行（háng）伍：古代军队编制，五人为"伍"，二十五人为"行"。后行伍泛指军队士兵。　②箭穿七札：札，甲也。养由基射穿七札。言太宗武功高，一箭可以射穿七札。　③弓贯六钧：《左传·定公八年》，鲁伐齐，士皆列，颜高之弓六钧。言太宗六钧重的弓可以一下拉满。　④钟、张：指钟繇、张芝。　⑤贾、马：指贾谊、司马相如。　⑥肤受之诉斯绝：《论语》曰："肤受之诉不行焉，可谓明也已矣。"　⑦降乘吮思摩之疮：贞观十九年（645年），太宗征辽，攻白岩城，右卫大将军李思摩为流矢所中，太宗亲为之吮血。⑧哭战亡之卒，则哀动六军：十九年（645年），太宗征高丽，至营州，诏辽东战亡士卒骸骨并集柳城东南，命有司设太牢，上自作文祭之，临哭尽哀。　⑨负

填道之薪,则情感天地:贞观十九年(645年),太宗渡辽,辽泽泥潦,车马不通,命长孙无忌将万人剪草填道,水深处以车马为梁,上自系薪于马鞘,以助役。

《周易》曰:"知进而不知退,知存而不知亡,知得而不知丧。"又曰:"知进退存亡,而不失其正者,其惟圣人乎!"由此言之,进有退之义,存有亡之机,得有丧之理,老臣所以为陛下惜之者,盖谓此也。《老子》曰:"知足不辱,知止不殆。"臣谓陛下威名功德,亦可足矣;拓地开疆,亦可止矣。彼高丽者,边夷贱类,不足侍以仁义,不可责以常礼。古来以鱼鳖畜之,宜从阔略。若必欲绝其种类,深恐兽穷则搏。且陛下每决死囚,必令三覆五奏,进素食,停音乐者,盖以人命所重,感动圣慈也。况今兵士之徒,无一罪戾,无故驱之于行阵之间,委之于锋刃之下,使肝脑涂地,魂魄无归,令其老父孤儿、寡妻慈母,望轊①而掩泣,抱枯骨而摧心,足以变动阴阳,感伤和气,实天下之冤痛也。且兵,凶器;战者,危事也,不得已而用之。向使高丽违失臣节,而陛下诛之可也;侵扰百姓,而陛下灭之可也;久长能为中国患,而陛下除之可也。有一于此,虽日杀万夫,不足为愧。今无此三条,坐烦中国,内为旧王雪怨②,外为新罗报仇③,岂非所存者小,所损者大?

愿陛下遵皇祖老子止足之诫,以保万代巍巍之名。发霈然之恩④,降宽大之诏,顺阳春以布泽,许高丽以自新,焚凌波之船,罢应募之众⑤,自然华夷庆赖,远肃迩安。臣老病三公,朝夕入地,所恨竟无尘露,微增海岳。谨罄残魂余息,预代结草之诚⑥。倘蒙录此哀鸣,即臣死且不朽。

太宗见表，叹曰："此人危笃如此，尚能忧我国家。"虽谏不从，终为善策。

[注释]①辁(wèi)车：指拉尸体的车子。 ②内为旧王雪怨：贞观十七年(643年)，高丽臣莫离支弑其君高武，而独专国政，太宗于是有征辽之议。③外为新罗报仇：贞观十七年(643年)，新罗遣使言百济攻取其国四十余城，复与高丽连兵，谋绝新罗入朝之路，乞兵救援。上命司农丞相里玄奖赍玺书赐高丽，使勿攻新罗，莫离支竟不从。玄奖还，具言其状，上于是欲征之。④霈(pèi)然之恩：像甘霖一样的恩情。 ⑤应募之众：贞观十八年(644年)，太宗欲征辽东，长安、洛阳募士三千，战舰五百艘。 ⑥预代结草之诚：此典故出于《左传·宣公十五年》，秦伐晋，次于辅氏，魏颗败秦师，获杜回。初，魏颗父魏武子有嬖妾，无子，武子疾，命颗曰："必嫁是。"疾甚，则曰："必殉。"及卒，颗嫁之，及辅氏之役，颗见老人，结草以亢杜回，杜回踬而颠，故获之。夜梦之曰："余，而所嫁妇人父也，尔用尔先人之治命，余是以报。"

贞观二十二年，军旅亟动，宫室互兴，百姓颇有劳弊。充容①徐氏②上疏谏曰：

贞观已来，二十有二载，风调雨顺，年登岁稔，人无水旱之弊，国无饥馑之灾。昔汉武守文之常主，犹登刻玉之符③；齐桓小国之庸君，尚图泥金之望④。陛下推功损己，让德不居。亿兆倾心，犹阙告成之礼⑤；云、亭⑥伫谒，未展升中之仪⑦。此之功德，足以咀嚼百王，网罗千代者矣。然古人有云"虽休勿休"，良有以也。守始保末，圣哲罕兼。是知业大者易骄，愿陛下难之；善始者难终，愿陛下易之。

[注释]①充容：唐时女官号，皇帝九嫔之一。 ②徐氏：名惠，长城人，

通经书,能文章,太宗召为才人。 ③刻玉之符:指汉武帝封泰山,下东方,如郊祠太一之礼,封广丈二尺,高九尺,其下则有玉牒书,书秘。礼毕,禅肃然山。与文中所说的"泥金之事"均为古代一种封禅仪式。泛指封禅。 ④泥金之望:齐桓公既霸,会诸侯于葵丘,欲行封禅。东汉制,封禅用玉牒、玉检,以水银和金为泥。望者,望而祭。 ⑤告成之礼:《通典》:"古者帝王之兴,每易姓而起,以致太平,必封乎泰山,所以告成功也。" ⑥云、亭:传说黄帝禅亭亭,五帝禅云云,都是山名。 ⑦升中之仪:祭天的仪式。

窃见顷年以来,力役兼总,东有辽海之军,西有昆丘之役,士马疲于甲胄①,舟车倦于转输。且召募役戍,去留怀死生之痛,因风阻浪,人米有漂溺之危。一夫力耕,年无数十之获;一船致损,则倾覆数百之粮。是犹运有尽之农功,填无穷之巨浪;图未获之他众,丧已成之我军。虽除凶伐暴,有国常规,然黩武玩兵,先哲所戒。昔秦皇并吞六国,反速危祸之基;晋武奄有三方②,翻成覆败之业。岂非矜功恃大,弃德而轻邦,图利忘害,肆情而纵欲?遂使悠悠六合,虽广不救其亡;嗷嗷黎庶,因弊以成其祸。是知地广非常安之术,人劳乃易乱之源。愿陛下布泽流仁,矜恤疲弊,减行役之烦。增湛露之惠。

[**注释**]①甲胄:古时战士穿用的铠甲和头盔。泛指战事。①三方:指魏、蜀、吴三方之地。

妾又闻为政之本,贵在无为。窃见土木之功,不可兼遂。北阙初建,南营翠微①,曾未逾时,玉华②创制。虽复因山藉水,非无筑架之劳,损之又损,颇有工力之费。终以茅茨示约,犹兴木石之疲,假使和雇取人,不无烦扰之弊。是以卑宫菲室③,圣王之所安;金屋瑶台,骄主之为丽。故有道之君,以逸逸人;无道之君,以乐乐身。愿陛下使之以时,则力不竭矣;用而息之,则心斯悦矣。

[注释]①翠微:宫殿名。 ②玉华:宫殿名。 ③卑宫菲室:住简陋的房子,吃粗淡的茶饭。

夫珍玩技巧,为丧国之斧斤①;珠玉锦绣,实迷心之酖毒②。窃见服玩纤靡③,如变化于自然;职贡珍奇,若神仙之所制。虽驰华于季俗,实败素于淳风。是知漆器非延叛之方,桀造之而人叛;玉杯岂招亡之术,纣用之而国亡。方验侈丽之源,不可不遏。夫作法于俭,犹恐其奢;作法于奢,何以制后?伏惟陛下,明照未形,智周无际,穷奥秘于麟阁④,尽探赜于儒林。千王理乱之踪,百代安危之迹,兴衰祸福之数,得失成败之机,故亦苞吞心府之中,循环目围之内,乃宸衷之久察,无假一二言焉。惟恐知之非难,行之不易,志骄于业泰,体逸于时安。伏愿抑志裁心,慎终成始,削轻过以添重德,择今是以替前非,则鸿名与日月无穷,盛业与乾坤永大!

太宗甚善其言,优赐甚厚。

[注释]①斧斤:原为砍木的工具。这里指败国之器。 ②酖毒:毒药,毒酒。 ③纤靡:细小鲜艳华丽。 ④穷奥秘于麟阁:汉宣帝图功臣与麒麟阁。

## 议安边第三十六

贞观四年,李靖击突厥颉利①,败之,其部落多归降者。诏议安边之术,中书令温彦博议:"请于河南②处之。准汉建武时,置降匈奴于五原③塞下,全其部落,得为捍蔽④,又不离其土俗,因而抚之,一则实空虚之地,二则示无猜之心,故是含育之道⑤也。"太宗从之。秘书监魏征曰:"匈奴⑥自古至今,未有如斯之破败,此是上天剿绝,宗庙神武。且其世寇中国,百姓冤仇,陛下以其为降,不能诛灭,即宜遣还河北,居其旧土。匈奴人面兽心,非我族类,强必寇盗,弱则卑服,不顾恩义,其天性也。秦、汉患之若是,故发猛将以击之,收其河南以为郡县,陛下奈何以内地居之?且今降者几至十万,数年之间,滋息过倍,居我肘腋,甫迩王畿,心腹之疾,将为后患,尤不可处以河南也。"温彦博曰:"天子之于物也,天覆地载,有归我者则必养之。今突厥破灭,余落归附,陛下不加怜愍,弃而不纳,非天地之道,阻四夷之意,臣愚甚谓不可。处之河南,所谓死而生之,亡而存之,怀我厚恩,终无叛逆。"魏征又曰:"晋代有魏时,胡部落分居近郡,郭钦⑦、江统⑧劝逐出塞外,武帝不用其言,数年之后,遂倾瀍、洛。前代覆车,殷鉴不远。陛下必用彦博言,遣居河南,所谓养兽自遗患也。"彦博又曰:"臣闻圣人之道,无所不通。突厥余魂,以命归我,收居内地,教以礼法,选其酋首,遣居宿卫,畏威怀德,何患之有?且光武居南单于于内郡,以为汉藩翰,终于一代,不有叛逆。"太宗竟从其议,自幽州至灵州,置顺、祐、化、长四州都督府以处之,其人居长安者近且万家。

[注释]①李靖击突厥颉利:唐贞观四年(630年),李靖大破颉利可汗于

阴山。颉利谋逃往漠北,被李世勣所阻,部众多降,颉利西奔,旋为部下擒送唐军。此后,太宗用中书令温彦博之议,使降众居朔方之地,分置都督府。酋长多拜官,居长安者近万家。　②河南:指黄河以南河套一带。　③五原:郡名。汉元朔二年(前127年)置。治所在九原(今包头市西北)。辖境相当于今内蒙古后套以东、阴山以南、包头市以西和达拉特、准格尔等旗地。　④捍蔽:捍卫屏蔽。　⑤含育之道:含养化育的办法。　⑥匈奴:《旧唐书》《文苑英华》《册府元龟》作"突厥"。　⑦郭钦:西晋武帝时为侍御史。以匈奴余落归化,使居河西,渐为边患,上疏请复上郡,实冯翊,募取死囚,徙四万家以充之。武帝不纳。　⑧江统:字应元,陈留人。晋武帝时,为山阴令。时关、陇为氐、羌所扰,统深推四夷为乱,宜杜其萌,乃作《徙戎论》,帝不能用,未及十年,而夷狄乱华,时人服其深识。

十三年,太宗幸九成宫。突利可汗弟中郎将阿史那结社率阴结所部,并拥突利子贺罗鹘夜犯御营,事败,皆捕斩之。太宗自是不直突厥①,悔处其部众于中国,还其旧部于河北,建牙②于故定襄城,立李思摩为乙弥泥熟俟利苾可汗以主之。因谓侍臣曰"中国百姓,天下之根本,四夷之人,乃同枝叶,扰其根本以厚枝叶,用求久安,未之有也。初不纳魏征言,遂觉劳费日甚,几失久安之道。"

[注释]①不直突厥:一曰"不置突厥"。　②建牙:建立官署。

贞观十四年,太宗与侍臣议安置突厥之事。中书令温彦博对曰:"隋文帝劳兵马,费仓库,树立可汗,令复其国,后遂孤恩失信,围炀帝于雁门①。今陛下仁厚,从其所欲,河南、河北,任情居住,各有酋长,不相统属,力散势分,安能为害?"给事中杜楚客②进曰:"北狄人面兽心,难以德怀,易以威服。今令其部落散处河南,逼近中华,久必为患。至如雁门之役,虽是突厥背恩,自由隋主无道。中国以之丧乱,岂得云兴复亡国以致此祸?夷不乱华,前哲明训,存亡继绝,列圣通规。臣恐事不师古,难以长久。"太宗嘉其言,方务怀柔,未之从也。

[注释]①隋文帝劳兵马,费仓库,树立可汗,令复其国,后遂孤恩失信,围炀帝于雁门:隋开皇二十年(600年),文帝以突厥突利为启民可汗,妻以义成公主。大业十一年(615年),炀帝巡北边,始毕可汗率骑数十万,谋袭帝,义成公主遣使告变,帝驰入雁门,突厥围雁门,急攻之,帝泣,目尽肿,后公主以计解围。 ②杜楚客:杜如晦之弟。贞观四年(630年),为给事中。进蒲州刺史,有能名。迁工部尚书,摄府事,以威肃闻。

自突厥颉利破后,诸部落首领来降者,皆拜将军中郎将,布列朝廷,五品已上百余人,殆与朝士相半。惟拓拔不至,又遣招慰之,使者相望于道。凉州都督李大亮以为于事无益,徒费中国,上疏曰:"臣闻欲绥远者,必先安近。中国百姓,天下根本,四夷之人,犹于枝叶,扰其根本以厚枝附,而求久安,未之有也。自古明王,化中国以信,驭夷狄以权。故《春秋》云:'戎狄豺狼,不可厌也;诸夏亲昵,不可弃也①。'自陛下君临区宇,深根固本,人逸兵强,九州殷盛,四夷自服。今者招致突厥,虽入提封,臣愚稍觉劳费,未悟其有益也。然河西民庶,镇御藩夷,州县萧条,户口鲜少,加因隋乱,减耗尤多,突厥未平之前,尚不安业,匈奴微弱以来,始就农亩,若即劳役,恐致防损,以臣愚惑,请停招慰。且谓之荒服者,故臣而不内。是以周室爱民攘狄，竟延七百之龄；秦王轻战事胡，四十载而绝灭。汉文养兵静守，天下安丰；孝武扬威远略，海内虚耗，虽悔轮台，追已不及②。至于隋室，早得伊吾③，兼统鄯善④、且末，既得之后，劳费日甚，虚内致外，竟损无益。远寻秦、汉，近观隋室，动静安危，昭然备矣。伊吾虽已臣附，远在藩碛，民非夏人，地多沙卤。其自竖立称藩附庸者，请羁縻受之，使居塞外，必畏威怀德，永为藩臣，盖行虚惠而收实福矣。近日突厥倾国入朝，既不能俘之江淮，以变其俗，乃置于内地，去京不远，虽则宽仁之义，亦非久安之计也。每见一人初降，赐物五匹、袍一领，酋帅悉授大官，禄厚位尊，理多縻费。以中国之租赋，供积恶之凶虏，其众益多，非中国之利也。"太宗不纳。

[**注释**]①戎狄豺狼，不可厌也；诸夏亲昵，不可弃也：《左传·闵公元年》，管仲告齐侯之辞。　②虽悔轮台，追已不及：汉武帝既悔远征伐，而搜粟都尉桑弘羊与丞相御史奏言："故轮台以东有溉田五千顷以上，请置校尉分护，岁收其利，以威西国。"上不从，乃下诏深沉既往之悔。　③伊吾：西域国名，在大碛外，南至玉门关八百里，汉宜禾都尉所治。　④鄯善：西域国名。

贞观十四年，侯君集①平高昌之后，太宗欲以其国为州县。魏征曰："陛下初临天下，高昌王先来朝谒，自后数有商胡称其遏绝贡献，加之不礼大国诏使，遂使王诛载加。若罪止文泰②，斯亦可矣。未若因抚其民而立其子，所谓伐罪吊民，威德被于遐外，为国之善者也。今若利其土壤以为州县，常须千余人镇守，数年一易。每来往交替，死者十有三四。遣办衣资，离别亲戚。十年之后，陇右空虚,陛下终不得高昌撮谷尺布以助中国。所谓散有用而事无用,臣未见其可。"太宗不从,竟以其地置西州,仍于西州置安西都护府,每岁调发千余人,防遏其地。黄门侍郎褚遂良亦以为不可,上疏曰:"臣闻古者哲后临朝,明王创制,必先华夏而后夷狄,广诸德化,不事遐荒。是以周宣薄伐,至境而反③;始皇远塞④,中国分离。陛下诛灭高昌,威加西域,收其鲸鲵,以为州县。然则王师初发之岁,河西供役之年,飞刍挽粟,十室九空,数郡萧然,五年不复。陛下岁遣千余人,而远事屯戍,终年离别,万里思归。去者资装,自须营办,既卖菽粟,倾其机杼。经途死亡,复在言外。兼遣罪人,增其防遏,所遣之内,复有逃亡,官司捕捉,为国生事。高昌途路,沙碛千里,冬风冰冽,夏风如焚,行人去来,遇之多死。《易》云:'安不忘危,治不忘乱。'设令张掖尘飞,酒泉烽举,陛下岂能得高昌一人斗粟而及事乎?终须发陇右诸州,星驰电击。由斯而言,此河西者方以心腹,彼高昌者他人手足,岂得糜费中华,以事无用?陛下平颉利于沙塞,灭吐浑于西海,突厥余落,为立可汗;吐浑遗萌,更树君长。复立高昌,非无前例,此所谓有罪而诛之,既服而立之。宜择高昌可立者,征给首领,遣还本国,负戴洪恩,长为藩翰。中国不扰,既富且宁,传之子孙,以贻永代。"疏奏,不纳。

[注释]①侯君集:唐时三水人,以才雄著称。从太宗立战功,破吐谷浑,平高昌,累拜吏部尚书,封潞国公。后恃功专横,参与太子承乾谋反之事被杀。　②文泰:高昌王麹文泰。　③周宣薄伐,至境而反:周宣王,名靖。《诗》曰:"薄伐狁,至于太原。"言逐出之,而不穷追。　④始皇远塞:秦始皇

使蒙恬发兵三十万人，收河南地，为四十四县。筑长城因地形，用制险塞，起临洮至辽东，延袤万余里。

至十六年，西突厥遣兵寇西州，太宗谓侍臣曰："朕闻西州有警急，虽不足为害，然岂能无忧乎？往者初平高昌，魏征、褚遂良劝朕立麹文泰子弟，依旧为国，朕竟不用其计，今日方自悔责。昔汉高祖遭平城之围而赏娄敬①，袁绍败于官渡而诛田丰②，朕恒以此二事为诫，宁得忘所言者乎！"

[**注释**]①汉高祖遭平城之围而赏娄敬：汉高祖欲击匈奴，使娄敬使匈奴。还，报曰："匈奴伏奇兵以争利，不可击也。"上怒曰："齐虏以口舌得官，乃今妄言沮吾军。"械系敬至广武，遂至平城。匈奴果出奇兵，围帝白登，七日，然后得解，还至广武，赦敬曰："吾不用公言，以困平城。"乃封敬千户，为关内侯。　②袁绍败于官渡而诛田丰：汉献帝时，曹操兵大破袁绍于官渡，袁绍与八百骑兵渡河，走至黎阳，众稍复归，或谓田丰曰："君必见重。"丰曰："公今战败而归，内恚将发，吾不望生。"袁绍谓逢纪曰："田别驾前谏止吾，吾惭之。"纪曰："丰闻将军之退，拊手大笑。喜其言中也。"袁绍遂杀丰。

卷 十

## 论行幸第三十七

贞观初,太宗谓侍臣曰:"隋炀帝广造宫室,以肆行幸。自西京①至东都②,离宫别馆,相望道次,乃至并州③、涿郡④,无不悉然。驰道皆广数百步,种树以饰其傍。人力不堪,相聚为贼。逮至末年,尺土一人,非复己有。以此观之,广宫室,好行幸,竟有何益?此皆朕耳所闻,目所见,深以自诫。故不敢轻用人力,惟令百姓安静,无有怨叛而已。"

[注释]①西京:长安,今西安。 ②东都:洛阳。 ③并州:古州名,治所在太原。 ④涿郡:古行政区划单位名称,隋炀帝时改幽州为涿郡,治所在今北京市境内。

贞观十一年,太宗幸洛阳宫,泛舟于积翠池,顾谓侍臣曰:"此宫观台沼并炀帝所为,驱役生人,穷此雕丽,复不能守此一都,以万人为虑。好行幸不息,人所不堪。昔诗人云：'何草不黄？何日不行？①''大东小东，杼轴其空②'。正谓此也。遂使天下怨叛，身死国灭，今其宫苑尽为我有。隋氏倾覆者，岂惟其君无道，亦由股肱无良。如宇文述、虞世基、裴蕴③之徒，居高官，食厚禄，受人委任，惟行谄佞，蔽塞聪明，欲令其国无危，理不可得也。"司空长孙无忌奏言："隋氏之亡，其君则杜塞忠谠之言，臣则苟欲自全，左右有过，初不纠举，寇盗滋蔓，亦不实陈。据此，即不惟天道，实由君臣不相匡弼。"太宗曰："朕与卿等承其余弊，惟须弘道移风，使万代永赖矣。"

[注释]①何草不黄？何日不行：《诗经·小雅·何草不黄》篇之辞，意思是哪些草儿不枯黄，哪些日子不奔忙。②"大东小东，杼轴其空"：《诗经·小雅·大东》篇之辞，意思是东方远近各国，织布机上都搜刮空了。杼轴，织布机上的两个部件，即用来持纬（横线）的梭子和用来承经（直线）的筘。亦代指织机。　③宇文述、虞世基、裴蕴：都曾是隋时的重臣。

贞观十三年，太宗谓魏征等曰："隋炀帝承文帝余业，海内殷阜，若能常据关中，岂有倾败？遂不顾百姓，行幸无期，径往江都，不纳董纯、崔象①等谏诤，身戮国灭，为天下笑。虽复帝祚长短，委以玄天；而福善祸淫，亦由人事。朕每思之，若欲君臣长久，国无危败，君有违失，臣须极言。朕闻卿等规谏，纵不能当时即从，再三思审，必择善而用之。"

[注释]①董纯、崔象：二人都是隋炀帝时的大臣。崔象：指崔民象。

## 论畋猎第三十八

秘书监虞世南以太宗颇好畋猎，上疏谏曰："臣闻秋狝冬狩①，盖惟恒典；射隼②从禽，备乎前诰。伏惟陛下因听览之余辰，顺天道以杀伐，将欲搏班碎掌，亲御皮轩③，穷猛兽之窟穴，尽逸材于林薮。夷凶剪暴，以卫黎元，收革擢羽，用充军器，举旗效获，式遵前古。然黄屋之尊，金舆之贵，八方之所仰德，万国之所系心，清道而行，犹戒衔橛。斯盖重慎防微，为社稷也。是以马卿直谏于前④，张昭变色于后⑤，臣诚细微，敢忘斯义？且天弧星罼⑥，所殪⑦已多，颁禽赐获，皇恩亦溥。伏愿时息猎车，且韬长戟，不拒刍荛之请⑧，降纳涓浍之流⑨，袒裼徒搏，任之群下，则贻范百王，永光万代。"太宗深嘉其言。

[注释]①秋狝(xiǎn)冬狩：秋猎为狝，冬猎为狩，秋狝冬狩泛指秋冬季外出打猎。　②隼(sǔn)：禽鸟。　③皮轩：田猎之车。　④马卿直谏于前：马卿指司马相如，汉武帝时为郎。司马相如跟随武帝出去打猎，他见武帝总是喜欢亲自追逐击杀猛兽，于是上疏规谏，被武帝采纳。　⑤张昭变色于后：张昭，字子布，彭城人，三国时为吴主孙权军师，孙权常亲自驰马射虎，昭吓得面目变色，极言规谏。　⑥罼(bì)：古同"毕"，捕捉禽兽的长柄网。　⑦殪：杀死。　⑧刍荛之请：微臣的请求。　⑨涓浍(kuài)之流：涓涓小溪般的建议。

谷那律①为谏议大夫，尝从太宗出猎，在途遇雨，太宗问曰："油衣若为得不漏？"对曰："能以瓦为之，必不漏矣。"意欲太宗弗数游猎，大被嘉纳。赐帛二百段，加以金带。

[注释]①谷那律：魏州昌乐人。贞观年间，累迁国子博士，后迁谏议大夫。

贞观十四年，太宗幸同州沙苑，亲格猛兽，复晨出夜还。特进魏征奏言："臣闻《书》美文王不敢盘于游田，《传》述《虞箴》称夷羿以为戒①。昔汉文临霸坂欲驰下，袁盎②揽辔曰：'圣主不乘危，不侥幸，今陛下骋六飞，驰不测之山，如有马惊车覆，陛下纵欲自轻，奈高庙何？'孝武好格猛兽，相如进谏：'力称乌获③，捷言庆忌④，人诚有之，兽亦宜然。猝遇逸材之兽，骇不存之地，虽乌获、逄蒙⑤之伎不得用，而枯木朽株尽为难矣。虽万全而无患，然而本非天子所宜近。'孝元郊泰畤⑥，因留射猎，薛广德⑦奏称：'窃见关东困极，百姓离灾。今日撞亡秦之钟，歌郑、卫之乐，士卒暴露，从官劳倦，顾其如宗庙社稷何？凭河暴虎，未之戒也。'臣窃思此数帝，心岂木石，独不好驰骋之乐？而割情屈己，从臣下之言者，志存为国，不为身也。臣伏闻车驾近出，亲格猛兽，晨往夜还。以万乘之尊，暗行荒野，践深林，涉丰草，甚非万全之计。愿陛下割私情之娱，罢格兽之乐，上为宗庙社稷，下慰群僚兆庶。"太宗曰："昨日之事，偶属尘昏，非故然也，自今深用为诫。"

[注释]①《传》述《虞箴》称夷羿以为戒：《左传》，魏绛告晋侯曰："昔虞人之箴曰：'在帝夷羿，冒于原兽。'《虞箴》如是，可不惩乎？"　②袁盎：楚人，汉文帝时为中郎将。　③乌获：秦武王力士，举龙纹鼎者。　④庆忌：春秋时吴王僚之子，以勇武见称。　⑤逄蒙：古时善射者，相传学射于羿。　⑥泰畤(zhì)：古代祭天神之坛。　⑦薛广德：字长卿，沛郡人，时为长信少府、御史大夫。

贞观十四年，冬十月，太宗将幸栎阳游猎，县丞刘仁轨①以收获未毕,非人君顺动之时,诣行所,上表切谏。太宗遂罢猎,擢拜仁轨新安令。

[注释]①刘仁轨:字正则,汴州(今河南开封)人。初为陈仓尉,太宗时擢升咸阳丞,累迁给事中,武后时拜仆射。

## 论灾祥第三十九

贞观六年,太宗谓侍臣曰:"朕比见众议以祥瑞为美事,频有表贺庆。如朕本心,但使天下太平,家给人足,虽无祥瑞,亦可比德于尧、舜。若百姓不足,夷狄内侵,纵有芝草遍街衢,凤凰巢苑囿,亦何异于桀、纣?尝闻后魏时有郡吏燃连理木,煮白雉肉吃,岂得称为明主耶?又隋文帝深爱祥瑞,遣秘书监王劭著衣冠,在朝堂对考使焚香以读《皇隋感瑞经》①。旧尝见传说此事,实以为可笑。夫为人君,当须至公理天下,以得万姓之欢心。昔尧、舜在上,百姓敬之如天地,爱之如父母,动作兴事,人皆乐之,发号施令,人皆悦之,此是大祥瑞也。自此后诸州所有祥瑞,并不用申奏。"

[注释]①《皇隋感瑞经》:隋文帝好小数,王劭言上受命符瑞甚众,又采歌谣、图谶、佛经文字,曲加诬饰,撰《皇隋感瑞经》三十卷。上令宣示天下。劭集诸州朝集使,盥手焚香,闭目读之,曲折有声如歌咏。经旬朔始遍。上益喜,赏赐优洽。

贞观八年,陇右山崩,大蛇屡见,山东①及江、淮多大水。太宗以问侍臣,秘书监虞世南对曰:"春秋时,梁山②

崩,晋侯③召伯宗④而问焉,对曰:'国主山川,故山崩川竭,君为之不举⑤,降服乘缦⑥,祝币以礼焉。'梁山,晋所主也。晋侯从之,故得无害。汉文帝元年,齐、楚地二十九山同日崩,水大出,令郡国无来献,施惠于天下,远近欢洽,亦不为灾。后汉灵帝时,青蛇见御座。晋惠帝时,大蛇长三百步,见齐地,经市入朝。按蛇宜在草野,而入市朝,所以可为怪耳。今蛇见山泽,盖深山大泽必有龙蛇,亦不足怪。又山东足雨,虽则其常,然阴潜过久,恐有冤狱,宜断省系囚,庶几或当天意。且妖不胜德,唯修德可以销变。"太宗以为然,因遣使者赈恤饥馁,申理狱讼,多所原宥。

[**注释**]①山东:崤山以东地区。 ②梁山:晋地。 ③晋侯:景公,名孺。 ④伯宗:晋大夫。 ⑤君为之不举:一曰"君为之不举乐"。 ⑥乘缦:一曰"垂缦",乘无饰文之车。

贞观八年,有彗星见于南方,长六丈,经百余日乃灭。太宗谓侍臣曰:"天见彗星,由朕之不德,政有亏失,是何妖也?"虞世南对曰:"昔齐景公时有彗星见,公问晏子。晏子对曰:'公穿池沼畏不深,起台榭畏不高,行刑罚畏不重,是以天见彗星,为公戒耳!'景公惧而修德,后十六日而星没。陛下若德政不修,虽麟凤①数见,终是无益。但使朝无阙政②,百姓安乐,虽有灾变,何损于时?愿陛下勿以功高古人而自矜大,勿以太平渐久而自骄逸,若能慎终如始,彗星见未足为忧。"太宗曰:"吾之理国,良无景公之过③。但朕年十八便为经纶王业,北剪刘武周,西平薛举,东擒窦建德、王世充,二十四而天下定,二十九而居大位,四夷降伏,海内乂安。自谓古来英雄拨乱之主无见及者,颇有自矜之意,此吾之过也。上天见变,良为是乎?秦始皇平六国,隋炀帝富有四海,既骄且逸,一朝而败,吾亦何得自骄也?言念于此,不觉惕焉震惧!"魏征进曰:"臣闻自古帝王未有无灾变者,但能修德,灾变自销。陛下因有天变,遂能戒惧,反覆思量,深自克责,虽有此变,必不为灾也。"

[注释]①麟凤:麒麟和凤凰,此为祥瑞之兆。 ②阙政:政治上的欠缺。③良无景公之过:没有犯过齐景公那样的过失。

贞观十一年,大雨,谷水溢,冲洛城门,入洛阳宫,平地五尺,毁宫寺十九所,漂七百余家。太宗谓侍臣曰:"朕之不德,皇天降灾。将由视听弗明,刑罚失度,遂使阴阳舛谬①,雨水乖常。矜物罪己,载怀忧惕②。朕又何情独甘滋味?每日可令尚食③断肉,进蔬食。文武百官各上封事,极言得失。"中书侍郎岑文本上封事曰:

臣闻开拨乱之业,其功既难;守已成之基,其道不易。故居安思危,所以定其业也;有始有卒,所以崇其基也。今虽亿兆乂安,方隅宁谧,既承丧乱之后,又接凋弊之余,户口减损尚多,田畴垦辟犹少。覆焘之恩著矣,而疮痍未复;德教之风被矣,而资产屡空。是以古人譬之种树,年祀绵远,则枝叶扶疏;若种之日浅,根本未固,虽壅之以黑坟,暖之以春日,一人摇之,必致枯槁。今之百姓,颇类于此。常加含养,则日就滋息;暂有征役,则随而凋耗;凋耗既甚,则人不聊生;人不聊生,则怨气充塞;怨气充塞,则离叛之心生矣。故帝舜曰:"可爱非君,可畏非人。"孔安国曰:"人以君为命,故可爱。君失道,人叛之,故可畏。"仲尼曰:"君犹舟也,人犹水也。水所以载舟,亦所以覆舟。"是以古之哲王虽休勿休,日慎一日者,良为此也。

伏惟陛下览古今之事,察安危之机,上以社稷为重,下以亿兆为念。明选举,慎赏罚,进贤才,退不肖。闻过即改,从谏如流。为善在于不疑,出令期于必信。颐神养性,省游畋之娱;云奢从俭,减工役之费。务静方内,而不求阐土;载櫜弓矢④,而无忘武备。凡此数者,虽为国之恒道,陛下之所常行。臣之愚心,惟愿陛下思而不怠,则至道之美,与三、五比隆⑤,亿载之祚,随天地长久。虽使桑谷为妖⑥,龙蛇作孽⑦,雉雊于鼎耳⑧,石言于晋地⑨,犹当转祸为福,变眚为祥,况水雨之患,阴阳恒理,岂可谓之天谴而系圣心哉?臣闻古人有言:"农夫劳而君子养焉,愚者言而智者择焉。"辄陈狂瞽,伏待斧钺⑩。

太宗深纳其言。

[注释]①舛(chuǎn)谬:错乱,错谬。 ②惕:担心。 ③尚食:掌御膳之官。 ④载櫜(gāo)弓矢:指把弓箭收藏起来,引申为休战或议和。櫜,古代盛衣甲或弓箭之囊。 ⑤与三、五比隆:意谓可与三皇五帝相比。三、五,指三皇五帝。 ⑥桑谷为妖:传说中的凶兆。事见《史记·商纪》:"亳有祥,桑谷共生于朝。"孔颖达疏:"桑谷二木,共生于朝。朝非生木之处,是为不善之征。" ⑦龙蛇作孽:《五行传》曰:"皇之不极,是为不建。厥咎眊,厥极弱,时则有龙蛇之孽。" ⑧雉雊于鼎耳:《史记·商纪》:"武丁祭成汤,明日有飞雉登鼎耳而雊,武丁惧,祖己曰:'王勿忧,先修政事。'武丁从之,殷道复兴。" ⑨石言于晋地:晋地的石头会说话,传说中的凶兆。《左传·昭公八年》春,石

言于晋。　⑩伏待斧钺(yuè)：伏地而等待诛杀。

## 论慎终第四十

贞观五年，太宗谓侍臣曰："自古帝王亦不能常化①，假令②内安，必有外扰。当今远夷率服，百谷丰稔，贼盗不作，内外宁静。此非朕一人之力，实由公等共相匡辅。然安不忘危，理不忘乱，虽知今日无事，亦须思其终始。常得如此，始是可贵也。"魏征对曰："自古已来，元首股肱不能备具，或时君称圣，臣即不贤，或遇贤臣，即无圣主。今陛下圣明，所以致理。向若直有贤臣，而君不思化，亦无所益。天下今虽太平，臣等犹未以为喜，惟愿陛下居安思危，孜孜不怠耳！"

　　[注释]①常化：长期教化天下。　②假令：假设、如果。

　　贞观六年，太宗谓侍臣曰："自古人君为善者，多不能坚守其事。汉高祖，泗上一亭长耳，初能拯危诛暴，以成帝业，然更延十数年，纵逸之败，亦不可保。何以知之？孝惠为嫡嗣之重，温恭仁孝，而高帝惑于爱姬之子，欲行废立。萧何、韩信，功业甚高，萧既妄系①，韩亦滥黜②，自余功臣，黥布③之辈，惧而不安，以至于反逆。君臣父子之间悖谬若此，岂非难保之明验也？朕所以不敢恃天下之安，每思危亡以自戒惧，用保其终。"

　　[注释]①萧既妄系：萧指萧何，汉丞相。因为民请命，惹怒汉高祖，乃下何廷尉，"械系数日"，始得赦免。　②韩亦滥黜：韩指韩信。大将军韩信，曾

辅佐汉高祖夺定天下,封楚王。因有人告发韩信图谋欲反,高祖乃诈游云梦,缚韩信至洛阳,赦为淮阴侯。高祖十一年(公元前196年),吕后设计诱杀韩信。 ③黥布:英布,常坐法黥。原为汉淮南王,韩信等被杀之后,他惊惧不安,举兵而反,高祖亲自领兵讨伐,遂杀布。

贞观九年,太宗谓公卿曰:"朕端拱无为,四夷咸服,岂朕一人之所致,实赖诸公之力耳!当思善始令终,永固鸿业,子子孙孙,递相辅翼。使丰功厚利施于来叶,令数百年后读我国史,鸿勋茂业粲然可观,岂惟称隆周、盛汉及建武、永平①故事而已哉!"房玄龄进曰:"臣观近古拨乱之主皆年逾四十,惟汉光武年三十三。岂如陛下年十八便事经纶,遂平天下,二十九升为天子,此则武胜古也。少从戎旅,不暇读书,贞观以来,手不释卷,知风化之本,见理政之源。行之数年,天下大治,此又文过古也。昔周、秦以降,戎狄内侵,今戎狄稽颡②,皆为臣吏,此又怀远胜古也。已有此功业,何得不善始慎终耶?"

[注释]①建武、永平:建武,东汉光武帝年号。永平,东汉明帝年号。②稽颡:归顺,降服。

贞观十二年,太宗谓侍臣曰:"朕读书见前王善事,皆力行而不息,其所任用公辈数人,诚以为贤。然致理比于三、五之代,犹为不逮,何也?"魏征对曰:"今四夷宾服①,天下无事,诚旷古所未有。然自古帝王初即位者,皆欲励精为政,比迹于尧、舜;及其安乐也,则骄奢放逸,莫能终其善。人臣初见任用者,皆欲匡主济时,追踪于稷、契②;

及其富贵也,则思苟全官爵,莫能尽其忠节。若使君臣常无懈怠,各保其终,则天下无忧不理,自可超迈前古也。"太宗曰:"诚如卿言。"

[注释]①宾服:古代指诸侯按时入贡,表示服从。 ②稷、契:唐虞时代的贤臣。稷是后稷,传说他在舜时教人稼穑;契,传说是舜时掌管民治的大臣。

贞观十三年,魏征恐太宗不能克终俭约,近岁颇好奢纵,上疏谏曰:

臣观自古帝王受图定鼎①,皆欲传之万代,贻厥孙谋。故其垂拱岩廊②,布政天下,其语道也,必先淳朴而抑浮华;其论人也,必贵忠良而鄙邪佞;言制度也,则绝奢靡而崇俭约;谈物产也,则重谷帛而贱珍奇。然受命之初,皆遵之以成治;稍安之后,多反之而败俗。其故何哉?岂不以居万乘之尊,有四海之富,出言而莫己逆,所为而人必从,公道溺于私情,礼节亏于嗜欲故也?语曰:"非知之难,行之惟难;非行之难,终之斯难。"所言信矣。

[注释]①受图定鼎:意谓承受天命,建都开国,登上皇位。 ②岩廊:原指高峻之廊,后多用为朝廷之称。

伏惟陛下,年甫弱冠①,大拯横流,削平区宇②,肇开帝业。贞观之初,时方克壮,抑损嗜欲,躬行节俭,内外康宁,遂臻至治。论功则汤、武不足方,语德则尧、舜未为远。臣自擢居左右,十有余年,每侍帷幄,屡奉明旨。常许仁义之道,守而不失;俭约之志,终始不渝。一言兴邦,

斯之谓也。德音在耳,敢忘之乎?而顷年已来,稍乖曩志③,敦朴之理,渐不克终。谨以所闻,列之于左:

陛下贞观之初,无为无欲,清静之化,远被遐荒。考之于今,其风渐坠,听言则远超于上圣,论事则未逾于中主。何以言之?汉文、晋武,俱非上哲,汉文辞千里之马④,晋武焚雉头之裘⑤。今则求骏马于万里,市珍奇于域外,取怪于道路,见轻于戎狄,此其渐不克终一也。

[注释]①弱冠:男子20岁称弱冠。这时行冠礼,即戴上表示已成人的帽子,以示成年,但体犹未壮,还比较年少,故称"弱"。冠,帽子,指代成年。②区宇:疆土,境域。 ③曩(nǎng)志:以往的志向。 ④汉文辞千里之马:汉文帝时,有人献千里马,文帝诏令将其退还,并发给路费。 ⑤晋武焚雉头之裘:晋武帝时,太医司马程据献雉头裘,帝以奇技异服,典礼所禁,焚之于殿前。

昔子贡问理人于孔子,孔子曰:"懔①乎若朽索之驭六马。"子贡曰:"何其畏哉?"子曰:"不以道导之,则吾仇也,若何其不畏?"故《书》曰:"民惟邦本,本固邦宁","为人上者,奈何不敬?"②陛下贞观之始,视人如伤,恤其勤劳,爱之犹子,每存简约,无所营为。顷年以来,意在奢纵,忽忘卑俭,轻用人力,乃云:"百姓无事则骄逸,劳役则易使。"自古以来,未有由百姓逸乐而致倾败者也,何有逆畏其骄逸而故欲劳役之哉?恐非兴邦之至言,岂安人之长算?此其渐不克终二也。

[注释]①懔:戒惧之貌。 ②民惟邦本,本固邦宁,为人上者,奈何不敬:语出《尚书·五子之歌》。

陛下贞观之初，损己以利物，至于今者，纵欲以劳人，卑俭之迹岁改，骄侈之情日异。虽忧人之言不绝于口，而乐身之事实切于心。或时欲有所营，虑人致谏，乃云："若不为此，不便我身。"人臣之情，何可复争？此直意在杜谏者之口，岂曰择善而行者乎？此其渐不克终三也。

立身成败，在于所染。兰芷鲍鱼，与之俱化①。慎乎所习，不可不思。陛下贞观之初，砥砺名节，不私于物，唯善是与，亲爱君子，疏斥小人。今则不然，轻亵小人，礼重君子。重君子也，敬而远之；轻小人也，狎而近之。近之则不见其非，远之则莫知其是。莫知其是，则不间而自疏；不见其非，则有时而自昵。昵近小人，非致理之道；疏远君子，岂兴邦之义？此其渐不克终四也。

[注释]①兰芷鲍鱼，与之俱化：兰芷，香草。鲍鱼，盐渍之鱼，味咸臭。《说苑·杂言》："与善人居，如入兰芷之室，久而不闻其香，则与之化矣。与恶人居，如入鲍鱼之肆，久而不闻其臭，亦与之化矣。"意谓长期亲近什么人，就会变成什么人。

《书》曰："不作无益害有益，功乃成；不贵异物贱用物，人乃足。犬马非其土性不畜，珍禽奇兽弗育于国。"①陛下贞观之初，动遵尧、舜，捐金抵璧，反朴还淳。顷年以来，好尚奇异，难得之货，无远不臻，珍玩之作，无时能止。上好奢靡而望下敦朴，未之有也。末作滋兴②，而求农人丰实，其不可得亦已明矣。此其终不克终五也。

[注释]①不作无益害有益，功乃成；不贵异物贱用物，人乃足。犬马非其土性不畜，珍禽奇兽弗育于国：语出《周书·旅獒》。　②滋兴：繁兴。

贞观之初，求贤如渴，善人所举，信而任之，取其所长，恒恐不及。近岁以来，由心好恶，或众善举而用之，或一人毁而弃之，或积年任而信之，或一朝疑而远之。夫行有素履①，事有成迹，所毁之人，未必可信于所举；积年之行，不应顿失于一朝。君子之怀，蹈仁义而弘大德；小人之性，好谗佞以为身谋。陛下不审察其根源，而轻为之臧否②，是使守道者日疏，干求③者日进。所以人思苟免，莫能尽力。此其渐不克终六也。

[注释]①素履：素行，一贯的作为。 ②臧否：有褒贬、评比、评定、评价、评介、评论等意思，这里指评论人物好坏。 ③干求：求取，指追名逐利。

陛下初登大位，高居深视，事惟清静，心无嗜欲，内除毕弋之物①，外绝畋猎之源。数载之后，不能固志，虽无十旬之逸②，或过三驱之礼，遂使盘游之娱见讥于百姓，鹰犬之贡远及于四夷。或时教习之处，道路遥远，侵晨而出，入夜方还。以驰骋为欢，莫虑不虞之变，事之不测，其可救乎？此其渐不克终七也。

[注释]①毕弋之物：捕鸟狩猎的器具。毕，网。弋，以生丝系矢而射。 ②十旬之逸：《夏书》："太康盘游无度，畋于有洛之表，十旬弗反。"

孔子曰："君使臣以礼，臣事君以忠。"①然则君之待臣，义不可薄。陛下初践大位，敬以接下，君恩下流，臣情上达，咸思竭力，心无所隐。顷年已来，多所忽略。或外官充使，奏事入朝，思睹阙庭，将陈所见，欲言则颜色不接，欲请又恩礼不加，间因所短，诘其细过，虽有聪辩之略,莫能申其忠款。而望上下同心,君臣交泰,不亦难乎?此其渐不克终八也。

[注释]①君使臣以礼,臣事君以忠:孔子对鲁定公之辞。

傲不可长,欲不可纵,乐不可极,志不可满。①四者,前王所以致福,通贤以为深诫。陛下贞观之初,孜孜不怠,屈己从人,恒若不足。顷年已来,微有矜放,恃功业之大,意蔑前王,负圣智之明,心轻当代,此傲之长也。欲有所为,皆取遂意,纵或抑情从谏,终是不能忘怀,此欲之纵也。志在嬉游,情无厌倦,虽未全妨政事,不复专心治道,此乐之将极也。率土乂安,四夷款服,仍远劳士马,问罪遐裔②,此志将满也。亲狎者阿旨而不肯言,疏远者畏威而莫敢谏,积而不已,将亏圣德。此其渐不克终九也。

[注释]①傲不可长,欲不可纵,乐不可极,志不可满:《礼·曲礼》篇之解。 ②问罪遐裔:到边远的地方去征讨。

昔陶唐①、成汤②之时,非无灾患,而称其圣德者,以其有始有终,无为无欲,遇灾则极其忧勤,时安则不骄不逸故也。贞观之初,频年霜旱,畿内户口并就关外,携负老幼,来往数年,曾无一户逃亡、一人怨苦,此诚由识陛下矜育之怀,所以至死无携贰③。顷年已来,疲于徭役,关中之人,劳弊尤甚。杂匠之徒,下番悉留和雇④;正兵⑤之辈,上番⑥多别驱使。和市⑦之物不绝于乡闾,递送之夫相继于道路。既有所弊,易为惊扰,脱因水旱,谷麦不收,恐百姓之心,不能如前日之宁帖⑧。此其渐不克终十也。

[注释]①陶唐:陶唐氏,唐尧。 ②成汤:商朝的建立者。 ③携贰:离心,有二心。 ④和雇:唐朝时官府出钱雇佣劳动力。 ⑤正兵:唐代实行府兵制,正兵即指府兵。 ⑥上番:唐代府兵从农民中征点,轮流调到京城担任宿卫。 ⑦和市:旧时指官府向百姓议价购买货物。唐、宋时期,则变成强行摊派、掠夺民物的制度。 ⑧宁帖:安宁舒贴。

臣闻:"祸福无门,唯人所召。"人无衅①焉,妖不妄作。伏惟陛下统天御宇十有三年,道洽寰中,威加海外,年谷丰稔,礼教聿兴,比屋逾于可封,菽粟同于水火。暨乎今岁,天灾流行。炎气致旱,乃远被于郡国;凶丑作孽,忽近起于毂下②。夫天何言哉?垂象示诫,斯诚陛下惊惧之辰,忧勤之日也。若见诫而惧,择善而从,同周文之小心,追殷汤之罪己,前王所以致理者,勤而行之;今时所以败德者,思而改之。与物更新,易人视听,则宝祚无疆,普天幸甚,何祸败之有乎?然则社稷安危,国家理乱,在于一人而已。当今太平之基,既崇极天之峻;九仞之积,犹亏一篑之功③。千载休期④,时难再得,明主可为而不为,微臣所以郁结而长叹者也。

[注释]①衅:破绽,漏洞。 ②毂下:此指京城。 ③九仞之积,犹亏一篑之功:《书》曰:"为山九仞,功亏一篑。"言中道而止,则前功尽弃。篑,盛土的筐子。 ④休期:美好、吉利的日子。

臣诚愚鄙,不达事机,略举所见十条,辄以上闻圣听。伏愿陛下采臣狂瞽之言,参以刍荛之议,冀千虑一得,衮职有补①,则死日生年,甘从铁钺。

疏奏,太宗谓征曰:"人臣事主,顺旨甚易,忤情尤难。

公作朕耳目股肱，常论思献纳。朕今闻过能改，庶几克终善事。若违此言，更何颜与公相见？复欲何方以理天下？自得公疏，反复研寻，深觉词强理直，遂列为屏障，朝夕瞻仰。又录付史司，冀千载之下，识君臣之义。"乃赐征黄金十斤，厩马二匹。

[注释]①衮职有补：《诗·大雅·烝民》之篇曰："衮职有阙，维仲山甫补之。"

贞观十四年，太宗谓侍臣曰："平定天下，朕虽有其事，若守之失图①，功业亦复难保。秦始皇初亦平六国，据有四海，及末年不能善守，实可为诫。公等宜念公忘私，则荣名高位，可以克终其美。"魏征对曰："臣闻之，战胜易，守胜难。陛下深思远虑，安不忘危，功业既彰，德教复洽，恒以此为政，宗社无由倾败矣。"

贞观十六年，太宗问魏征曰："观近古帝王，有传位十代者，有一代两代者，亦有身得身失者。朕所以常怀忧惧，或恐抚养生民不得其所，或恐心生骄逸，喜怒过度。然不能自知。卿可为朕言之，当以为楷则。"征对曰："嗜欲喜怒之情，贤愚皆同。贤者能节之，不使过度；愚者纵之，多至失所。陛下圣德玄远，居安思危，岂同常情。伏愿陛下常能自制，以保克终之美，则万代永赖。"

[注释]①守之失图：守天下不得法。

# 参考书目

〔春秋〕左丘明传,〔晋〕杜预注,〔唐〕孔颖达正义:《春秋左传正义》,北京大学出版社,1999年版。

〔战国〕孟子著,〔汉〕赵岐注,〔宋〕孙奭疏:《孟子注疏》,北京大学出版社,1999年版。

〔战国〕韩非著,陈奇猷校注:《韩非子集释》,上海人民出版社,1974年版。

〔汉〕司马迁:《史记》,中华书局,1959年版。

〔南朝宋〕范晔:《后汉书》,中华书局,1965年版。

〔南朝梁〕刘勰撰:〔清〕黄叔琳注:《文心雕龙》,商务印书馆,1936年版。

〔唐〕房玄龄等:《晋书》,中华书局,1974年版。

〔唐〕刘肃撰,许德楠、李鼎霞点校:《大唐新语》,中华书局,1984年版。

〔唐〕韩愈:《韩昌黎集》,商务印书馆,1958年版。

〔唐〕白居易:《白居易集》,中华书局,1979年版。

〔唐〕吴兢撰,谢保成集校:《贞观政要集校》,中华书局,2009年版。

〔唐〕吴兢撰,王贵标点:《贞观政要》,岳麓书社,1996年版。

〔唐〕吴兢撰,王炳文、王晶评注:《贞观政要》,中华书局,2014

年版。

〔唐〕刘知几著:〔清〕浦起龙释:《史通通释》,上海古籍出版社,1978年版。

〔唐〕杜佑撰,王文锦等点校:《通典》,中华书局,1988年版。

〔唐〕长孙无忌:《唐律疏议》,中华书局,1983年版。

〔唐〕魏征等:《隋书》,中华书局,1974年版。

〔后晋〕刘昫等:《旧唐书》,中华书局,1975年版。

〔宋〕叶隆礼:《契丹国志》,上海古籍出版社,1985年版。

〔宋〕欧阳修等:《新唐书》,中华书局,1975年版。

〔宋〕宋敏求:《唐大诏令集》,商务印书馆排印本,1959年版。

〔宋〕王溥:《唐会要》,中华书局,1995年版。

〔宋〕李昉等:《文苑英华》,中华书局,1966年版。

〔宋〕王钦若等:《册府元龟》,中华书局影印本,1960年版。

〔宋〕姚铉:《唐文萃》,商务印书馆,1936年版。

〔宋〕司马光等编著,〔元〕胡三省音注:《资治通鉴》,中华书局,1956年版。

〔宋〕范祖禹著,白林鹏、陆三强校注:《唐鉴》,三秦出版社,2003年版。

〔金〕王若虚:《滹南遗老集》,商务印书馆,1935年版。

〔元〕脱脱等:《宋史》,中华书局,1977年版。

〔元〕脱脱等:《辽史》,中华书局,1974年版。

〔元〕脱脱等:《金史》,中华书局,1975年版。

〔明〕宋濂等:《元史》,中华书局,1976年版。

〔清〕董诰等:《全唐文》,中华书局,1983年版。

〔清〕张廷玉等:《明史》,中华书局,1974年版。

〔清〕龚自珍:《龚定庵全集类编》,世界书局,1935年版。

〔清〕周中孚:《郑堂读书记》,商务印书馆,1937年版。

〔清〕永瑢等:《四库全书总目提要》,商务印书馆,1937年版。
陈寅恪:《元白诗笺证稿》,上海古籍出版社,1978年版。
许道勋,赵克尧:《唐玄宗传》,人民出版社,1993年版。

# 近期国学读物要目

## 国学新读本

诗经　梁锡锋　注说
论语　臧知非　注说
尚书　姜建设　注说
国语　曹建国　张玖青　注说
孔子家语　杨朝明　注说
山海经　郑慧生　注说
墨子　苏凤捷　程梅花　注说
孟子　何晓明　周春健　注说
庄子　曹础基　注说
荀子　杨朝明　注说
韩非子　赵沛　注说
孙子兵法　赵国华　注说
楚辞　李中华　邹福清　注说
潜夫论　王健　注说
文心雕龙　戚良德　注说

礼记　杨天宇　注说
老子　曹峰　注说
吕氏春秋　张富祥　注说
商君书　徐莹　注说
战国策　张彦修　注说
淮南子　杨有礼　注说
春秋繁露　曾振宇　注说
世说新语　赵成林　注说
史通　李振宏　注说

周易　龚留柱　注说
新语　李振宏　注说
新书　徐莹　注说
新论　臧知非　注说
说苑　赵国华　范正娥　注说
搜神记　王利锁　注说
颜氏家训　郭宝军　注说

文中子　王路曼　池桢　注说
潜书　池桢　王路曼　注说
六祖坛经　姚彬彬　注说
韩愈集　刘真伦　注说
柳宗元集　岳珍　注说
贞观政要　苏士梅　注说
通书　张文瀚　注说
正蒙　李峰　注说
王弼集　党圣元　注说
欧阳修集　杨亮　注说
王安石集　张富祥　李玉诚　注说
容斋随笔　张富祥　注说
论语集注　梁振杰　注说
大学中庸集注　梁振杰　注说
孟子集注　赵庆伟　注说
近思录　路新生　注说
传习录　岳淑珍　注说
焚书　李竞艳　注说
明夷待访录　赵轶峰　注说
闲情偶寄　惠萍　注说
龚自珍集　曹志敏　注说
校邠庐抗议　刘克辉　戴宁淑　注说
劝学篇　马小泉　注说

## 百年河大国学旧著新刊

河洛方言诠诂　王广庆　著
三统历表　邵瑞彭　著
中国戏剧概论　卢前　著
晚明思想史散论　嵇文甫　著
论语新探　赵纪彬　著
天问研究　孙作云　著
汉魏六朝文学史　李嘉言　著
金艺文志　金登科记考　万曼　著
唐集叙录　万曼　著
中国文学史新编　张长弓　著
汉碑集释　高文　著
袁中郎研究　任访秋　著
东夷杂考　李白凤　著
宋会要辑稿考校　王云海　著
长江集新校　李嘉言　著

高适岑参选集　高　文　王刘纯　选著
花间集注　华锺彦　著
庆湖遗老诗集校注　王梦隐　著
曾瑞散曲集校注　李春祥　著
辛弃疾选集　佟培基　选著
汉魏六朝韵谱　于安澜　著
毡推闲话　武慕姚　著
中国救荒史　邓云特　著
红学二百年　李春祥　著
文心雕龙选讲　温绎之　著

## 于安澜书画学四种

画论丛刊
画史丛书
画品丛书
书学名著选

## 元典文化丛书

中华第一经——《周易》与中国文化　宋会群　苗雪兰　著
教化百科——《诗经》与中国文化　孙克强　张小平　著
经国治民之典——《周礼》与中国文化　郝铁川　著
哲人的智慧——《老子》与中国文化　高秀昌　龚力　著
圣人箴言录——《论语》与中国文化　李振宏　著
武学圣典——《孙子兵法》与中国文化　龚留柱　著
亚圣思辨录——《孟子》与中国文化　何晓明　著
逍遥之祖——《庄子》与中国文化　白本松　王利锁　著
外王之学——《荀子》与中国文化　张曙光　著
中国帝王术——《韩非子》与中国文化　王宏斌　著
史家绝唱——《史记》与中国文化　邓鸿光　著
诸经总龟——《春秋》与中国文化　涂文学　周德钧　著
管理宝典——《管子》与中国文化　袁闯　著
纵横家书——《战国策》与中国文化　张彦修　著
人仙之间——《抱朴子》与中国文化　徐仪明　冷天吉　著
医学圣典——《黄帝内经》与中国文化　王庆宪　梁晓珍　著
礼乐渊薮——《礼记》与中国文化　黄宛峰　著
词章之祖——《楚辞》与中国文化　李中华　著
星学宝典——《历书天官书》与中国文化　郑慧生　著
天人衡中——《春秋繁露》与中国文化　曾振宇　范学辉　著
王政全书——《吕氏春秋》与中国文化　张富祥　著
神话之源——《山海经》与中国文化　高有鹏　孟芳　著

新道鸿烈——《淮南子》与中国文化　杨有礼　著
史家龟鉴——《史通》与中国文化　曾凡英　著
政事纲纪——《尚书》与中国文化　姜建设　著
春秋弦歌——《左传》与中国文化　龚留柱　著
平民理想——《墨子》与中国文化　苏凤捷　程梅花　著
人伦本原——《孝经》与中国文化　臧知非　著
法典之王——《唐律疏议》与中国文化　徐永康　吉霁光　郑取　著
文论巨典——《文心雕龙》与中国文化　戚良德　著

## 宋代研究丛书

北宋诗学　张海鸥　著
宋代东京研究　周宝珠　著
宋代地域经济　程民生　著
宋代监察制度　贾玉英　著
宋代官员选任和管理制度　苗书梅　著
宋代地域文化　程民生　著
宋代文学通论　王水照　主编
宋代司法制度　王云海　主编
宋代教育　苗春德　主编
清明上河图与清明上河学　周宝珠　著
宋代文化史　姚瀛艇　主编
黄庭坚与宋代文化　杨庆存　著
宋代交通管理制度研究　曹家齐　著
岳飞和南宋前期政治与军事研究　王曾瑜　著
成圣之道——北宋二程修养工夫论之研究　温伟耀　著
宋代绘画研究　邓乔彬　著

## 汉语史专书语法研究丛书

《三朝北盟会编》语法研究　刁晏斌　著
《荀子》虚词研究　黄珊　著
《晏子春秋》词类研究　姚振武　著
《聊斋俚曲》语法研究　冯春田　著
《孟子》词类研究　崔立斌　著
《朱子语类辑略》语法研究　吴福祥　著
敦煌变文12种语法研究　吴福祥　著
《吕氏春秋》句法研究　殷国光　著
《尚书》语法论稿　钱宗武　著
《左传》语法研究　何乐士　著
《元典章·刑部》语法研究　李崇兴　祖生利　著
汉语语法史断代专书比较研究　何乐士　著

## 图书在版编目(CIP)数据

贞观政要/苏士梅注说.—郑州:河南大学出版社,2016.7

(国学新读本)

ISBN 978-7-5649-2457-7

Ⅰ.①贞… Ⅱ.①苏 Ⅲ.①典章制度－中国－唐代 ②《贞观政要》－注释 Ⅳ.①D691.5

中国版本图书馆CIP数据核字(2016)第165738号

责任编辑 孙增科
责任校对 吴红霞
封面设计 马 龙

出版发行 河南大学出版社
地址:郑州市郑东新区商务外环中华大厦2401号 邮编:450046
电话:0371－86059701(营销部) 网址:www.hupress.com
排  版 郑州市今日文教印制有限公司
印  刷 河南新华印刷集团有限公司
版  次 2016年12月第1版  印 次 2016年12月第1次印刷
开  本 650mm×960mm 1/16  印 张 21.25
字  数 260千字  定 价 43.00元

(本书如有印装质量问题请与河南大学出版社营销部联系调换)